Sieper · Erfolgreich spekulieren

Hartmut Sieper

Erfolgreich spekulieren

Börsengewinne mit System und Disziplin

GABLER

Die Deutsche Bibliothek – CIP-Einheitsaufnahme

Sieper, Hartmut:
Erfolgreich spekulieren : Börsengewinne mit System und Disziplin / Hartmut Sieper. – Wiesbaden : Gabler, 1995
ISBN 3-409-14170-7

Der Gabler Verlag ist ein Unternehmen der Bertelsmann Fachinformation.

Lektorat: Silke Strauß

Satz: Satzstudio RESchulz, Dreieich-Buchschlag
Druck und Bindung: Wilhelm & Adam, Heusenstamm
Printed in Germany

ISBN 3-409-14170-7

Vorwort

Erfolg zu haben ist ein großartiges Gefühl. Die Freude über eine gelungene Spekulation an der Börse kann alles andere in den Schatten stellen. Wie Sie es schaffen können, mit Spekulationen Erfolg zu haben – darum geht es in diesem Buch. Die Kursbewegungen an der Börse sind kein Zufall, auch wenn viele Verlierer dies glauben wollen. Die Gewinner wissen sie zu prognostizieren und kaufen die richtigen Aktien zur richtigen Zeit.

„Um große Erfolge zu erreichen, muß etwas gewagt werden." Dieses Zitat von *Helmuth von Moltke* drückt deutlich aus, daß Chance und Risiko, Gewinn und Verlust nicht losgelöst voneinander betrachtet werden können. Grandiose Erfolge und katastrophale Pleiten liegen oft dicht nebeneinander. Beides habe ich persönlich ausgiebig kennengelernt. Himmelhochjauchzend war ich, als 1985 und '86 die Kurse deutscher Aktien in die Höhe schossen, und zu Tode betrübt, als ich im Börsencrash von 1987 innerhalb weniger Monate mein halbes Vermögen einbüßte.

Spekulation ist eine tolle Sache – wenn man die richtigen Aktien gekauft hat, die Kurse wie Raketen in den Himmel schießen und sich das eigene Vermögen in einem atemberaubenden Tempo vermehrt. Doch das Risiko ist ständig gegenwärtig – wie ein hungriger Haifisch, der um einen Taucher kreist, während dieser über ein herrliches Korallenriff hinweggleitet. Wenn dieses Raubtier angreift und zuschlägt, kann sich die Spekulation blitzschnell in einen Alptraum verwandeln. In solchen kritischen Phasen, wenn die Angst regiert und die Nerven blank liegen, ist es wichtig, sich auf die Grundlagen des eigenen Lebens zu besinnen. Wessen Persönlichkeit auf einem festen Fundament ruht, dem werden auch die Stürme, Erdbeben und Sintfluten, die jedem Spekulanten irgendwann begegnen werden, nichts anhaben können.

Nicht nur das Risiko, plötzliche Kursverluste zu erleiden, ist untrennbar mit dem Kaufen und Verkaufen an der Börse verbunden, sondern auch die Gefahr, der Spekulation eine zu große Rolle im eigenen Denken und Handeln beizumessen und die eigentlichen Werte des Lebens zu vernachlässigen. Meine persönlichen Werte des Lebens sind vor allem mein Glaube an Gott und die Ausrichtung meiner Lebensführung nach christlichen Grundsätzen. Ich bin auch der Überzeugung, daß die Beziehungen zu Menschen, eine intakte Familie und ein verantwortlicher Umgang mit der Natur viel wichtiger sind als das Streben nach Reichtum. Insofern relativiert sich für mich die Bedeutung der Spekulation, und das ist gut so.

Während ich diese Zeilen schreibe, verabschiede ich mich gerade von der Frankfurter Privatbank, für die ich in den letzten Jahren als Privatkundenbetreuer, Vermögensverwalter und Technischer Analyst gearbeitet habe, um Neuland zu betreten – in zweierlei Hinsicht. Berufliches Neuland einerseits, denn meine neue Aufgabe als Vorstand der East Capital Beteiligungen AG, Lorsch, erfordert das Denken und Handeln eines selbständigen Managers. Und spekulatives Neuland andererseits, denn der primäre Geschäftszweck der East Capital Beteiligungen AG ist die Investition ihres Eigenkapitals in die osteuropäischen Kapitalmärkte. Osteuropa ist ein faszinierendes Umfeld mit neuen Marktteilnehmern, die noch nie zuvor etwas mit Wertpapieren zu tun hatten, mit tausenden neuer Unternehmen, deren Aktien an den Börsen in Prag, Budapest, Warschau, Bratislava, Moskau und demnächst auch in Riga, Bukarest, Sofia und Kiew gehandelt werden. Die Länder des kapitalhungrigen Halbkontinents hinter dem niedergerissenen Eisernen Vorhang sind ein reiches Betätigungsfeld für Investoren und Unternehmer und ein Eldorado für risikobewußte Spekulanten.

Den Lesern dieses Buches wünsche ich, daß sie aus der Fülle der nächsten 300 Seiten den für sie optimalen Weg des Spekulierens herausfinden und – Erfolg haben!

Im August 1995 Hartmut Sieper

Inhaltsverzeichnis

Verzeichnis der Abbildungen und Tabellen

1. Was ist Spekulation?

Wer von Ihnen kennt das berauschende Glücksgefühl, das sich nach einer gelungenen Spekulation einstellt? Es ist umso größer, je höher der Gewinn ausgefallen ist und je kürzer die Zeitspanne war, innerhalb der Sie ihn realisiert haben. Wer es schon einmal erlebt hat, weiß, wovon ich spreche. Wer einmal davon genossen hat, wird nicht leicht wieder davon ablassen. Und wer es noch nicht kennt, dieses Gefühl, und trotzdem dieses Buch anfängt zu lesen, wird sich etwas dabei denken.

Doch es gibt auch die Kehrseite der Medaille. Wer zu überhöhten Preisen gekauft hat und zusehen muß, wie die Kurse fallen, kennt auch das ganze Kaleidoskop negativer Gefühle, wie z. B. Angst, Ärger und Verdruß: Angst, daß die Verluste noch größer werden könnten; Ärger über sich selbst, über die eigene Fehlentscheidung, über den schlechten Rat von Freunden oder einfach über die Tatsache, daß die Kurse in die falsche Richtung marschieren; Verdruß, daß es wieder einmal daneben gegangen ist oder über das verfluchte Eigenleben der Börse, das sich jeder rationalen Einschätzung zu entziehen scheint.

In diesem Buch geht es darum, wie man erfolgreich spekuliert. Hierbei liegt die Betonung eindeutig auf dem Wörtchen „erfolgreich“. Die Erfahrenen unter Ihnen werden lernen, wie sie ihre Trefferquote weiter erhöhen und wie sie ihre Mißerfolge minimieren. Wenn Sie noch gar nicht angefangen haben, an der Börse zu spekulieren, um so besser! Dann werden Sie viele typische Fehler hoffentlich gar nicht erst begehen und schon dadurch eine Menge Geld sparen.

Um es gleich vorweg zu sagen: Es gibt sie, die Erfolgsregeln, von denen der Untertitel des Buches spricht. Erfolgreiche Spekulation ist kein Hokuspokus und auch keine Zauberei. Viele werden sagen: Doch, genau das ist es. Aber das werden in der Regel die Erfolglosen sein. Zu diesen Verlierern wollen Sie natürlich nicht gehören. Und das werden Sie auch nicht, wenn Sie die Erfolgsregeln dieses Buches verinnerlichen und konsequent und diszipliniert anwenden.

Was verstehen Sie unter Spekulation, Sie ganz persönlich? Ist es ein neutraler Begriff oder ist er vielmehr negativ gefärbt? Unter weiten Teilen der Bevölkerung haftet dem Begriff „Spekulation“ etwas Anrüchiges an. Das ist aber ganz falsch.

Spekulation leitet sich von dem lateinischen Wort „speculatio“ = das „Auskundschaften“ ab. In der Wirtschaft ist Spekulation jedes Verhalten, das darauf abzielt, unter Inkaufnahme eines Risikos aus einer erwarteten Veränderung des Preises eines Gutes einen Gewinn zu erzielen. Berufsmäßige Spekulation findet vor allem an der Börse statt. Sie sehen, daß an dieser Definition, die aus einem guten Lexikon entnommen wurde, nichts Anrüchiges oder negativ Beladenes dran ist. Es geht nur darum, aus Kursdifferenzen Gewinne erzielen zu wollen, wobei auch die Möglichkeit eines Verlustes einkalkuliert werden muß. Als Spekulationsobjekte kommen dabei viele Dinge in Frage: Wertpapiere, Devisen, Rohstoffe, Immobilien oder Produkte aller Art.

1.1 Aus dem Leben der Großspekulanten

Einige Beispiele von Großspekulanten sollen ihnen verdeutlichen, wie weit das Spektrum ist:

- Jüngstes Beispiel ist die Geschichte des Immobilienspekulanten Dr. Jürgen Schneider, der in einem herrschaftlichen Schloß des Nobelortes Königstein im Taunus residierte und in den allerbesten Kreisen der Frankfurter Gesellschaft – und nicht nur dort – verkehrte. Zusammen mit seiner Frau kaufte er sich ein riesiges Immobilienvermögen zusammen; nur Büro- und Geschäftshäuser in den allerersten Lagen von Frankfurt am Main, München, Wiesbaden, Leipzig und anderen Großstädten kamen in Frage. Natürlich kaufte er die Objekte auf Pump – das ist bei diesen Großprojekten absolut normal –, doch wie sehr auf Pump, das merkten die Banken erst, als es zu spät war. Denn die Kapitalbasis von Dr. Schneider war viel, viel dünner, als sie den vorgelegten Vermögensaufstellungen entnehmen konnten. Darüber hinaus hatte er in einem Fall die Kreditunterlagen gefälscht und einen viel höheren Ertragswert des Gebäudes (Zeil-Galerie, Frankfurt am Main) vorgespielt, als tatsächlich realistisch war. Das alles wäre gut gegangen, wenn die Preise für Gewerbeimmobilien weiter gestiegen wären, wie die Mehrheit der Experten angenommen hatte. Doch die Büromieten fielen, und mit ihnen die ertragsorientierte Bewertung der Immobilien. Darüber stolperte der stolze Schloßbesitzer. Wegen der viel zu dünnen Eigenkapitaldecke bedurfte es nur eines relativ geringen Wertverlustes, um die Lawine ins Rollen zu bringen. Die Banken kümmerten sich auf einmal intensiv um ihre Sicherheiten, und der Schwindel flog auf. Die Spekulation von Dr. Jürgen Schneider war nicht aufgegangen. Er verlor den größten Teil seines Vermögens, sein gesellschaftliches Ansehen und seinen tadellosen Ruf. Jetzt wartet er in Miami auf seinen Prozeß.

- Fallende Immobilienpreise waren es auch, die dem amerikanischen Milliardär Donald Trump das Genick brachen. Auch er kaufte Immobilien – Wolkenkratzer in Manhattan und Spielcasinos in Atlantic City waren seine bevorzugten Objekte. Auch er reizte die Beleihungsgrenzen bis aufs Äußerste aus, mit der Folge, daß sich sein Vermögen in den 80er Jahren dank steigender Immobilienpreise vervielfachte. Doch dann streikten die Käufer. Rationalisierungsbestrebungen vieler US-Unternehmen im Gefolge der amerikanischen Wirtschaftskrise sorgten dafür, daß immer mehr Büroraum leer stand, und das wiederum drückte sowohl Mieten als auch Preise. Auch diese Immobilienspekulation ging daneben – das Milliardenimperium von Donald Trump brach zusammen.
- In den 80er Jahren kam es in Amerika in Mode, börsennotierte Unternehmen, deren Aktien deutlich unter dem Buchwert notierten, zu übernehmen. Das Ziel dieser gewaltigen Finanztransaktionen war es, die übernommene Firma in ihre Einzelteile zu zerschlagen, die ertragsstarken Sparten oder Tochtergesellschaften an den Meistbietenden zu versilbern und die restlichen Unternehmensteile mehr oder weniger sich selbst zu überlassen. Im günstigen Falle brachte der Verkauf der ertragsstarken Unternehmensanteile mehr Geld in die Kasse des feindlichen Übernehmers, als dieser vorher an die Aktionäre gezahlt hatte. In aller Regel wehrten sich die attackierten Unternehmen und vor allem ihre Belegschaften gegen die unerwünschte Übernahme, denn häufig genug griffen die neuen Eigentümer hart durch, entließen viele Mitarbeiter oder legten ganze Unternehmensteile still. Einer der erfolgreichen „Raider“ dieser Kategorie war Carl Icahn, der das traditionsreiche Unternehmen US-Steel aufkaufte.
- Der Schweizer Finanzier Werner K. Rey war auch jemand, der sich auf Firmenübernahmen spezialisierte. Er steuerte seine dubiosen Aktivitäten über die Omnia-Holding, die den Kernbereich des Rey´schen Imperiums bildete. 1987 schnappte er sich das deutsche Unternehmen Harpener und schlachtete es nach allen Regeln der Kunst aus. Harpener, das über viele Jahrzehnte zu den leistungsfähigsten Unternehmen seiner Branche zählte, verbarg in seiner Bilanz enorme stille Reserven, die der Finanzjongleur zu heben gedachte. Der Coup platzte An-

fang 1991, als bekannt wurde, daß der Schweizer über seine Omnia Holding die Beteiligung einer bereits angeschlagenen englischen Gesellschaft zu völlig überhöhten Preisen an Harpener verkauft hatte. Bis dahin hatte Reys Ausplünderungsstrategie Harpener allerdings bereits 375 Millionen DM gekostet. Rey, gegen den in der Schweiz ein Strafverfahren wegen Betrugs, Urkundenfälschung, ungetreuer Geschäftsführung, unwahrer Angaben über Handelsgesellschaften und Konkursdelikte läuft, hat sich auf den Bahamas verschanzt. Wegen des noch aus der Kolonialzeit stammenden strengen Auslieferungsgesetzes hat die Schweiz kaum eine Chance auf Auslieferung des Betrügers. Gerechtigkeit?

- Den meisten Großspekulanten ist ein gewisser Hang zum Größenwahn eigen. Die Gebrüder Hunt schossen jedoch den Vogel ab. Die beiden amerikanischen Öl-Miliardäre hatten es sich zum Ziel gesetzt, sämtliche Silbervorräte der Welt aufzukaufen, um mit den zu erwartenden Knappheitspreisen ihr ohnehin riesiges Vermögen noch einmal zu vervielfachen. Am Anfang hatten sie Erfolg, und der Silberpreis schoß Ende der 70er Jahre in den Himmel. Das Edelmetall erklomm vorher nie für möglich gehaltene Höhen. Viele Rohstoffhändler und Börsenjongleure, die auf einen baldigen Verfall des völlig überhöhten Silberpreises abzielten, gingen Lieferverpflichtungen ein, die sie später nicht erfüllen konnten. Die Hunt-Brüder triumphierten. Als sich die Preisspirale immer mehr in den Himmel schraubte, und die beiden immer mehr Geld aufwenden mußten, um den Kurs oben zu halten, zeigte es sich, daß ihre Reserven nicht ausreichten. Der Preisanstieg von Silber kam zum Stillstand. Getreu dem chinesischen Sprichwort „Wenn ein Fahrrad stehen bleibt, fällt es um“, begann der Silberpreis auf einmal zu fallen. Plötzlich wollte jeder aus dem weißen Metall raus. Die ersten konnten noch riesige Gewinne einstreichen, die nächsten kamen noch plusminus Null raus, und die letzten zahlten drauf. Die Hunt-Brüder schließlich wurden von den Hunden gebissen – sie waren die allerletzten, denn nach und nach mußten sie ihre gesamten Silberbestände verkaufen – und zwar zu jedem Preis, denn die Kreditfalle drohte zuzuschnappen. Am Ende dieser gigantischsten aller Fehlspekulationen war von ihren Milliarden nicht mehr viel übrig.
- Auch im Medienbereich gibt es lehrreiche Beispiele: Der britische Verleger Robert Maxwell, der seine vielfach verschachtelten Unternehmen wie ein absoluter Herrscher regierte, kaufte eine Zeitung nach der anderen. Er gewann auch in der internationalen Politik an Anse-

hen und Einfluß. Am Handel mit osteuropäischen Schuldtiteln, mit denen er ein riesiges Rad drehte, scheiterte er schließlich. Es kam zu unerwarteten Komplikationen, und ein akuter Liquiditätsengpaß schnürte ihm schnell die Luft ab. Als Folge davon mußte er sein überschuldetes Imperium aufgeben; er selbst verlor unter mysteriösen, bis heute nicht endgültig geklärten Umständen sein Leben.

Wir können aus diesen Beispielen zwei Dinge lernen:

Zum einen haben die Begriffe „Spekulation" und „Spekulant" hier einen negativen Beigeschmack. Das mag einerseits darauf zurückzuführen sein, daß – wie in den Fällen Schneider, Trump und Hunt – das Geschäft fehlgeschlagen war und wegen des viel zu hohen Einsatzes mit einem Bankrott geendet hatte, andererseits aber auch, weil andere bewußt geschädigt wurden. Wenn beim Spekulieren vorsätzlich andere Menschen geschädigt werden, dann ist es moralisch sicherlich bedenklich, ja oft sogar verwerflich. Wenn dieser Sachverhalt immer zuträfe, dann hätte das Negativ-Image von „Spekulation" sicher seine Berechtigung. Aber so ist es nun gerade nicht.

An der Börse – und darum geht es in diesem Buch – tritt man in der Regel nicht gegen bestimmte andere Mitstreiter an, sondern gegen eine anonyme Masse von Millionen unbekannter Marktteilnehmer. Wenn der eine auf steigende Kurse, der andere aber auf sinkende Notierungen spekuliert, kann natürlich nur einer recht behalten. Der Gewinn des einen entspricht somit dem Verlust des anderen. Doch dieses „Null-Summen-Spiel" gibt es im engeren Sinne nur an den Options- und Terminmärkten. Wenn es um das Kaufen und Verkaufen von Aktien geht, verhält sich die Sache anders: In einem insgesamt steigenden Markt gibt es stets mehr Gewinner als Verlierer; die Majorität der Spekulanten ist somit glücklich und zufrieden und freut sich an den sich allmählich anhäufenden Kursgewinnen. Wo bleibt hier die Schädigung anderer? Diejenigen, die Aktien gekauft hatten, waren schlauer bzw. vorausschauender als jene, die keine Risikopapiere erworben hatten. Aber die letzteren haben durch ihr Versäumnis keine Verluste erlitten; vielmehr sind ihnen nur potentielle Gewinne entgangen.

In einer Zeit sinkender Aktienkurse verhält es sich umgekehrt. Selbst diejenigen Spekulanten, die geschickter als die Mehrzahl der anderen Marktteilnehmer agieren, indem sie Aktien gekauft hatten, die nicht so stark sanken wie der Marktdurchschnitt, hatten dennoch effektive Verluste erlitten. Auch hier war die Handlung des Aktienkaufens also keineswegs unmoralisch.

Würde man also den Aktienkäufern (= erfolgreiche Spekulanten) niedrige Motive unterstellen, so müßte man das gesamte System des Kapitalismus moralisch disqualifizieren. Das kann es aber nicht sein. Denn unser auf die freie Entfaltung jedes Individuums ausgelegtes Wirtschaftssystem (freie Marktwirtschaft) hat uns in den vergangenen 50 Jahren einen beispiellosen Zuwachs an allgemeinem Lebensstandard beschert.

Im kapitalistischen System spielt die Börse eine ganz wichtige Rolle. Die Aktiengesellschaft ist ein geeignetes Mittel, um durch die Ersparnisse von vielen neue Kapitalgüter zu schaffen. Ohne die Aktie als Finanzierungsinstrument wäre die Marktwirtschaft, wie sie sich uns heute darstellt, nicht denkbar. Die Effektenbörse ist als „Markt der Märkte" ein wichtiger Bestandteil unserer Wirtschaft, ja sogar das wesentliche Merkmal unseres kapitalistischen Wirtschaftssystems schlechthin.

Es bleibt daher festzuhalten, daß das Kaufen und Verkaufen von Aktien an sich (d. h. ohne Berücksichtigung der Motive, die zu der Handlung führen) moralisch einwandfrei ist. Der Begriff „Spekulation" ist also auf seinen tatsächlichen Bedeutungsinhalt (die Absicht, aus Kursdifferenzen Gewinne erzielen zu wollen) zu reduzieren. Moralische Bedenken sind ungerechtfertigt, und ein eventueller negativer Beigeschmack hat hier nichts verloren.

Ich will noch einmal auf das Beispiel Dr. Jürgen Schneider zurückkommen. Wenn die Immobilienpreise weiter gestiegen wären, wäre die Spekulation des Königsteiner Kaufmanns zweifellos aufgegangen. Irgendwann hätte er seine Grundstücke und Gebäude zu einem wesentlich höheren Preis, als er ursprünglich bezahlt hatte, wieder abgestoßen, und niemand wäre geschädigt worden, auch die Deutsche Bank nicht, die einen zu hohen Betrag gegen gefälschte Kreditunterlagen herausgelegt hatte. In diesem Falle wäre Dr. Schneider sicher nicht als erfolgreicher Immobilienspekulant tituliert worden, sondern als kluger und vorausschauender Investor gefeiert worden. Achten Sie bitte auf den feinen sprachlichen Unterschied. Im allgemeinen Sprachgebrauch ist es eben so, daß ein mit positivem Ergebnis abgeschlossenes riskantes Geschäft eher als „Investition" bezeichnet wird, ein fehlgeschlagenes Investment hingegen als „Spekulation". Auch hier wird durch die Wortwahl auf einen positiven oder negativen Bedeutungsinhalt abgezielt. Dies ist in meinen Augen völliger

Unsinn und zum richtigen Verständnis dieses Buches eher hinderlich als förderlich.

Das zweite, was wir aus dem Leben der oben erwähnten Großspekulanten lernen können, ist die Analyse der begangenen Fehler. Sowohl Dr. Jürgen Schneider als auch Donald Trump hatten den Trend, nämlich die zukünftige Entwicklung der Immobilienpreise, falsch eingeschätzt. Die Gebrüder Hunt haben ihre Konkurrenten, die übrigen Spekulanten des Silbermarktes, falsch eingeschätzt, genauer gesagt: deren Marktmacht unterschätzt. Robert Maxwell, Allan Bond und Werner K. Rey kamen wiederum aus verschiedenen Gründen in Liquiditätsengpässe, die ein so bedrohliches Ausmaß annahmen, daß sie direkt in die Pleite führten.

1.2 Wovon hängt der Erfolg einer Spekulation ab?

Wir wollen uns nun der Frage zuwenden, von welchen Faktoren der Erfolg einer Spekulation abhängig ist. Zu diesem Zweck ist es sinnvoll, den Spekulationsprozeß in seine Bestandteile zu zerlegen. Vorher müssen wir jedoch noch einige Abgrenzungen vornehmen. Eingangs wurde bereits festgestellt, daß man mit vielen Dingen spekulieren kann: Wertpapiere, Devisen, Rohstoffe, Immobilien und Produkte aller Art.

Immobilien werden von den meisten Bürgern zur Selbstnutzung erworben. Für viele von ihnen ist es eine Investition, die sie nur ein einziges Mal im Leben tätigen. Natürlich kaufen auch Kapitalanleger Immobilien, um eine langfristige Rendite zu erwirtschaften, durch den Sachwertcharakter der Inflation zu entgehen und/oder langfristige Wertzuwächse zu realisieren. Diese Kapitalanlagen sind allerdings aus verschiedenen Gründen sehr langfristig ausgerichtet:

Zum einen sind die Preisbewegungen an den Immobilienmärkten sehr verhalten, und es dauert recht lange, bevor die bezahlte Maklergebühr und die Nebenkosten des Erwerbs „hereingeholt" werden. Andererseits gilt bei Immobiliengeschäften die verlängerte steuerliche Spekulationsfrist von zwei Jahren, und innerhalb von zwei Jahren dürfen auch nur drei Objekte von einer Person verkauft werden, ohne daß dies von den Finanzämtern als Gewerbetätigkeit angesehen und besteuert wird.

Auch die „Spekulation" mit Produkten und Dienstleistungen aller Art will ich ausklammern; dies bleibt der Unternehmertätigkeit vorbehalten, die nach ganz anderen Regeln abläuft und von Privatpersonen normalerweise nicht wahrgenommen werden kann.

Alle übrigen Spekulationen – also mit Wertpapieren, Devisen und Rohstoffen – sind für Privatleute möglich, und zwar an der Börse. Darum geht es. Auch wenn im folgenden in diesem Buch fast ausschließlich die Spekulation mit Aktien behandelt wird, so gelten die aufgezeigten Grundsätze und Regeln sinngemäß auch für die anderen Wertpapierarten, Devisen und Rohstoffe.

Nun wollen wir uns den Prozeß der Spekulation genauer ansehen: Der Spekulant kauft und verkauft Wertpapiere (gegen Geld) an der Börse, um Gewinne zu erzielen.

Aktion	**Wissensgebiet**	**Kapitel**
Der Spekulant	■ Psychologie des Spekulanten ■ Spekulationsplan	10 und 11
kauft und verkauft	■ Fundamentalanalyse ■ Technische Analyse ■ Handelssysteme	6, 7 und 8
Wertpapiere	■ Ertrag und Risiko ■ Wertpapierarten	4 und 5
(gegen Geld)	■ Geldmanagement	9
an der Börse,	■ Marktteilnehmer	2
um Gewinne zu erzielen	■ Strategien	3, 5 und 12

Abbildung 1: Der Spekulationsprozeß

Die Person des Spekulanten steht im Mittelpunkt der Betrachtungen. Mentalität, Persönlichkeit und Charakter haben viel damit zu tun, welche Strategien und Taktiken verfolgt werden. Die praktizierten Prognosemethoden (Fundamentalanalyse oder Technische Analyse), die gewählten Wertpapierarten (Aktien, Optionsscheine, Termingeschäfte) und die Art des Geldmanagements hängen in der Praxis sehr stark von der Psychologie des Spekulanten ab. Doch gerade hierin liegt der größte Unsicherheitsfaktor jeder Spekulation. Aus diesem Grunde ist es sinnvoll, die Persönlichkeit des Spekulanten nicht als Ausgangspunkt, sondern als Endpunkt der Überlegungen zu wählen. Bevor wir uns also mit der Person des Spekulanten auseinandersetzen, sollten wir die übrigen Bestandteile des Spekulationsprozesses genau untersuchen.

In Kapitel 2 beschäftigen wir uns mit der Psychologie der Marktteilnehmer. Hier geht es um die Börse, die gewissermaßen den Schauplatz des Spekulationsgeschehens darstellt. Das Ertrags- und Risikoprofil der verschiedenen Wertpapierarten wird Gegenstand von Kapitel 4 sein. Die unterschiedlichen Börsenstrategien, die zur Gewinnerzielung eingesetzt werden, werden in den Kapiteln 3 und 5 genau untersucht. Hier geht es auch bereits um den Vorgang des Kaufens und Verkaufens, der in den Abschnitten „Fundamentalanalyse“ (Kapitel 6) und „Technische Analyse“ (Kapitel 7) vertieft wird. Wie die Prognosemethoden insbesondere der Technischen Analyse in computergestützte Handelssysteme eingebunden und optimiert werden können, wird in Kapitel 8 ausführlich dargelegt. Der richtige Einsatz des zur Verfügung stehenden Kapitals ist für einen dauerhaften Erfolg an der Börse unabdingbar; auf die verschiedenen Regeln des Geldmanagements wird in Kapitel 9 eingegangen. Nachdem in Kapitel 10 der Spekulant selbst im Mittelpunkt der Betrachtung steht und die typischen Kennzeichen sowohl des Gewinner- als auch des Verliertyps aufgezeigt werden, geht es in Kapitel 11 um die Erstellung und Durchführung eines erfolgreichen Spekulationsplans. Damit wären wir dann am Ziel angelangt: Sie werden wissen, wann, wie und warum Börsenspekulationen zum Erfolg führen und wie Sie sich diesen Erfolg sichern können.

1.3 Motive und Ziele

Warum haben Sie sich dieses Buch gekauft? Welche Ziele verfolgen Sie mit Ihren Spekulationen?

Um an der Börse Erfolg zu haben, muß man sich zunächst einmal über seine Ziele klar werden. Nur wer weiß, wohin er will, hat auch die Chance, dort anzukommen. Umgekehrt braucht derjenige, der nicht weiß, wohin er will, sich nicht zu wundern, wenn er nirgendwo ankommt.

Ein mögliches Ziel kann es sein, durch Spekulation einen festen Geldbetrag zu erwirtschaften, der für die Anschaffung eines bestimmten Gegenstandes (z. B. neues Auto, neue Wohnzimmermöbel, weite Urlaubsreise) gebraucht wird. Es gibt nicht wenige Hobby-Spekulanten, die damit zufrieden sind, sich von dem erspekulierten Gewinn den jährlichen Abenteuerurlaub in fernen Ländern zu finanzieren. Andere Leute wiederum setzen den Betrag, für dessen Erzielung sie kalkulierte Risiken durch Spekulationen an der Börse einsetzen, sehr viel höher an: Der eine will sich z. B. das notwendige Eigenkapital für den Bau eines Hauses ... „zusammensparen", hätte ich fast gesagt, aber das ist wohl der falsche Ausdruck dafür. Ein anderer will sich beruflich selbständig machen und eine Firma gründen, kann dies aber erst verwirklichen, wenn er ein gewisses Mindestkapital zur Verfügung hat. Die beiden letztgenannten Personen, also der Hausbauer und der Firmengründer, werden somit – selbst bei postivem Verlauf der Spekulation – nur zeitweise an der Börse aktiv sein. Wenn sie das sich selbst gesetzte Ziel erreicht haben, werden sie ihr Kapital nicht wieder in Aktien, sondern eben in den Hausbau bzw. die Firmengründung neu investieren.

Ein häufig genanntes Ziel, vor allem junger Börsianer, ist es, möglichst hohe Gewinne in möglichst kurzer Zeit zu erreichen. Dies ist nur dann möglich, wenn diese Spekulanten bereit sind, ein hohes Risiko einzugehen. Denn an den Kapitalmärkten gibt es eine unumstößliche Regel, die universell gültig ist: Je höher der Ertrag, umso höher das Risiko. Dieser Zusammenhang ist so fundamental wichtig, daß er Gegenstand eines einzelnen Kapitels (4) ist.

Viele Leute antworten auf die Frage, was sie mit ihrer Spekulation zu erreichen gedenken, daß sie einen positiven Ertrag erwirtschaften wollen. Das klingt einleuchtend, muß jedoch hinterfragt werden: Würde Ihnen z. B. ein jährlicher Ertrag von zwei Prozent reichen, wenn Sie mit risikoloser Festgeldanlage sechs Prozent erzielen könnten? Oder setzen Sie vielmehr stillschweigend voraus, daß die Rendite Ihrer risikoreichen Spekulation deutlich höher sein müßte? Schließlich kommt es auch noch darauf an, ob Sie diesen Vergleich vor oder nach Steuern anstellen.

Während bei den bisherigen Zielen sachliche Motive die Ausgangsbasis bildeten, sind für die Formulierung der folgenden Ziele eher persönliche Gründe entscheidend:

- **Sie wollen sich beweisen, daß Sie gut sind.** Diese Zielformulierung ist nicht brauchbar, da sie relativ, d. h. nicht überprüfbar und erst recht nicht meßbar ist. Wenn Sie das Ziel dagegen dahingehend spezifizieren, daß Sie weniger schlecht als vorher spekulieren wollen, dann können Sie z. B. an der Verbesserung der Jahresrendite ablesen, ob Sie das Ziel erreicht haben oder nicht.

- **Besser zu sein als der Durchschnitt** ist ein Ziel, das sich viele Vermögensverwalter selbst setzen bzw. von ihren institutionellen Klienten (z.B. Versicherungen, Pensionskassen) gesetzt bekommen. Für eine Erfolgsmessung ist es in diesem Falle nötig, einen objektiven Vergleichsmaßstab zu haben. Zu diesem Zweck werden von professionellen Anlegern und Vermögensverwaltern sog. Benchmarks konstruiert, auf die in Kapitel 5 ausführlich eingegangen wird. Ein Portfolio, das ausschließlich in deutschen Aktien anlegt, wird sich als Meßlatte vermutlich den DAX-Index wählen. Das Spekulationsziel ist erreicht, wenn die Wertentwicklung des aktiv gemanagten Deutschland-Portfolios besser ist als die Wertentwicklung des DAX-Indexes im gleichen Zeitraum. Dies impliziert natürlich, daß der Anleger zufrieden sein muß, wenn die Performance des DAX-Index bei minus zehn Prozent liegt und das Portfolio mit minus acht Prozent deutlich besser abgeschnitten hat, aber per Saldo immer noch Verluste aufweist. Das Ziel „besser als der Durchschnitt" kann somit unter Umständen leichter zu erreichen sein als das Ziel „positiver Ertrag".
- Besonders anspruchsvolle Spekulanten setzen sich das Ziel, **besser zu sein als die meisten anderen Marktteilnehmer**. Sie meinen damit, daß sie eine höhere Trefferquote erreichen wollen als andere „Mitspieler" und den entsprechenden Aktienindex „outperformen" wollen. Als Mittel zum Zweck dienen hierbei häufig Spekulationen mit Optionsscheinen oder auf Kredit.
- Das letzte Ziel, das ich hier aufführen möchte, ist vollkommen unsinnig und objektiv nicht zu verwirklichen. Dennoch bildet es – meistens uneingestandenerweise – die Grundlage mancher riskanter Spekulation: **Man will den anderen und/oder sich selbst beweisen, daß man besser ist als alle anderen Marktteilnehmer.** Es liegt auf der Hand, daß hier ein Fehlschlag vorprogrammiert ist. Selbstüberheblichkeit und Größenwahn sind schlechte Ratgeber, die zwangsläufig ins Verderben führen.

Die folgende Übersicht faßt die wichtigsten Motive und Ziele zusammen:

Einen bestimmten Geldbetrag erwirtschaften.
Einen positiven Ertrag erwirtschaften.
Einen höheren Ertrag als die Rendite risikoloser Festgeldanlagen realisieren.

> Möglichst hohe Gewinne in möglichst kurzer Zeit realisieren.
> Besser als der Durchschnitt sein.
> Besser als die meisten anderen sein.
> Besser als alle anderen sein.

Was auch immer Ihr Ziel sein mag – mein Ziel ist es, Sie in die Lage zu versetzen, höhere und nachhaltigere Börsengewinne zu erreichen als bisher und unnötige Verluste zu vermeiden.

1.4 Glückspiel – ja oder nein?

Von Leuten, die nichts von der Börse und ihren Gesetzmäßigkeiten verstehen, höre ich immer wieder die Mutmaßung, daß Börsenspekulation nichts anderes als Glücksspiel sei. Obwohl die Börsenspekulation durchaus Züge annehmen kann, die denen des Glücksspiels sehr ähnlich sind, so ist die Börse doch alles andere als ein Spielcasino.

Beim Roulette-Spiel kommt es darauf an, daß die kleine weiße Kugel in das richtige Fach fällt. Bei Würfelspielen hängt Gewinn oder Verlust davon ab, ob der Würfel die richtige oder falsche Augenzahl zeigt. Beide Dinge sind ausschließlich vom Glück abhängig. Der Spieler selbst kann nichts dazu tun, um die Chancen in irgendeiner Weise zu beeinflussen. Anders verhält es sich beim Geschicklichkeitsspiel, bei dem die Geschicklichkeit des Spielers über den Erfolg mitentscheidet.

Betrachten wir uns einmal das weltbekannte Brettspiel Monopoly, bei dem es darauf ankommt, durch Kauf von Immobilien (Straßen oder Straßenzüge) möglichst hohe Mieteinkünfte von den Mitspielern zu beziehen und mehr Geld zusammenzuraffen als die anderen. Gespielt wird mit zwei Würfeln, die den Spielverlauf entscheidend mitgestalten. Doch trotz allen Einflusses des Glücks wird es so sein, daß, wenn erfahrene und unerfahrene Spieler aufeinandertreffen, die erfahrenen Spieler den Sieg unter sich ausmachen werden, während die unerfahrenen wahrscheinlich zu den Verlierern gehören. Je geschickter ein Spieler spielt, um so höher sind seine Aussichten auf den Sieg.

Die Börsenspekulation gleicht einem solchen Geschicklichkeitsspiel. Obwohl der Zufall bzw. die Nichtvorhersagbarkeit des „Spielverlaufs" (= zukünftige Börsenkurse) eine große Rolle spielen, hängt der langfristige Erfolg viel weniger vom Glück ab, als man gemeinhin annimmt. Wer das

Börsenspiel beherrscht und methodisch an die Sache herangeht, die erfolgversprechenden „Spiel"strategien und -taktiken anwendet und dabei planvoll und diszipliniert vorgeht, ist geradezu zum Erfolg verurteilt. Es bleiben zwar Unwägbarkeiten, die die Programmierung (im engeren Sinn des Wortes) des Erfolgs verhindern. Eines aber ist sicher: Wer geschickt spielt, gewinnt öfters, als daß er verliert. Wer an der Börse geschickt spekuliert, dessen Vermögen wird wachsen. Wer hingegen ungeschickt spekuliert, wird an der Börse zwar auch ein kleines Vermögen machen – aber nur, wenn er ein großes einsetzt.

Kehren wir zurück zu Monopoly. Um ein guter Monopoly-Spieler zu werden, müssen Sie drei Voraussetzungen mitbringen:

1. Sie müssen die Spielregeln kennen, also beispielsweise wissen, daß das Bebauen von Grundstücken mit Häusern und Hotels nur dann erlaubt ist, wenn alle Grundstücke (= Straßen) desselben Straßenzugs im Besitz desselben Spielers sind.

2. Sie müssen ihre Mitspieler beobachten und richtig einschätzen können. Es ist ganz wesentlich, Ihre eigene Strategie auf die wahrscheinlichen zukünftigen Spielzüge Ihrer Mitspieler abzustimmen. Wenn Sie z. B. im ersten Teil des Spieles, in dem es um die Verteilung der Grundstücke geht, auf eine Straße kommen, die für Sie eigentlich uninteressant ist, aber von der Sie wissen, daß sie ein Mitspieler dringend zur Komplettierung seines Straßenzuges benötigt, dann ist es sinnvoll, diese Straße trotzdem zu kaufen, weil Sie damit ein wertvollesTauschobjekt in die Hände bekommen.

3. Um wirklich gut zu sein, müssen Sie auch Tricks und Kniffe beherrschen, die nicht in der Spielanleitung stehen. Dazu gehört, die Eintrittswahrscheinlichkeiten für bestimmte Würfelzahlen zu kennen: Die Wahrscheinlichkeit, eine 7 zu würfeln, ist größer als die Wahrscheinlichkeit für eine 5 oder eine 9 und sehr viel größer als die Wahrscheinlichkeit, eine 2 oder eine 12 zu werfen. Weiterhin ist das Kosten-/Nutzenverhältnis des gelben Straßenzugs höher als das in der Anschaffung zunächst günstigeren roten Straßenzugs, da die Mieten in den „gelben" Häusern deutlich höher sind als in den gleich teuren „roten" Häusern. Die Beherrschung dieser Tricks und Kniffe kommt im allgemeinen erst mit längerer praktischer Erfahrung.

Wenn man den Börsenspekulanten mit dem Monopoly-Spieler vergleicht, entspricht die Börse dem Spielbrett und seinen Regeln, die gehandelten Aktien den Grundstücken, Häusern und Hotels und die verschiedenen Anlegergruppen den Monopoly-Spielern. Wir wollen uns nun der Börse als dem Schauplatz des Spekulationsgeschehens zuwenden und die verschiedenen Marktteilnehmer beobachten.

2. Psychologie der Marktteilnehmer

Die Börse ist irrational, sagen die einen. Sie sei unberechenbar, meinen die anderen. Beide haben natürlich recht. Wäre die Börse nämlich rational bestimmt und die Kursbewegungen der an ihr gehandelten Objekte berechenbar, hätten die Schlauen längst unfehlbare Prognosemodelle entwickelt, führen einen Porsche und lägen in den Swimmingpools ihrer Luxusvillen, anstatt zu arbeiten.

Doch so ist es nicht. Den Stein der Weisen hat noch niemand gefunden. Die perfekte Strategie gibt es ebensowenig wie den todsicheren Tip, wenn man einmal von dem illegalen Ausnutzen vertraulicher Insider-Informationen absieht. Dabei wird es auch bleiben. Der Grund dafür ist ganz einfach: Die Kursbewegungen an der Börse werden von der Summe aller Marktteilnehmer bestimmt, und die Marktteilnehmer sind eben zum weitaus größten Teil Menschen und keine Maschinen. Menschen aber sind in ihren Handlungen nicht berechenbar und in ihrem Denken oft irrational. Die Impulse zum Kaufen und Verkaufen kommen vielfach aus dem Bauch heraus und werden wesentlich von den Gefühlen der Agierenden mitbestimmt.

Es liegt auf der Hand, daß die Stimmungen der Marktteilnehmer sowohl von dem Auf und Ab an der Börse beeinflußt werden als auch eben diese Schwankungen hervorrufen. Diese Interdependenz macht die Börsensituationen so schwer beschreibbar und unvorhersehbar, aber auch spannend und abwechslungsreich. Analog zu dem Konjunkturzyklus in der Wirtschaft und den Zyklen an der Börse (in Kap. 6 komme ich darauf zurück) können bei bestimmten Marktteilnehmern typische Stimmungszyklen beobachtet werden (s. Abb. 2).

1. Die **Baisse** ist zum Stillstand gekommen. Die Ängstlichen haben alle Aktien bereits verkauft; beim Rest der Marktteilnehmer herrscht Gleichgültigkeit. Da niemand mehr auf dem niedrigen Niveau verkauft, können die Kurse ein wenig steigen.
2. Die Gleichgültigkeit weicht erhöhter **Aufmerksamkeit.** Einige fangen bereits vorsichtig an zu kaufen. Die meisten Marktteilnehmer glauben aber nur an eine kurzfristige Bear-Market-Rallye und denken, daß die Kurserholung nur vorübergehender Natur ist.

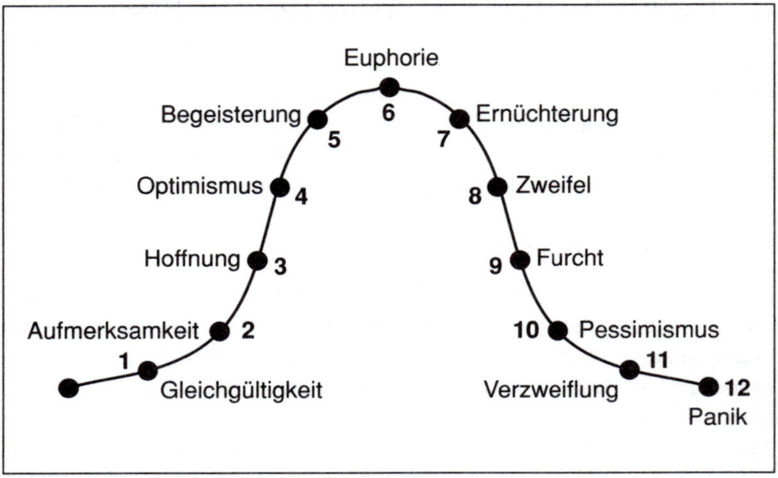

Abbildung 2: Stimmungszyklen an der Börse

3. Die leidgeprüften Börsianer schöpfen wieder **Hoffnung.** Die Zahl der Käufer nimmt allmählich zu.

4. Auf dem Börsenparkett herrscht **Optimismus,** der immer mehr Marktteilnehmer ansteckt und zu Käufen motiviert.

5. Der Optimismus hat sich bei den meisten Marktteilnehmern zur **Begeisterung** ausgeweitet. Diejenigen, die noch unterinvestiert sind, bekommen Angst, die **Hausse** zu verschlafen und den Zug zu verpassen. Diese Leute beachten allerdings nicht, daß der Zug schon mit Höchstgeschwindigkeit fährt, und daß die Hausse den Früheinsteigern bereits kräftige Kursgewinne beschert hat.

6. Die überwiegende Anzahl der Marktteilnehmer ist in **typischer Kaufstimmung** und erwartet weiter anziehende Notierungen. Sie behaupten: „Es wird nie wieder schwach!“ und verschließen ihre Augen vor der Möglichkeit, daß die Kurse auch wieder nach unten gehen könnten. Am höchsten Punkt des Börsenzyklus kaufen auch die letzten Zauderer – häufig sind es die vielzitierten Dienstmädchen. Alle anderen Marktteilnehmer haben ihre Depots mit Aktien prall gefüllt. Profis sind gerne bereit, den euphorischen Anlegern ihre Stücke zu überlassen.

7. Auf dem Parkett kehrt **Ernüchterung** ein. Die Kaufpanik ist vorbei. Es können keine neuen Käuferschichten mehr erschlossen werden. Abgaben von Profis fangen an, die Kurse zu drücken.

8. Die **Zweifel** mehren sich, doch nur wenige verkaufen; die meisten glauben nur an eine Korrektur im intakten Aufwärtstrend.

9. **Furcht** macht sich auf dem Börsenparkett breit, daß man sich in einer **Baisse** befinden könnte. Die Zahl der Marktteilnehmer, die ihre Aktien verkaufen wollen, wächst.

10. Am Bestehen eines Abwärtstrends besteht nun kein Zweifel mehr. Immer mehr Börsianer werden zu **Pessimisten** und wollen ihre Aktien loswerden.

11. Zunehmende **Verzweiflung** macht sich breit. Die meisten derjenigen, die noch in Aktien überinvestiert sind, wollen verkaufen.

12. Die überwiegende Anzahl der Marktteilnehmer gerät in **Panik.** „Raus aus Aktien! Es wird nie wieder fest!“ lautet die Devise. Die letzten schwachen Hände trennen sich von ihren Aktien. Antizyklisch handelnde Profis nützen die Situation aus und kaufen zu Tiefstkursen. Im Gegensatz zu den „Zittrigen“ wissen die „Hartgesottenen“, daß die Kurse auch wieder steigen werden.

1. Die Kurse fangen an zu steigen ...

2.1 Von Bullen und Bären und Schafherden

Jeder Börsianer kennt Bulle und Bär, die beiden Wappentiere der Börse. Sie sind Synonym für die beiden gegensätzlichen Strömungen auf dem Parkett – Optimisten und Pessimisten, Käufer und Verkäufer, Haussiers und Baissiers. Bildlich gesprochen, nimmt der Bulle die Kurse auf die Hörner und treibt sie nach oben, während der Bär mit seinen Tatzen so lange auf die Kurse schlägt, bis sie nach unten fallen.

Doch nur wenige Marktteilnehmer sind tatsächlich überzeugte Bullen oder Bären. Die meisten von ihnen gehören der dritten Spezies von Börsentieren an – den Schafen. Schafe sind dumme, willenlose Tiere. Sie haben keine eigene Meinung und orientieren sich an mächtigen Leitfiguren, nämlich den Bullen oder Bären. Einzeln sind Schafe harmlose Geschöpfe, doch wenn sie in Massen auftreten, können sie alles andere überrennen.

Oft bedarf es nur eines geringen Anstoßes, um die Laufrichtung der Schafe zu ändern. Ein schwacher Dollar, geringfügig steigende Zinsen oder ein Fernsehinterview mit Roland Leuschel reichen aus: Der Leithammel dreht um, und schon kehren die Schafe der Hausse den Rücken zu und rennen in die andere Richtung.

Das kurzfristige Auf und Ab der Kurse innerhalb stabiler langfristiger Trends läßt sich sehr gut mit dem wankelmütigen Verhalten der Schafherden erklären. Größere Trendwechsel hingegen werden eher von der wechselnden Dominanz von Bullen und Bären bestimmt. Betrachten wir uns den Stimmungszyklus noch einmal aus der Blickrichtung der Börsentiere:

1. Die zuletzt triumphierenden Bären werden müde; der erste Bulle wagt sich vorsichtig hervor.
2. Einige weitere Bullen sind von dem Mut des Leitbullen beeindruckt und gesellen sich zu ihm. Die Bären sind noch in der Überzahl, nehmen aber ab.
3. Die Bullenherde ist komplett. Die Bären verziehen sich endgültig in ihre Höhlen.
4. Die Schafe kommen! Der Leithammel orientiert sich kurz und begibt sich dann geradewegs zu den Bullen, die sich bereits in Richtung Hausse vorwärtsbewegen. Die anderen Schafe folgen, ohne zu überlegen.
5. Immer mehr Schafe kommen, und immer schneller rennen sie den Bullen hinterher.
6. Die Euphorie der Schafe kennt kein Ende. Während die Bullen bereits erschöpft stehengeblieben sind, stürmen die Wolltiere noch vorwärts. Jetzt hat sich auch das letzte noch zögernde Schaf der Herde angeschlossen.
7. Die ersten Bären strecken die Köpfe aus den Höhlen; sie wittern bereits die Baisse. Die Schafe bemerken dies nicht, sondern wundern sich, warum die Bullen müde sind.
8. Weitere Bären gesellen sich zu ihren Artgenossen. Die Zahl der Bullen nimmt ab.

9. Die Bullen verschwinden endgültig von der Bildfläche. Die Bären übernehmen das Regiment. Die Schafe merken immer noch nichts.
10. Plötzlich wacht der Leithammel auf und trabt auf die Bären zu. Die übrigen Schafe folgen.
11. Die Bären sind in ihrem Element. Sie und immer mehr ängstlich blökende Schafe rennen in Richtung Baisse.
12. Die Schafe geraten vollends in Panik. Die Bären sind über ihr Werk zufrieden.

1. Der Zyklus beginnt von neuem...

Das unüberlegte, blinde **Herdenverhalten** der Schafe endet an der Börse nicht selten mit einer Katastrophe. Die Schafe meinen, sie seien in der Gemeinschaft ihrer Artgenossen sicher, doch das stimmt natürlich nicht. Wer schon einmal Fischschwärme unter Wasser beobachtet hat, kann sich das gut vorstellen. Wie von unsichtbaren Kommunikatoren geleitet, ändern alle Fische im selben Sekundenbruchteil ihre Richtung. Manche Räuber nutzen dieses Kollektivverhalten gnadenlos aus. Sie machen reiche Beute, indem sie konsequent gegen den Strom schwimmen. An der Börse ist das ähnlich. Wer entgegen der Meinung der Masse handelt und kauft, wenn die Schafe ihre Aktien um jeden Preis verschleudern, der handelt klug.

Der dargestellte Zyklus bezieht sich nicht auf das Verhalten der wenigen Profis, sondern auf das typische Stimmungsmuster der Mehrheit der Anleger. Die wahren Könner an der Börse kennen die Zusammenhänge natürlich genau und verhalten sich wie die Raubfische. Sie wissen, daß sie um jeden Preis kaufen müssen, wenn „Panik" herrscht, daß das Aufwärtspotential bei „Hoffnung" immer noch groß genug ist, um einzusteigen, daß sie sich spätestens bei „Euphorie" aus dem Markt verabschieden müssen.

2.2 Euphorie und Panik

Die Hausse wird in der Panik geboren und stirbt in der Euphorie. Für den antizyklisch handelnden Spekulanten kommt es deshalb darauf an, extreme Stimmungszustände möglichst sicher zu identifizieren und dann nach der „contrary-opinion“-Methode zu handeln. Ein Börsensprichwort bringt die Sache auf den Punkt:

„Wenn's fest ist, gib',
wenn's schwach ist, kauf –
so stockst du dein Vermögen auf!“

Spekulanten, die bevorzugt an diesen Extrempunkten des Zyklus mit Optionen und Terminkontrakten jonglieren, gleichen waghalsigen „Wellenreitern“: Sie lieben es, wenn die „Stimmungswellen“ hoch schlagen und eine gewaltige „Brandung“ die Kurse immer höher treibt oder immer mehr kollabieren läßt. Tollkühn reiten sie die Brandungswellen ab und versuchen, die Kammlinie für ihre Käufe bzw. Verkäufe genau zu erwischen. Gelingt es ihnen, so sind sie strahlende Helden. Doch wehe ihnen, wenn sie den Wellenkamm zu früh oder zu spät verlassen und die Wassermassen über ihnen zusammenbrechen!

In der Euphorie wimmelt es von Kaufempfehlungen. Das Fernsehen berichtet von den steigenden Aktienkursen und zeigt laut schreiende und wild gestikulierende Börsenhändler. Skeptische Stimmen sind kaum noch zu vernehmen.

Zu diesen objektiven Kriterien gesellen sich subjektive Symptome. Der auf Hausse eingeschworene Spekulant bekommt glänzende Augen und wird von einem Hochgefühl erfaßt, das leicht den Blick für sachliche Argumente trübt. Er rechnet sich die erwarteten Gewinne aus, sobald er eine Aktienposition gekauft hat. Von der Möglichkeit sinkender Kurse will er nichts wissen. Häufig kratzt er sein letztes Geld zusammen und nutzt seine Kreditlinien voll aus. Wenn es ginge, würden die wildesten unter den Spekulanten sogar ihre Oma verpfänden.

In der Panik sind die körperlichen Symptome (hoher Blutdruck, dumpfes Gefühl im Bauch, Herzklopfen, beschleunigter Pulsschlag, Schlaflosigkeit) noch intensiver zu verspüren als in der Euphorie. Der Wunsch nach Bargeld wird übermächtig. Die Kursverluste werden zur Bürde, die sich immer schwerer auf die Spekulantenseele legt. Am Ende herrscht nur noch der Wunsch, die Tragödie zu beenden, bevor die Aktienkurse endgültig ins Bodenlose abrutschen. Rationales Denken ist in panischer Stimmung praktisch nicht mehr möglich.

Als objektiver Indikator dienen wiederum die Medien. Wenn sich die Leitartikel der großen Zeitungen an Schwarzmalerei gegenseitig zu übertreffen versuchen, wenn das Fernsehen über die Börsenpanik berichtet und auch von den Bankanalysten keine positiven Stimmen mehr zu vernehmen sind, dann steht der Trendwechsel zum Besseren kurz bevor. Denken Sie daran: Kurz vor dem Morgengrauen ist die Nacht am dunkelsten!

2.3 Stimmungsindikatoren

Wenn niemand daran glaubt, daß der Dollar fällt, dann wird er genau das tun. Wenn alle Marktteilnehmer erwarten, daß die Zinsen fallen, werden sie steigen. Der psychologische Hintergrund dafür ist ganz einfach: Ein Spekulant, der fest davon überzeugt ist, daß eine bestimmte Aktie steigen wird, hat zu diesem Zeitpunkt sein Geld bereits in diese Aktie investiert. Obwohl er sehr positiv gestimmt ist, wird er nicht mehr als Käufer auftreten und somit als nachfragewirksame Kraft an der Börse ausfallen. Sobald es allen Marktteilnehmern so geht, sind keine Käufer mehr da, und das geringste Angebot drückt auf die Kurse.

Umgekehrt funktioniert es ähnlich: Wenn alle Marktteilnehmer lautstark verkünden, daß die Kurse fallen werden, haben sie ihre Aktien bereits verkauft, denn sie glauben ja daran, daß sie in den Markt bald billiger wieder einsteigen können. Wenn aber von den vielen Baissiers keine Aktien mehr veräußert werden, woher soll dann das zusätzliche Angebot kommen, das zum Eintritt der kollektiven Prophezeihung führen soll?

Weil die Sache mit den extremen Stimmungen so gut funktioniert, versuchen viele Investoren und Spekulanten, planmäßig vorzugehen und die Stimmungen möglichst exakt zu erfassen. Unsystematische Stimmungsindikatoren wie die Titelseiten von Wirtschaftsmagazinen, Fernsehmeldungen, Partygespräche oder Meinungskundgebungen von Marktteilnehmern sind dafür nur bedingt zu gebrauchen. Besser eignen sich systematische Stimmungsindikatoren, die entweder auf externen Marktdaten basieren (mittelbare Indikatoren) oder auf internen Marktdaten (unmittelbare Indikatoren). Zu den erstgenannten gehören vor allem regelmäßige Umfragen bei Börsenbriefen oder Wirtschaftsexperten: Je stärker die Meinung der Mehrheit der Befragten in eine bestimmte Richtung geht, um so größer ist die Wahrscheinlichkeit, daß sie falsch liegen. In den USA ist diese Methode der Markterforschung weit verbreitet; mehrere Wirtschaftsdienste haben sich gewerbsmäßig auf wöchentliche Umfragen bei Beratern spezialisiert. Vergleichen Sie in der Abbildung 4 den Kursverlauf des Dow-Jones-Index mit den Umfrageergebnissen von Consensus Inc., Market Vane und Investors Intelligence Survey. Immer dann, wenn der Dow einen zyklischen Tiefpunkt markierte, war der Anteil der bearishen Marktteilnehmer (nach der Umfrage von I. I. S.) besonders hoch und der Anteil der bullishen Terminhändler (nach Consensus und Market Vane) eher niedrig.

Die deutsche Zeitschrift „Börse Online" veröffentlicht ca. alle sechs Wochen das sog. „Wirtschaftsbarometer". 25 Experten schätzen den Trend des US-Dollars sowie die Zinstendenz für die nächsten sechs Wochen ein. Im Frühjahr 1994 waren die Umfrageergebnisse extrem einseitig:

Tabelle 1: Meinungsumfrage Börse Online

Datum der Umfrage	**Prognose-horizont**	**Gegen-stand der Umfrage**	**Meinung der Befragten in %**			**Ergeb-nis**
			steigt	**bleibt gleich**	**fällt**	
Ende März	Mitte Mai	US-Dollar	80	20	0	bleibt gleich
		Umlauf-rendite	0	20	80	steigt
Anfang Mai	Mitte Juni	US-Dollar	65	26	9	fällt
		Umlauf-rendite	0	26	74	steigt

Sie sehen, wer Recht behalten hat – natürlich die Minderheit. Wie krass Vermutung und Wirklichkeit vor allem bei der 2. Umfrage auseinander lagen, können Sie in Abbildung 3 bildlich sehen.

Das *Insiderverhalten,* also die Käufe und Verkäufe von Vorständen, Aufsichtsräten und Top-Managern von Aktien des eigenen Unternehmens ist ein weiterer mittelbarer Stimmungsindikator. In den USA werden die erlaubten Transaktionen von Insidern (die nicht mit dem strafbaren Insiderhandel im engeren Sinne zu verwechseln sind!) regelmäßig veröffentlicht. Kommt es zu einer auffälligen Häufung von Käufen oder Verkäufen, so lohnt es sich in der Regel, prozyklisch das gleiche wie die gut informierten Insider zu tun.

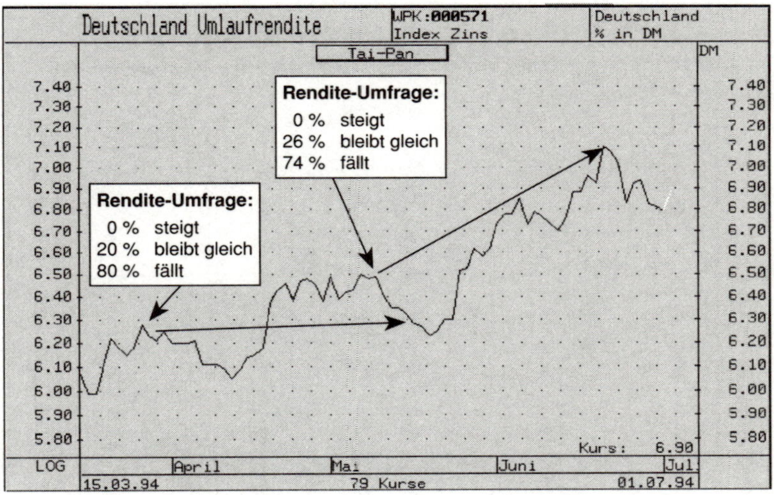

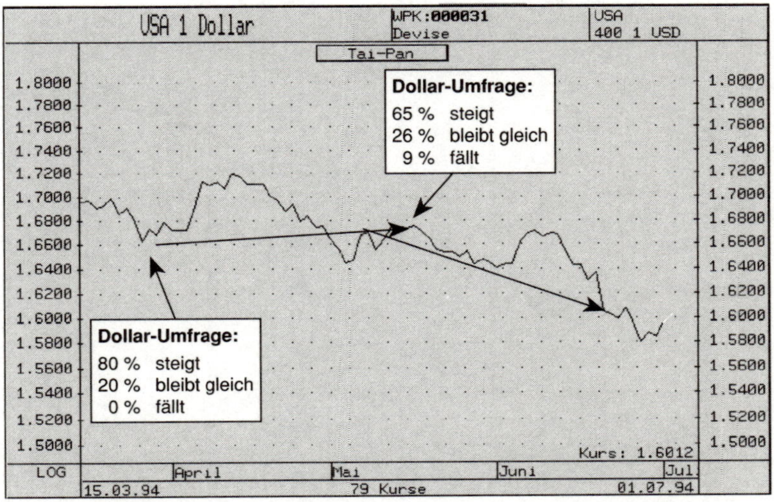

Abbildung 3: Prognose und Wirklichkeit (Umfrage Börse Online)

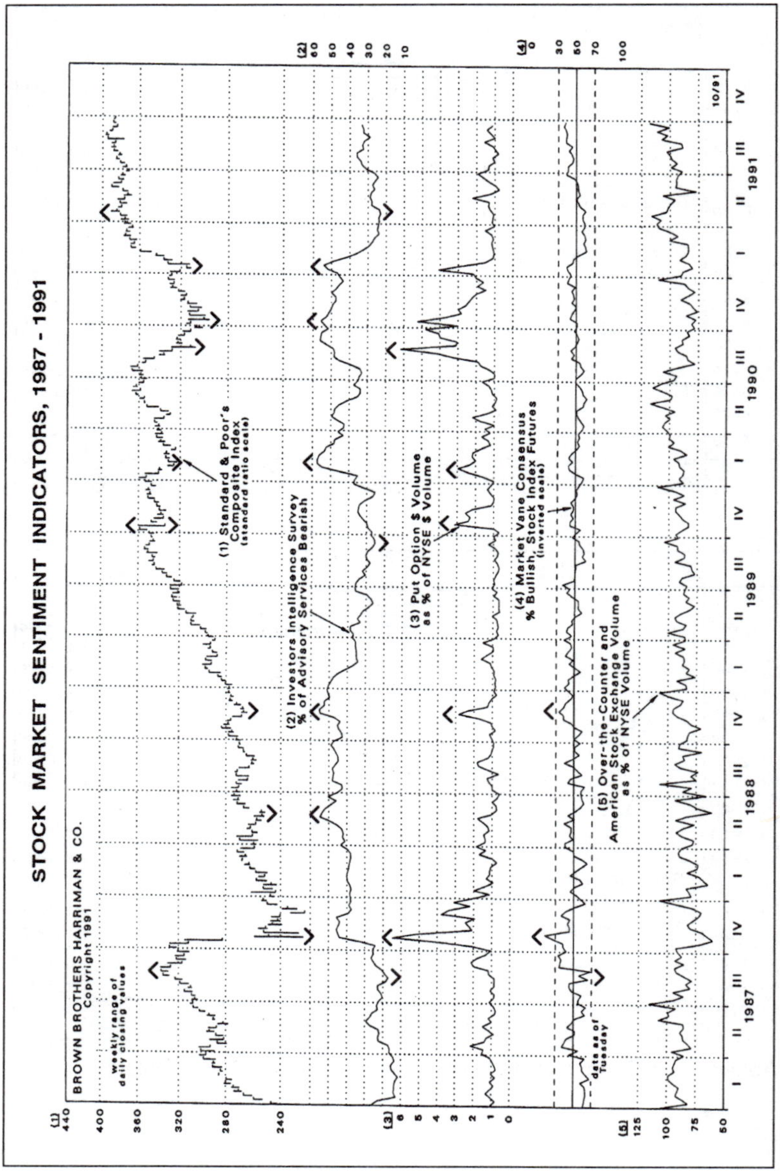

Abbildung 4: Stimmungsindikatoren an der New York Stock Exchange

In bestimmten Situationen kann es auch aufschlußreich sein, wieviel Prozent der Aktien einer bestimmten Gattung auf Kredit gekauft wurden. Diesbezügliche Daten sind in Europa nicht erhältlich, weil es keine Meldepflicht für kreditfinanzierte Kapitalmarkttransaktionen gibt, wohl aber in Japan. Da die Kredite in dem ostasiatischen Inselreich regelmäßig nach sechs Monaten getilgt oder prolongiert werden müssen, ist nach Ablauf dieser Zeit mit Kursdruck zu rechnen, falls viele Aktien mit geliehenem Geld gekauft wurden.

Ähnlich ist ein weiterer Indikator zu werten, nämlich der Anteil der Short Sales an den gesamten Verkäufen in eine Aktie. Ein hoher Anteil von leerverkauften Papieren ist ein guter Anhaltspunkt für einen wahrscheinlichen Kursanstieg, da die Short-Positionen irgendwann durch den Kauf von Aktien eingedeckt werden müssen.

Unmittelbare Stimmungsindikatoren basieren auf internen Marktdaten. Weitaus am meisten verbreitet ist das *Put-call-ratio*. Je höher der Anteil der Put-Optionen von allen umgesetzten Optionen und damit die bearishe Stimmung unter den Marktteilnehmern ist, um so größer ist die Wahrscheinlichkeit eines Kursanstiegs. Ist der Anteil der Put-Optionen hingegen sehr gering, so ist der Markt überkauft und damit korrekturbedürftig. Das ist beim amerikanischen Aktienmarkt (siehe Abbildung 4) sehr gut zu beobachten. Immer dann, wenn das Put-call-ratio (dritte Kurve von oben) extreme Ausschläge nach oben zeigte, markierte der Standard & Poor´s Composite Index zyklische Tiefpunkte.

Auch das Open Interest von Calls und Puts und die Höhe und Verteilung der impliziten Volatilität von Optionen (z. B. Skewness-Indikator) werden als Stimmungsindikatoren verwendet.

Einen Stimmungsindikator besonderer Art gab es in der Wertpapierabteilung meines früheren Arbeitgebers. In kritischen Börsenzeiten fragten sich die Kollegen mehrmals am Tag gegenseitig, ob „die gewisse Order schon dagewesen sei“. Damit meinten sie die Eigengeschäfte des Abteilungsleiters. Immer dann, wenn er für sein eigenes Depot einen Verkaufsauftrag gab, kauften auch die übrigen Mitarbeiter, und umgekehrt. Die jahrelange Erfahrung hatte sie nämlich gelehrt, daß der Chef ein ausgesprochen schlechtes Timing hatte und deswegen als „Anti-Indikator“ herhalten mußte.

2.4 Angst und Gier verbiet' ich dir

Angst und Gier sind Gefühlslagen, die an der Börse besonders verhängnisvoll sein können. Es gibt zwei Sprichwörter an der Börse, die eng miteinander verwandt sind. „Angst kostet Geld" und „Gier macht blind". Jeder, der schon einmal gute Aktien in Panik verkauft hat, weil Gefühle sein rationales Denken und nüchternes Abwägen überlagert hatten, weiß, wie bitter es ist, die Aktien später – oft nur Monate, Wochen oder gar Tage nach dem Verkauf – wieder steigen zu sehen.

Der Börsencrash von 1987 bietet diesbezüglich eine Vielzahl lehrreicher Beispiele. Einen besonders drastischen Kurssturz erlitt damals der spanische Aktienmarkt. Die Börse in Madrid klappte förmlich zusammen. Etliche Standardwerte gaben täglich um die maximal zulässige Spanne von 20 Prozent nach. Trotzdem waren keine Käufer da, um das angebotene Material aufzunehmen. Vor allem englische Großanleger warfen die besten Aktien zu Schleuderpreisen auf den Markt. Mapfre, eine grundsolide Versicherungsaktie, fiel innerhalb von einer Woche von 1800 auf 598 Punkte; mehr als 70 Prozent des Börsenwertes ging in wenigen Tagen verloren. Das war natürlich vollkommen ungerechtfertigt, doch panische Angst trieb die Anleger dazu, „bestens" zu verkaufen. Wohl dem, der in dieser Situation den Mut hatte, sich der Masse entgegenzustellen und den kopflosen „Schafen" die Papiere zu Deep-discount-Preisen abzunehmen! Auf einmal waren keine Verkäufer mehr da, und die Aktie stieg so schnell, wie sie vorher gefallen war. Innerhalb von nur vier Tagen stieg Mapfre auf 1122 Punkte; das war ein Kursgewinn von 80 Prozent.

Wenn die Kurse kollabieren, ist es wichtig, einen kühlen Kopf zu bewahren und sich nicht von der Angst beherrschen zu lassen. Doch auch in anderer Richtigung gilt, daß der gesunde Menschenverstand nie ausgeschaltet werden darf. Blinde Gier kostet ebenfalls Geld – sei es, daß man noch unbedingt auf den letzten Nebenwert aufspringt, der sich der Hausse – meistens aus sehr gutem Grund – noch nicht angeschlossen hat, oder sei es, daß man angesichts schöner Buchgewinne den Hals nicht voll genug bekommen hat und den rechtzeitigen Ausstieg versäumt. Vor allem diese „Halskrankheit" ist bei Börsianern weiter verbreitet als man gemeinhin annimmt.

Habgier läßt Spekulanten auch unvernünftig werden. Wenn besonders günstige Gelegenheiten locken, ist ein gerüttelt Maß an Mißtrauen nicht verkehrt. Wer statt dessen zu blindem Vertrauen neigt, schaut oft genug in die Röhre. Die folgende Geschichte führt Ihnen dies plastisch vor Augen.

Eines Tages fand ein Kleinanleger in einer Münchner Telefonzelle einen Brief, den jemand anderes dort liegengelassen hatte. Neugierig öffnete er das Kuvert und las den Text. Der unbekannte Schreiber empfahl einem Freund, Aktien der Niedermayr-Papierwerke zu kaufen, und zwar um jeden Preis. Er wüßte, daß in Kürze eine Übernahme zu einem wesentlich über der aktuellen Börsennotiz liegenden Kurs stattfinden würde. Der Leser des nicht für ihn bestimmten Briefes erwähnte sich im Besitz einer höchst lukrativen Insider-Information. Noch von der besagten Telefonzelle aus rief er seine Bank an und beauftragte sie mit dem Kauf von Niedermayr-Aktien. Und wirklich – innerhalb weniger Tage verdoppelte sich der Aktienkurs beinahe. Doch der Grund dafür war nicht etwa die geplante Übernahme, denn davon konnte keine Rede sein, sondern geballte Nachfrage zahlreicher Kleinanleger, die identische Briefe in anderen Telefonzellen gefunden hatten. In diesem Umfeld konnte der heimtückische Briefschreiber, dessen Identität nie ermittelt werden konnte, seine zuvor billig erworbenen Niedermayr-Aktien zu Höchstkursen an die gierigen Spekulanten verkaufen. Als dann die Story von den Briefen in den Telefonzellen in der Zeitung stand, wollte jeder sofort raus aus den hochgejubelten Aktien, und der Kurs kollabierte.

Gier macht blind – wer nur an die schnelle Mark denkt, dessen Gehirn wird so stark von Gedanken an zukünftige Kursgewinne umnebelt, daß der Spürsinn für potentielle Risiken deutlich nachläßt.

Kriminelle Versuche, die Kurse marktenger Aktien in eine gewünschte Richtung zu manipulieren, gibt es immer wieder. Im Falle von Niedermayr-Papier hätte ein nüchtern denkender Mensch mit etwas Mißtrauen durchaus hinter die wahren Absichten des unbekannten Briefschreibers kommen können. Bei Union Iberica verhielt sich das anders.

1986 war ein Börsenjahr, in dem die deutsche Börse kräftigen Schwankungen unterworfen war und zahlreiche Aktien ihren zyklischen Höhepunkt bereits hinter sich hatten. In Spanien gab es jedoch noch viel Geld zu verdienen. Diese Nebenbörse war erst ein Jahr zuvor aus einem Dornröschenschlaf erwacht und glänzte mit phänomenalen Kursgewinnen. Deutsche Anleger wurden durch zahlreiche Artikel im Handelsblatt und anderen Zeitungen auf die Börse in Madrid aufmerksam gemacht. Nachdem viele Werte sich innerhalb weniger Monate verdoppelten, begab man sich auf die Suche nach Nachzüglern und Aktien, die noch nicht „entdeckt" waren. In dieser Zeit tauchten in mehreren Handelsblatt-Artikeln die Namen „Union Iberica" und „Réunion de Seguros" auf – geschrieben unter anderem von einem deutschen Unternehmensberater mit Doktortitel, der als „Spanienexperte" gefeiert wurde. Bei den Aktien handelte es sich um zwei kleine Versicherungen, die nur an der Provinzbörse Valencia gehandelt wurden; Madrider Börsenhändlern waren die Gesellschaften unbekannt. Der Höhenflug der promoteten Papiere endete schon nach relativ kurzer Zeit. Von da an ging es bergab – jahrelang. Die Spanienexperten sprachen zwar in regelmäßigen Abständen Durchhalteparolen aus, doch schließlich meldete Union Iberica Konkurs an.

Verantwortlich für die Pleite waren einerseits unerlaubte Überkreuzverflechtungen zwischen Union Iberica, Réunion de Seguros und der später ebenfalls in Valencia emittierten Seguros Mas und andererseits die beinahe kriminell anmutenden Maschenschaften einiger leitender Herren. Die Gelder der Versicherten wurden nämlich – es ist kaum zu glauben – für den Ankauf hochspekulativer portugiesischer Aktien verwandt, und darüber hinaus wurden sogar noch Kredite aufgenommen!

Eine Form von Massenpsychose habe ich 1986 am eigenen Leib erlebt. Damals arbeitete ich in der Wertpapierabteilung einer Großbankfiliale in Frankfurt. Es war die Zeit, in der man mit neu emittierten Optionsanleihen in kurzer Zeit gutes Geld quasi risikolos verdienen konnte, wenn man das Glück hatte, einige Papiere aus der Zeichnung zu bekommen. Die Nachfrage war so groß, daß oft nur jeder vierte Mitarbeiter, der durch das Los bestimmt wurde, einen kleinen Betrag bekam. Noch viel interessanter waren natürlich die Optionsscheine, die später durch Trennung der Optionsanleihe „cum (Optionsschein)" in die Optionsanleihe „ex" sowie den Optionsschein selbst entstehen. Diese Optionsscheine, die aufgrund ihrer Hebelwirkung eine enorme Anziehungskraft besonders für leidenschaftliche Spekulanten haben, wurden noch vor der offiziellen Börseneinführung im Telefonverkehr „per Erscheinen" gehandelt, und zwar von dem Moment an, in dem der Emittent seine Emissionsabsichten und die Emissionsbedingungen der Optionsanleihe bekanntgab.

„Kaufhof begibt eine neue Optionsanleihe!" rief ein Kollege, der gerade am Ticker stand, plötzlich in den Raum. Alle Wertpapierberater spitzten sofort die Ohren. Bereits eine halbe Stunde später lief ein Formular in der Abteilung herum, in das jeder Mitarbeiter seine Zeichnungswünsche eintragen konnte. Jeder machte mit. Kaufhof war eine gute Aktie. Schon waren auf dem Bildschirm die Kurstaxen für den neuen Kaufhof Optionsschein zu sehen. Zwei Mitarbeiter, die gerne hohe Risiken eingingen, kauften sofort – ohne die genauen Emissionsbedingungen zu kennen, ohne also zu wissen, ob ein Kurs von 80 DM pro Optionsschein teuer oder billig war. Zeit ist Geld, sagten sie sich und behielten recht. Bereits zwei Stunden später wurden die Scheine mit 90 DM gehandelt und stiegen danach noch weiter.

Das nächste Mal wollten wir übrigen Berater schlauer sein und auch sofort kaufen wie die mutigeren Kollegen. Die Gelegenheit ließ nicht lange auf sich warten. „Benetton begibt eine Optionsanleihe!" hieß es eines Morgens. Innerhalb einer halben Stunde hatten wir gekauft – natürlich die Optionsscheine, denn die haben ja Musik – und zwar ohne zu wissen, welche Rechte eben diese Optionsscheine genau beinhalteten, und natürlich ohne uns voher über die Aktie der italienischen Modefirma genauer zu informieren. „Zeit ist Geld" sagten wir uns, und „es wird schon gutgehen". Nur ein einziger Kollege, ein alter Hase, schloß sich der Kaufhysterie nicht an. „Was ich nicht kenne, das kaufe ich nicht", war sein Wahlspruch. Und er behielt recht! Noch am selben Nachmittag, als die genauen Optionsbedingungen bekannt wurden, wußte ich, daß wir einen schweren Fehler gemacht hatten. Die Laufzeit des neuen Benetton Optionsscheins war mit drei Jahren viel zu kurz, und das Aufgeld, die Prämie, die wir für die besondere Kursphantasie bezahlt hatten, war eindeutig zu hoch. Mir war klar, daß ich meinen Einstandskurs von 63 DM nicht wiedersehen würde, denn meine Berechnungen – die auch andere Marktteilnehmer anstellten – ergaben einen fairen Wert von maximal 40 DM. Hinzu kam, daß die Aktie selbst bereits einen längeren Kursanstieg hinter sich hatte und ihr langsam die Luft ausging. Ich zog die einzig logische Konsequenz und verkaufte den zu teuer erworbenen Optionsschein am nächsten Tag – zu lediglich 48 DM. 25 % Kursverlust innerhalb kürzester Zeit, das war bitter.

Das Erstaunliche war, daß ich beinahe der einzige war, der sich von dem überteuerten Papier trennte. Die meisten anderen Kollegen behielten den Optionsschein nach dem Motto „Vielleicht erholt sich der Kurs ja wieder" oder „Mit Verlust verkaufe ich nicht", und sie mußten zusehen, wie das Papier unter 30 DM absackte. Am Ende seiner dreijährigen Laufzeit ist der Optionsschein übrigens, wenn ich mich recht erinnere, wertlos verfallen.

Man sollte meinen, daß man bei Leuten, die sich an der Börse engagieren, eine gewisse Intelligenz voraussetzen kann. Das ist im Prinzip richtig, trifft jedoch nicht für alle Marktteilnehmer zu und vor allem nicht zu jeder Zeit. Ein besonders krasses Beispiel von Dummheit betraf einen Hamburger Lokalwert. Als in den Achtzigern die Krankheit AIDS ins Lampenlicht rückte und im englischsprachigen Ausland massiv für die Benutzung von Kondomen geworben wurde, entfachte dies die Phantasie einiger Börsianer, die ein großes Geschäft für Kondomhersteller witterten. Fieberhaft wurden Aktien gesucht, die sich mit der Fabrikation der Latexprodukte befaßten. In Deutschland wußte jeder, daß es außer dem nicht börsennotierten Versandhaus Beate Uhse keine Aktien gab, mit denen es sich gelohnt hätte zu spekulieren. Ausländische Marktteilnehmer hielten sich jedoch für schlauer. Irgendjemand hat sich vermutlich an einen Computer gesetzt und aus einer Datenbank mittels eines Suchbefehls alle Aktiengesellschaften mit dem Begriff „Gummi“ herausgefiltert. Dabei stieß er natürlich auf die New York-Hamburger Gummi AG, notiert in Hamburg.

Wahre Fluten von Kaufaufträgen stürzten auf die hanseatische Börse nieder und katapultierten den Kurs in die Höhe. Dabei handelte es sich nur um einen Kfz-Zulieferer, der Dämmstoffe aus Gummi für Automobilkarosserien herstellte; Kondome sind niemals produziert worden.

Kaum zu glauben, nicht wahr? Doch es kommt noch besser: Selbst der bekannte Reifenproduzent Continental (damals: Conti Gummi) wurde einige Tage lang mit der AIDS-Phantasie in Verbindung gebracht und von einigen Dummköpfen gekauft.

2.5 Das Problem der selektiven Wahrnehmung

Es ist eine altbekannte psychologische Gesetzmäßigkeit, daß man nur das sieht, was man sehen will. Ein frisch verliebter Mann sieht seine Auserkorene durch eine rosarote Brille; negative Charaktereigenschaften werden nur unbewußt wahrgenommen, verdrängt oder gar negiert. Ähnlich verhält es sich an der Börse. Ein Händler, der „long“ gegangen ist und Aktien gekauft hat, ist von einer Fortdauer der Hausse überzeugt. Im Gespräch mit anderen Marktteilnehmern redet er „nach seiner Position“, d. h. er wird nur positive Argumente für die Börse finden. Negative Sachverhalte oder etwaige Gefahrenmomente wird er zunächst von sich weisen oder gar nicht erst wahrnehmen.

Stellen Sie sich vor, Sie hätten eine bestimmte Aktie gekauft. Bereits am nächsten Tag lesen Sie in der Zeitung, daß dem Unternehmen durch Währungsveränderungen der Verlust wichtiger Auslandsmärkte drohe, und daß sich die Auftragslage deutlich verschlechtert habe. Diese Information müßte Ihre Einstellung zu der Aktie eigentlich ändern. Hand auf´s Herz: Ständen Sie nach dem Erhalt der negativen Unternehmensnachricht erneut vor der Entscheidung, die Aktie zu kaufen oder nicht, würden Sie vermutlich die Finger davon lassen. In dem Moment jedoch, in dem Sie engagiert sind, verändert sich automatisch Ihre Haltung. Eigentlich müßten Sie sofort wieder verkaufen, weil Sie sich geirrt haben. Die normale psychologische Reaktion wird jedoch sein, daß Sie versuchen werden, den Kauf vor sich selbst zu rechtfertigen, zumindest eine Zeitlang. Sie unterschätzen die Gefahr, daß die Unternehmensgewinne deutlicher zurückgehen könnten als Sie gedacht hatten, und Sie schauen vielleicht – absichtlich oder unbewußt – ein paar Tage lang nicht auf den Börsenkurs. Doch gerade diese „Vogel-Strauß-Politik“ ist es, die anfänglich kleine Verluste, die noch zu verschmerzen gewesen wären, rasch anwachsen lassen.

Und so geht es weiter. Die Psychologie der Marktteilnehmer hat einen starken Einfluß auf ihr Verhalten an der Börse – darauf, ob sie als Käufer oder Verkäufer auftreten, ob sie aktiv sind oder stillhalten. Doch die Marktteilnehmer sind natürlich keine homogene Gruppe. Sie setzen sich aus privaten und institutionellen Anlegern, aus Inländern und Ausländern zusammen. Wir wollen nun der Frage nachgehen, wer diese Marktteilnehmer im einzelnen sind.

2.6 Charakteristika professioneller Anleger

Die Schar der professionellen Anleger läßt sich einteilen in die großen Institutionen (Versicherungen, Pensionskassen, Großunternehmen), die Investmentfonds, die ausländischen Anleger und die Banken.

Institutionelle Anleger

Die institutionellen Anleger operieren in der Regel sehr langfristig und sind mit großen Teilen ihres Vermögens unbeweglich, d. h. meistens auf Dauer in festverzinslichen Wertpapieren investiert. Auch hinsichtlich der Engagements in Aktien überwiegt die Buy-and-hold-Strategie – Aktien werden gekauft und liegengelassen, aber nur in Ausnahmefällen wieder veräußert. Viele institutionelle Anleger machen sich zunehmend die Erkenntnis zu eigen, daß es 90 % aller Portfoliomanager nicht schaffen, die Benchmark, d. h. den Vergleichsmaßstab (bei deutschen Aktien ist dies z. B. der DAX-Index) zu übertreffen. Da also die überwiegende Mehrheit der Portfoliomanager schlechtere Ergebnisse als der Index erwirtschaften, ist es für viele Großanleger logisch und sinnvoll, die Gewichtung ihrer Portfolios dem entsprechenden Index so weit wie möglich anzupassen und auf ein aktives Management gänzlich zu verzichten. Käufe und Verkäufe werden nur in geringem Umfang, dafür aber regelmäßig durchgeführt, um die Gewichtungen der einzelnen Positionen wieder dem Index anzupassen. Der Vorteil dieser „passiven" Anlagestrategien liegt u. a. auch darin, daß die Kosten relativ gering sind, da zum einen keine teuren Portfoliomanager bezahlt werden müssen und zum anderen kaum Transaktionskosten anfallen.

Doch das gilt nicht für alle institutionellen Anleger. Die meisten von ihnen dürften nach wie vor das aktive Management bevorzugen. Aber auch hier gilt es, daß in der Regel nur kleine Teile der angelegten Gelder bewegt werden. Schon die schiere Größe des Vermögens verhindert plötzliche großvolumige Käufe oder Verkäufe, weil die Aktienkurse davon sehr spürbar beeinflußt würden. Deshalb erstrecken sich Kauf- und Verkaufsprogramme oft über mehrere Tage oder sogar Wochen.

Investmentgesellschaften

Dies trifft auch für die Investmentfonds zu. Auch hier handelt es sich oft um sehr große Vermögen (bei Aktienfonds zwei- bis dreistellige Millionenbeträge; bei Rentenfonds auch in Größenordnungen von Milliarden). Umschichtungen werden hier ebenfalls in der Regel über einen längeren Zeitraum vorgenommen.

Je nach Anlageschwerpunkt unterscheidet man Aktienfonds, Rentenfonds, gemischte Fonds, Geldmarktfonds und Immobilienfonds. Bei den Mischfonds wird die prozentuale Aufteilung des Vermögens in Aktien, Renten und Bargeld nach den Methoden der Asset Allocation (siehe Kapitel 5) durchgeführt. Die Strategien der Aktienfonds kann man nicht über einen Kamm scheren. Einige Fondmanager betreiben Stock Picking, d. h. sie versuchen, durch die geeignete Auswahl spezieller Einzeltitel eine überdurchschnittliche Wertentwicklung zu erzielen. Länderfonds werden häufig passiv gemanagt, weil man versucht, die Entwicklung des entsprechenden Indexes abzubilden; man überläßt die Asset Allocation ganz bewußt dem Privatanleger, in dessen Gesamtvermögen die Fondanteile eingebettet sind.

Ausländische Anleger

Das Anlageverhalten der Ausländer ist schwer zu kategorisieren. Im allgemeinen werden Anlageentscheidungen nach dem Top-down-Ansatz getroffen. Die Ländergewichtung in der Asset Allocation gibt den Ausschlag. Kauf und Verkauf werden vor allem dann vorgenommen, wenn sich die Länder-Allokation verschiebt. Dies kann enge Märkte durchaus spürbar beeinflussen. Ein gutes Beispiel hierfür ist Hongkong, dessen Gewichtung die Investmentbank Morgan Stanley 1993 von heute auf morgen von ein auf sechs Prozent erhöht hatte. Massive Käufe, die den Hang-Seng-Index spürbar nach oben trieben, waren die Folge.

Analysen und Studien sowohl zu Kapitalmärkten als auch zu Einzelwerten werden – vor allem im angelsächsischen Bereich – bevorzugt zur Sales-Unterstützung eingesetzt. Es liegt auf der Hand, daß die Banken, die diese Studien veröffentlichen, die empfohlenen Werte vorher selbst kaufen, um ihren Großkunden hohe Stückzahlen offerieren zu können, aber auch um selbst durch höhere Kurse infolge der steigenden Nachfrage zu profitieren. Der gewiefte Spekulant muß hier besonders gut aufpassen. Speziell aus London kommen immer wieder abenteuerliche Gewinnschätzungen oder gezielte Gerüchte mit dem Ziel, selbst die Gegenposition einzunehmen.

Generell kaufen ausländische Anleger in fremden Märkten fast ausschließlich Blue Chips. Neben- und Spezialwerte sind einerseits größtenteils unbekannt und verfügen andererseits nur über einen engen Markt, der den hohen Liquiditätsanforderungen von Großanlegern nicht entspricht. Viel mehr als dies bei deutschen Investoren der Fall ist, neigen ausländische Anleger zu heftigen Reaktionen und Kompromißlosigkeit in ihren Handlungen. Der psychologische Hintergrund ist häufig darin zu sehen, daß nach einer einmal getroffenen Anlageentscheidung die Portfoliomanager die Sache möglichst schnell „aus dem Kreuz" haben wollen, da sie im allgemeinen über mangelnde Arbeitsbelastung nicht zu klagen haben. Manchmal führt das kompromißlose Kaufen und Verkaufen aber zu erheblichen Überreaktionen. Besonders in engen Märkten können die Verwerfungen kurzfristig gewaltige Ausmaße annehmen.

Kreditinstitute

Bei den Anlegestrategien der Banken muß unterschieden werden, ob die Kauf- und Verkaufsaufträge für den Eigenhandel oder für Kundenbestände (Privatkundenberatung, Vermögensverwaltung, Spezialfonds) getätigt werden. Die Börsenhändler, die auf Rechnung der Bank kaufen und verkaufen, handeln meist sehr kurzfristig auf Tendenz oder unter Arbitrage-Gesichtspunkten. Meist werden Positionen noch am selben Handelstag wieder geschlossen (Intraday Trading). Als Prognosemethode wird häufig die Technische Analyse zu Hilfe genommen.

2.7 Entscheidungsfindung bei privaten und institutionellen Anlegern

Bei den Privatanlegern, deren Aufträge von den Banken ausgeführt werden, gibt es drei Gruppen, die sich hinsichtlich ihrer Entscheidungsfindung deutlich voneinander absetzen. Viele, vor allem ältere Investoren, lassen sich grundsätzlich vor jeder Entscheidung von der Bank beraten und tun meistens das, was der Berater ihnen vorschlägt. Insofern werden diese Kunden im allgemeinen der Strategie der Gesamtbank, die von den einzelnen Wertpapierberatern vor Ort in den Kundendepots umgesetzt werden, folgen. Die Anleger der zweiten Gruppe nehmen zwar auch die Bankberatung in Anspruch, lassen allerdings ihre eigene Meinung mit einfließen. Meistens setzt sich derjenige der beiden, Kunde oder Berater, durch, der die besseren Argumente hat. Unsystematische Entscheidungen sind häufig die Folge. Als dritte Gruppe verbleibt diejenige der Selbstdisponenten, die überhaupt keine Beratung in Anspruch nehmen. Diese Kunden setzen eigene Strategien an der Börse um, ohne von außen beeinflußt zu werden. Auf der anderen Seite werden hier jedoch mitunter schwere Anlagefehler begangen, die ein guter Anlageberater hätte verhindern können.

Die Entscheidungsfindung bei institutionellen Anlegern, Investmentfonds und Auslandsinvestoren unterscheidet sich grundsätzlich von der Art und Weise, wie Privatanleger ihre Anlageentscheidungen treffen. Bei den professionellen Anlegern wird kaum eine Entscheidung von einer einzelnen Person getroffen. Es gibt zwar Portfoliomanager, die für einzelne Depots verantwortlich sind oder sich gezielt mit einem bestimmten Markt fundamental oder technisch auseinandersetzen, doch Entscheidungen werden meistens in einem Gremium getroffen, oder aber der Chef hat das letzte Wort.

Lassen sie mich an dieser Stelle einige Gedanken zur Entscheidungsfindung in Sitzungen und Gremien sagen. Viele Köche verderben den Brei – dies gilt nicht nur im Restaurantbetrieb, sondern auch dort, wo Menschen zusammenkommen, um über etwas zu beraten oder zu beschließen. Je mehr Gesprächspartner an einer Sitzung teilnehmen, um so weniger Redezeit bzw. Einfluß hat jeder einzelne, und um so mehr Meinungen, Vorschläge, Einwände, Ablehnungen, Zustimmungen usw. stürmen auf jeden Sitzungsteilnehmer ein. Wessen Einschätzung setzt sich durch? Ein scharfsinniger Analyst, der klug recherchiert hat oder über den richtigen Riecher verfügt, hat trotz seines fachlichen Könnens keine Chance, wenn er seine Meinung nicht richtig präsentieren und entschieden genug verkaufen kann. Ein regelrechter „Verkäufertyp“ jedoch, der gerne und häufig das Wort ergreift und überzeugend argumentieren kann, hat eher die Chance, daß seine Vorschläge in die Tat umgesetzt werden. Noch bessere Karten hat natürlich der fachliche oder disziplinarische Vorgesetzte bzw. der Leiter oder Moderator der Sitzung. Widersprüche seitens der Untergebenen gegenüber dem Machtinhaber werden aus naheliegenden Gründen eher die Ausnahme bleiben. Vor allem diejenigen Sitzungsteilnehmer, die – gerechtfertigt oder ungerechtfertigt – vor ihrem Chef übertriebenen Respekt oder sogar Angst haben, werden sich nie weit aus dem Fenster lehnen, auch wenn ihre Ideen noch so gut sein sollten.

Ein weiterer wichtiger Einflußfaktor ist die Regelmäßigkeit und der zeitliche Abstand, in denen Strategiesitzungen stattfinden. Die meisten Gremien, die Anlageentscheidungen treffen und an der Börse umsetzen, treffen sich in monatlichem Turnus. Auch vierteljährliche Zusammenkünfte sind, vor allem dann, wenn volkswirtschaftliche Daten, Zinsprognosen und konjunkturelle Einschätzungen diskutiert werden, nicht unüblich. Den Kapitalmärkten ist es jedoch vollkommen egal, wann welche Konferenz von wem abgehalten wird. So ist es z. B. denkbar, daß wenige Tage nach einer monatlichen Sitzung das Szenario durch irgendein äußeres Ereignis schlagartig verändert wird. Wenn die Entscheidungsträger allerdings erst in drei Wochen das nächste Mal wieder zusammentreffen, um über eventuelle Änderungen in ihrer Strategie zu beratschlagen, dann kann dies viel zu spät sein. Es liegt auf der Hand: Der Zufall spielt eine große Rolle, wenn weitreichende Anlageentscheidungen nur in großen zeitlichen Abständen möglich sind. Der Zufall ist es jedoch, der möglichst ausgeschaltet werden soll.

Viele Portfoliomanager werden nicht nur mit einem festen Gehalt entlohnt, sondern auch in Abhängigkeit von der Wertsteigerung der von ihnen verwalteten Vermögen. Diese performance-abhängige Bezahlung beeinflußt die Entscheidungsfindung und die Handlungen dieser Portfoliomanager in ganz besonderem Maße. Antizyklisches Verhalten über einen längeren Zeitraum hinweg wird man ganz selten feststellen können. Die meisten Portfoliomanager heulen mit den Wölfen und handeln prozyklisch, denn sie werden schnell nervös, wenn der Markt in die falsche Richtung läuft. Zu schnell entfernen sie sich von der vorgegebenen Benchmark oder von den mit ihnen konkurrierenden anderen Portfoliomanagern. Dieses Risiko gehen nur sehr selbstbewußte Leute ein.

2.8 Markttechnische Einflüsse

Bei kurzfristigen Anlageentscheidungen spielen markttechnische Einflüsse eine wichtige Rolle. Hierzu gehören:

- Höhe der Marktkapitalisierung; Marktgängigkeit der Aktie,
- Planung einer Kapitalerhöhung,
- Durchführung einer Kapitalerhöhung,
- Mittelzu- und -rückflüsse bei Investmentfonds und
- Neuemissionen.

Je höher die *Marktkapitalisierung* einer Aktiengesellschaft (besser: die Anzahl der sich nicht in festen Händen befindlichen Aktien) ist, um so liquider sind die Papiere. Selbst größere Posten können ohne große Kursschwankungen über die Börse ge- und verkauft werden. Große Blue Chips wie IBM, Siemens, Bayer, Nestlé oder Royal Dutch gehören zu dieser Aktienkategorie.

Die Kurse marktenger Aktien sind hingegen schon durch kleinere Kauf- und Verkaufsaufträge beeinflußbar; in Zeiten besonders starken Angebots- oder Nachfrageüberhangs kommt es hier häufig zu Teilausführungen oder gar keinem Umsatz.

Plant ein Unternehmen eine *Kapitalerhöhung,* so ist es daran interessiert, die jungen Aktien zu einem möglichst hohen Kurs zu verkaufen. Das fällt umso leichter, je besser die Stimmung für die Aktie gerade ist, sprich: je höher der Börsenkurs bei Durchführung der Kapitalerhöhung ist. Deshalb werden im Vorfeld einer Kapitalerhöhung von den Konsortialbanken beinahe regelmäßig positive Unternehmensstudien veröffentlicht und die Kurse gezielt nach oben „gepflegt", d. h. die Banken treten als Käufer auf. „Die Braut schmückt sich", heißt es im Börsenjargon.

Es bedarf keiner großen Phantasie, um vorauszusehen, daß der Kursauftrieb ins Stocken geraten wird, sobald die jungen Aktien untergebracht sind. Die *Kurspflege* hört auf, die optimistische Berichterstattung ist vorbei, und das zusätzliche Aktienmaterial drückt auf den Kurs. Wenn das *Bezugsrecht* während der meist zehntägigen Bezugsrechts-Handelsfrist an der Börse unter seiner rechnerischen Parität notiert wird, werden viele Marktteilnehmer die alten Aktien verkaufen, um die jungen Aktien über das Bezugsrecht billiger zu erwerben. Noch schlimmer ist es, wenn die jungen Aktien nicht auf die erhoffte Nachfrage treffen, und die Mehrzahl der Aktionäre ihr gesetzliches Bezugsrecht veräußern. Dann kann es vorkommen, daß die Konsortialbanken auf nicht unerheblichen Mengen an Material sitzen bleiben. Da ihre Bereitschaft groß ist, die nicht verkauften Aktien bei jeder Kurserholung auf den Markt zu werfen, werden Aufwärtsbewegungen der betreffenden Aktie auf längere Zeit im Keim erstickt.

Wie bereits angesprochen, gehören Investmentfonds zu den Großanlegern an den Kapitalmärkten. Da die in Fonds angelegten Mittel seit vielen Jahren stärker gewachsen sind als die gesamte Geldkapitalbildung, verstärkt sich dieser Effekt laufend. Fließen den Investmentfonds viele neue Mittel zu, so müssen sie die Gelder gemäß ihren Anlagerichtlinien investieren: Die Kapitalanlagegesellschaften treten als Käufer auf. Geben umgekehrt die Privatanleger mehr Investmentzertifikate an die Kapitalanlagegesellschaft zurück als sie kaufen, so müssen die Fonds Wertpapiere veräußern, um die Zertifikatsverkäufer mit Geld befriedigen zu können.

Neuemissionen sind nicht mehr das bombensichere Geschäft wie Mitte der 80er Jahre. Damals war die Zeichnung neu auf den Kurszettel kommender Aktien ein beinahe risikoloses Geschäft, da die erste Börsennotiz meist weit über dem Emissionspreis lag. Das führte dazu, daß die meisten Neuemissionen vielfach überzeichnet waren und aus den vielen Kaufinteressenten die wenigen glücklichen ausgelost werden mußten. Besonders wichtige Kunden der Banken wurden hierbei in der Regel bevorzugt und vorab bedient.

Doch – wie gesagt – das war einmal. Die meisten Neuemissionen der letzten Jahre (das erste Halbjahr 1995 bildet hierbei eine rühmliche Ausnahme) wurden nicht mehr so preisgünstig angeboten mit der Folge, daß die erste Börsennotiz nur noch am oder knapp über dem Emissionskurs lag. Viele Erstzeichner, die nun merken, daß der Traum von den schnellen Zeichnungsgewinnen unerfüllt bleibt, werfen ihre Aktien wieder auf den Markt. Solange der Kurs von den Banken gestützt wird, bekommen sie ihre Aktien in aller Regel zu einem Kurs los, der nur unwesentlich unter dem Emissionskurs liegt. Sobald die Stützungsmaßnahmen allerdings ausbleiben und der Kurs nicht mehr gepflegt wird, fallen die Kurse vieler Neuemissionen deutlich ab. Kursverluste von bis zu 20 % innerhalb weniger Monate waren in den letzten Jahren leider nicht die Ausnahme.

Auch bei positivem Kursverlauf von Neuemissionen ist mit markttechnischen Einflüssen zu rechnen, und zwar sechs Monate nach der ersten Börsennotiz. Viele Anleger warten nämlich nur darauf, daß die sechsmonatige Spekulationssperrfrist abläuft und sie ihre Kursgewinne durch Verkauf der neu emittierten Aktien steuerfrei realisieren können. Die logische Konsequenz sind zurückgehende Kurse infolge steigenden Verkaufsdrucks, den potentielle Neueinsteiger für sich nutzen können.

Früher, als von Banken, Maklern und institutionellen Anlegern das sogenannte „Dividendenstripping“ aus steuerlichen Gründen betrieben wurde, stiegen die Umsätze unmittelbar vor und nach dem Dividendenzahlungstermin (= Tag nach der Hauptversammlung) stark an. Inländische Anleger kauften, um in den Genuß des zusätzlichen Körperschaftsteuerguthabens zu gelangen, welches ausländischen Anlegern verwehrt bleibt. Die ausländischen Anleger, die den Gegenpart dieses Geschäfts einnahmen, profitierten demgegenüber von dem Kursabschlag, der höher als die wahre Dividende ausfiel. Nachdem das Dividendenstripping für steuerlich unzulässig erklärt wurde, fallen diese markttechnischen Einflüsse weg.

Die festen Verfalltermine an der deutschen Terminbörse (jeder 3. Freitag im Monat) von Aktienoptionen führen zu besonderen markttechnischen Bedingungen, vor allem dann, wenn der Aktienkurs am letzten Handelstag der Optionen in unmittelbarer Nähe eines Basispreises notiert. Hier kann es schon einmal zu Käufen oder Verkäufen größeren Ausmaßes seitens der DTB-Teilnehmer kommen. Besonders stark ist dieser Effekt an den Verfallterminen im März, Juni, September und Dezember, weil dann nicht nur die entsprechenden Optionsserien auf Aktien und den DAX verfallen, sondern auch die sehr rege gehandelten DAX-Futures. An diesen

Tagen des „dreifachen Hexensabbat" werden in den DTB-Aktien regelmäßig die höchsten Umsätze des Jahres festgestellt. Starke Kursschwankungen, deren Richtung im vorhinein nicht absehbar ist, sind dann möglich. Es kann aber auch sein, daß gar nichts passiert.

Befinden sich größere Aktienpositionen im Besitz von Banken und sind die Kurse der betreffenden Aktien im Jahresverlauf stark gefallen, so haben die Inhaber der Verlustpositionen einen hohen Abschreibungsbedarf zum Geschäftsjahresende (meistens der 31.12.). Um den Abschreibungsbedarf zu mindern, wird gelegentlich versucht, in den letzten umsatzschwachen Tagen vor dem Jahresultimo die Aktienkurse durch gezielte Käufe in die Höhe zu treiben.

Einer der bedeutendsten Kupontermine ist der 1. bzw. 2. Januar. An diesem Tag schütten besonders viele festverzinsliche Wertpapiere ihre Zinsen aus oder werden sogar endfällig. Als Folge davon haben viele Marktteilnehmer plötzlich eine hohe Liquidität, die in den meisten Fällen sofort wieder in neuen Anleihen, teilweise aber auch in Aktien investiert wird. Aus diesem Grunde kommt es gerade in den ersten beiden Januarwochen häufig zu deutlichen Kurssteigerungen an der Börse.

3. Strategie und Taktik

Strategie und Taktik sind zwei Worte, die von Börsenhändlern, Anlageberatern und Spekulanten gerne und oft verwendet werden. Sie bilden auch den Kernpunkt dieses Buches. Daher ist es nicht nur nützlich, sondern sogar erforderlich, sich auf die ursprünglichen Bedeutungsinhalte dieser Begriffe zu besinnen.

3.1 Die Kunst der Kriegführung

Das Wort *„Strategie"* kommt aus dem Griechischen und bedeutet allgemein den „Entwurf und die Durchführung eines Gesamtkonzepts, nachdem der Handelnde ein bestimmtes Ziel zu erreichen sucht, und zwar in der Auseinandersetzung mit anderen". Im engeren Sinne und ursprünglich war mit Strategie die „Kunst der Kriegführung" gemeint. König Friedrich II. von Preußen stellte folgende strategischen Grundsätze auf:

- Streben Sie ständig danach, die Initiative zu behalten.
- Führen Sie Angriffe erst auf den einen, dann auf den anderen Gegner.
- Sammeln Sie die eigene Übermacht an den entscheidenden Punkten.
- Vermeiden Sie lang hingezogene Kriege.

Wie kann man diese strategischen Grundsätze auf das Spekulieren an der Börse übertragen? Das Bestreben, die Initiative zu behalten, ist der Managementregel vergleichbar: „Führe, oder du wirst geführt". Die Börsenspekulation muß so angelegt sein, daß Sie immer die Kontrolle behalten und die Übersicht wahren. Sie müssen agieren, Ihre Positionen aktiv managen. Sie müssen Ihr Portfolio dominieren, nicht umgekehrt.

Sehr wichtig ist das Sammeln der eigenen Übermacht an den entscheidenden Punkten. Die Beherzigung dieses strategischen Grundsatzes setzt natürlich voraus, daß Sie wissen, wo die entscheidenden Punkte sind. In Ihrem Fall kann das beispielsweise heißen:

- Sekundärtrends als bevorzugter Zeithorizont (primäre Trends sind zu lang – tertiäre Trends zu kurzfristig)
- Eine Aktie wird grundsätzlich verkauft, wenn sie sich nicht innerhalb eines bestimmten Zeitraumes wie gewünscht entwickelt.

- Konzentration auf Aktien einer bestimmten Branche, die eine überdurchschnittliche Wertentwicklung erwarten lassen.
- Wahl einer bestimmten Prognosemethode.

Es ist von großer Bedeutung, daß Sie für sich definieren bzw. erkennen, was die entscheidenden Punkte für Sie sind. Erst dann läßt sich eine sinnvolle Strategie formulieren.

Die strategischen Grundsätze 2 und 4 Friedrichs II. lassen sich auf das Börsengeschehen nur schwer übertragen.

Letzten Endes kann man das Ziel, Börsengewinne zu erwirtschaften, auf viele verschiedene Arten erreichen, aber man muß sich entscheiden. Auf's Geratewohl drauflos zu spekulieren, ohne eine Strategie, ein fest umrissenes Gesamtkonzept zu haben, führt ins Verderben.

Der Begriff *„Taktik"* kommt ebenfalls aus dem Griechischen und heißt wörtlich: „Kunst der Anordnung und Aufstellung". Allgemein bedeutet Taktik die „planvollen Einzelschritte im Rahmen eines Gesamtkonzepts (Strategie) und ein berechnendes, zweckbestimmtes Vorgehen". Auch hier wurde ursprünglich vom Kriegsfall ausgegangen. Lassen Sie uns deshalb einen Blick auf wichtige taktische Grundsätze der Kriegsführung werfen:

- Einsatz der angemessenen Mittel
- Bildung von Schwerpunkten
- Fähigkeit der Anpassung an veränderte Situationen
- Vermeidung einer Zersplitterung der Kräfte
- Tarnung und Täuschung

Was bedeutet dies im Hinblick auf die Börsenspekulation? Angemessene Mittel einzusetzen bedeutet, den richtigen Geldbetrag sowohl für jede einzelne Position als auch das spekulative Engagement insgesamt zu verwenden.

Die Kapitalmärkte sind sehr schnellebig. Jederzeit können Ereignisse eintreten, die völlig veränderte Börsensituationen zur Folge haben. Ein erfolgreicher Spekulant muß die Fähigkeit haben, sich rasch an die neuen Gegebenheiten anpassen zu können. Entscheidungsfreudigkeit und Flexibilität sind hier gefragt.

Schließlich sollte sich kein Spekulant durch eine Vielzahl von Werten verzetteln, sondern sich besser auf weniger Aktien konzentrieren.

Da Sie als Spekulant nicht gegen einen bestimmten Gegner antreten, sondern sich mit der anonymen Gesamtheit aller Marktteilnehmer auseinandersetzen müssen, ist der Grundatz Tarnung und Täuschung auf das Börsengeschehen kaum anzuwenden. Aber dies ist nur auf den ersten Blick so. Nehmen Sie einmal an, Sie lesen in einem Börsenbrief eine interessante Story über eine Aktie, verbunden mit einer starken Kaufempfehlung. Wenn Sie den Wahrheitsgehalt der Geschichte nicht überprüfen können, müssen Sie sich fragen, ob der Verfasser die Wahrheit schreibt, oder ob es sich möglicherweise um ein Täuschungsmanöver handelt. Es wäre ja immerhin möglich, daß der Börsenbriefschreiber nur seine eigenen Aktien auf elegante Weise zu hohen Kursen los werden möchte.

3.2 Konservativ – dynamisch – spekulativ: Wie hätten Sie es denn gerne?

Mit den Adjektiven konservativ, dynamisch und spekulativ werden die wesentlichen Grundeinstellungen beschrieben, die private Anleger haben. Sie beinhalten in aller Regel ein niedriges, mittleres bzw. hohes Risiko. Das wesentliche Unterscheidungskriterium ist also die Risikobereitschaft des Anlegers.

Der **konservative Investor** operiert in der Regel langfristig. Rasche Gewinnmitnahmen oder Positionsausstiege über Stop-Loss-Technik sind daher eher die Ausnahme. Die große Geduld, über die der Konservative verfügt, sorgt dafür, daß Gewinne vor allem „mit dem Hintern" verdient werden. Es muß schon ganz besonders gute Gründe geben, bevor eine Aktie verkauft wird. Hinsichtlich des Geldmanagements fährt der konservative Anleger auf Nummer sicher. Er spekuliert nur mit Geld, das er wirklich übrig hat und auf absehbare Zeit nicht benötigt. Außerdem hält er gerne eine Liquiditätsreserve, um bei plötzlichen Kursstürzen großzügig zukaufen zu können. Weil seine Strategie von vornherein auf Nachkaufen angelegt ist, läßt sich ein solcher Anleger durch eine plötzlich auftretende Krise oder eine lang andauernde Baisse nicht aus der Fassung bringen, im Gegenteil: Er sieht dies als gute Gelegenheit, seine Positionen aufzustocken. Bezüglich der Aktienauswahl setzen konservative Anleger ihren Schwerpunkt auf Qualitätsaktien, d. h. Aktien von großen Unternehmen, die über ein gutes Management, eine gute Bilanzqualität (hohe Eigenkapitalquote, geringer Verschuldungsgrad) oder auch eine hohe Dividendenrendite verfügen. Meistens sind marktbreite Blue Chips, vor allem des Heimatmarktes, zu mindestens 80 Prozent im Depot vertreten. Marktenge Titel, Turn-around-Aktien und Optionsscheine werden, wenn überhaupt, nur in geringem Umfang gehalten. Zuletzt sei noch der ausgeprägte Hang zur Risikostreuung zu erwähnen.

Der Zeithorizont des **dynamischen Anlegers** ist in der Regel kürzer. Eine Risikobegrenzung will ein solcher Anleger eher über Stop-Techniken als über eine breite Risikostreuung herbeiführen. Ein dynamischer Investor erwartet viel von der Börse. Deswegen bevorzugt er volatile Werte und scheut auch vor Nebenwerten und Auslandsaktien sowie Turn-around-Kandidaten nicht zurück. Der Investitionsgrad ist im allgemeinen hoch; Bargeldreserven sind eher die Ausnahme als die Regel. Da sich der dynamische Investor des erhöhten Risikos bewußt ist, schaut er sich die Papiere, die er zu kaufen gedenkt, vorher ganz genau an und prüft die Chancen und Risiken auf Herz und Nieren.

Im Sinne einer hohen Risikobereitschaft haben **spekulativ eingestellte Anleger** eine spezielle Vorliebe für Optionsscheine und Geschäfte an der deutschen Terminbörse. Auch extrem marktenge Papiere sowie Aktien exotischer Börsen stehen auf ihrem Speisezettel. Übernahmespekulationen sind das besondere Salz in der Suppe. Um in diesem Umfeld erfolgreich zu sein, bedarf es einer strikten Beachtung von Stop-Loss-Limiten und einer genauen Recherche vor jedem Kauf. Dies gilt insbesondere dann, wenn auf Kredit spekuliert wird.

In meinem Berufsleben bin ich schon mit so manchen Insidertips in Berührung gekommen. Meist handelte es sich dabei um Übernahmespekulationen, und in der Regel waren die Kurse der empfohlenen Aktien zuvor bereits stark angestiegen. Manchmal bestätigte sich die heiße Information, und eine Spekulation wäre lohnend gewesen. Noch öfters entpuppten sich die Stories allerdings als Falschinformationen, Wunschdenken oder gezielte Meinungsmache. Das Chance-Risiko-Verhältnis von übernahmeverdächtigen Aktien ist also nach meiner Erfahrung keinesfalls günstiger als von „normalen" Dividendenpapieren.

Ich will noch einen Schritt weiter gehen. In den Büchern von und über die großen Insiderhändler der 80er Jahre an der Wallstreet kann man nachlesen, wie die schmutzigen Geschäfte funktionierten. Der Informant saß meistens in der auf Übernahmen und Fusionen spezialisierten Mergers-

&-Acquisitions-Abteilung einer Investmentbank. Lange vor dem eigentlichen Übernahmeangebot werden dort von Rechtsanwälten die Bedingungen ausgehandelt, umformuliert, geprüft, erneut geändert und manchmal auch wieder verworfen. Ein Privatanleger, der über mehrere Zwischeninformanten die Information bekommen hat: „Die XY-AG wird bald übernommen“, und die Aktien gekauft hat, kann sich keinesfalls sicher sein, ob sein Kenntnisstand morgen noch up-to-date ist, und ob es überhaupt zu einer Übernahme kommen wird. Falls die Sache kurz vorher abgeblasen wird, wofür es viele Gründe geben kann, wird der Privatanleger jedenfalls der letzte sein, der davon erfährt. Wenn er dann seine zu heiß gewordenen Papiere wieder losschlagen will, sind seine Vorinformanten natürlich selbst längst ausgestiegen und haben die Aktien im Kurs gedrückt.

Mein Rat kann daher nur lauten: Finger weg von solchen Übernahmespekulationen, zumal nach Inkrafttreten des Zweiten Finanzmarktförderungsgesetzes und des Wertpapierhandelsgesetzes das Ausnutzen von Insiderinformationen illegal ist und unter Strafe gestellt wurde.

3.3 Ohne Prognosen geht es nicht

Wer eine Aktie kauft, vermutet, daß ihr Kurs steigen wird. Sonst würde der Kauf keinen Sinn machen. Umgekehrt würde man keine Aktien verkaufen, wenn man nicht befürchten würde, daß die Kurse wieder fallen werden. Ohne Prognosen geht es also nicht. Nur wer eine Vorstellung davon hat, wo die Kurse aller Wahrscheinlichkeit nach hingehen, weiß, ob er kaufen oder verkaufen wird.

Doch den „Stein der Weisen“ hat noch niemand gefunden. Ihn kann es auch gar nicht geben, denn auf die Entwicklung der Kurse wirkt vermutlich eine Vielzahl von Faktoren ein, deren Zusammenwirken nicht theoretisch erklärt werden kann. Außerdem gibt es noch die Imponderabilien, die zahllosen Unwägbarkeiten, die die Börsentendenz mitbestimmen. Meistens sind es politische Ereignisse, die plötzlich alles über den Haufen werden.

Da der Zeitpunkt solcher Ereignisse generell ungewiß ist, kann man seine Börsenstrategie nicht darauf abstellen. Doch auf der anderen Seite sind sämtliche Prognosen fragwürdig, da sie Imponderabilien außer acht lassen müssen.

Wer jedoch Börsengeschäfte tätigen will, kommt gar nicht darum herum, Prognosen zu erstellen. Wir wollen uns an dieser Stelle einen kleinen Überblick über die gängigsten Prognoseverfahren verschaffen.

3.3.1 Fundamentalanalyse

Der wichtigste Ansatz zur Aktienkursprognose ist die Fundamentalanalyse, die Gegenstand des 6. Kapitels sein wird. Sie geht davon aus, daß die Kurse langfristig um den „inneren Wert" einer Aktie schwanken. Man kauft also, wenn die Aktie unter ihrem inneren Wert notiert und verkauft sie, sobald sie darüber steigt.

3.3.2 Frühe technische Ansätze

Donner stellte bei einer Untersuchung des deutschen Aktienmarktes von 1870 bis 1933 fest, daß deutliche Korrelationen zwischen Kursniveau und durchschnittlicher Dividendenrendite einerseits bzw. zwischen dem Aktienindex und den Auftragseingängen in der Industrie andererseits bestehen. Als kursbeeinflussende Grundfaktoren nennt er die Rendite von Aktienanlagen im Vergleich zur Rendite anderer Anlageformen sowie die Menge der für den Aktienmarkt disponiblen Mittel.

Keynes postulierte 1936, daß man diejenigen Aktien kaufen muß, von denen die meisten Marktteilnehmer annehmen, daß es die besten sind. Es sei erheblich leichter, das Verhalten der Marktteilnehmer zu prognostizieren, als die zukünftige Gewinnentwicklung der Unternehmen vorherzusehen. Der wesentliche Nachteil dieser plausibel klingenden Theorie liegt darin, daß sie weder operationalisierbar noch überprüfbar ist.

3.3.3 Random-Walk-Theorie

Cootner stellte 1964 eine Theorie auf, die alle Investmentanalysten das Fürchten lehrte. Er griff Untersuchungen von *Bachelier* (1900) und *Working* (1934) auf und kam zu dem Ergebnis, daß Kursbewegungen rein zufällig erfolgen – wie die Bewegung von Molekülen in stehenden Flüssigkeiten – und sich daher jeder Prognose entziehen. Die Folge dieser sogenannten **Random-Walk-Theorie** ist die Nutzlosigkeit jeder Investmentanalyse. Tatsächlich stellte *Roberts* 1964 fest, daß eine von einem Zufallsgenerator erzeugte Kursreihe einer tatsächlichen Kursreihe sehr ähnlich sieht und sogar einige charttechnische Formationen aufweist.

Aber ist hieraus der Umkehrschluß erlaubt? Um dies herauszufinden, wurden in der Folge zahlreiche Untersuchungen im Rahmen von Diplom- oder Doktorarbeiten angestellt. Die Fragestellung lautete: Kann die Random-Walk-Hypothese bewiesen oder widerlegt werden?

3.3.4 Theorie effizienter Märkte

Fama formulierte 1970 seine **Theorie effizienter Märkte.** Er geht davon aus, daß alle öffentlich verfügbaren Informationen in den Kursen eskomptiert sind. Nur Insider haben demnach Chancen, bessere Ergebnisse als der Durchschnitt aller Marktteilnehmer zu erzielen. In einer strengeren Form der Theorie sind auch Insider-Informationen in den Kursen enthalten, sodaß kein Marktteilnehmer mehr die Chance hat, bessere Ergebnisse als der Durchschnitt aufzuweisen.

Die Schlußfolgerung liegt auf der Hand: Wenn die Random-Walk-Theorie oder die Theorie effizienter Märkte zutreffend ist, gibt es keine Anlagestrategie, die mehr als eine durchschnittliche Verzinsung des eingesetzten Kapitals ermöglicht. Doch manche Analysten setzen dem entgegen: Solange nicht alle Investoren um eine Optimierung ihrer Aktienanlagen bemüht sind, wird es immer eine Gruppe von Marktteilnehmern geben, die aufgrund von fundamentalen oder technischen Analysemethoden in der Lage sind, bessere Ergebnisse als der Durchschnitt zu erzielen. Umgekehrt schneiden diejenigen Marktteilnehmer, die ihre Investments nicht zu optimieren versuchen, schlechter ab als der Durchschnitt.

3.3.5 Chaostheorie

Neuerdings wird auch die **Chaostheorie** auf Kursbewegungen an der Börse angewendet. Was sind die Grundaussagen der Chaostheorie? In nichtlinearen Systemen bewirken kleinste Veränderungen in den Anfangsbedingungen vollkommen unterschiedliche Abläufe. Nur in Bereichen der „Ordnung" kann die Bewegung eines Körpers oder die Entwicklung eines Zustandes berechnet werden. Sobald das System die Grenze ins „Chaos" überschreitet, ist eine Vorhersage nicht mehr möglich.

Ein gutes Beispiel für den Übertritt eines Systems der Ordnung ins Chaos ist aufsteigender Zigarettenrauch. Zunächst steigt der Rauch in einer engen, geordneten Bahn auf (die Bewegungen der Rauchmoleküle wären mittels mathematischer Verfahren prognostizierbar). Irgendwann ist ein Punkt erreicht, an dem plötzlich Turbulenzen auftreten, die die Ordnung zerstören und das System chaotisch werden lassen (Molekülbewegungen sind nicht mehr prognostizierbar). Auch die Unmöglichkeit einer zuverlässigen langfristigen Wettervorhersage ist ein Ausdruck der Chaostheorie. Schon der Flügelschlag eines Schmetterlings im fernen China kann dafür sorgen, daß es bei uns regnet oder die Sonne scheint.

Wendet man die Chaostheorie auf das Geschehen an den Kapitalmärkten an, so sind Kursprognosen nur für sehr kurze Zeiträume bzw. in Bereichen der „Ordnung" erfolgversprechend.

3.3.6 Neuronale Netze

Alle statistischen Verfahren, die vor allem bei der Fundamentalanalyse auf die wichtigsten Einflußfaktoren der Kursbildung angewendet werden, können nur lineare Zusammenhänge erfassen. Es gilt heute aber als erwiesen, daß die Kapitalmärkte gigantische **nichtlineare Systeme** sind. Deshalb versucht man seit einigen Jahren, neuronale Netze auf Aktienkursprognosen zu programmieren.

Nichtlineare Systeme reagieren äußerst empfindlich auf kleinste Veränderungen der Anfangsbedingungen. Durch eine leichte Störung kann das System eine völlig andere Entwicklung nehmen. Die Ausgangswerte lassen sich – im Gegensatz zu linearen Wirkungszusammenhängen – nicht exakt bestimmen, weshalb eine genaue Vorausberechnung unmöglich ist. Nichtlinear bedeutet, daß die Wirkungen nicht geradlinig von den Ursachen abhängen, sondern daß sie sogar rückkoppelnd die Ursachen beeinflussen. Dies kann zu drastischen, sich selbst verstärkenden Prozessen führen.

Neuronale Netze gehen über die ökonometrischen Modelle, die nur lineare Beziehungen widerspiegeln, die zudem vorgegeben sein müssen, hinaus. Sie suchen sich lineare und nichtlineare Verknüpfungen von Ursache und Wirkung selbst, indem sie die Zahlen analysieren, mit denen sie gefüttert wurden.

Ein neuronales Netz ist dem menschlichen Gehirn nachempfunden. Jedes einzelne Neuron ist durch Synapsen mit einer Vielzahl anderer Neuronen verknüpft. Jede Zelle verarbeitet alle Daten, multipliziert sie mit Gewichten und gibt sie in veränderter Form an die Nachbarzellen weiter. In dem komplizierten Geflecht der Neuronen spiegelt sich wider, was passiert, wenn sich viele Entscheidungen gegenseitig beeinflussen. Betrachtet man das neuronale Netz als Gesamtheit, also die Summe aller Neuronen und Verknüpfungen, könnte man damit einen Finanzmarkt modellieren. Auf diese Weise lassen sich Kursprognosen in bisher nicht gekannter Treffsicherheit erstellen.

Doch die Arbeit mit neuronalen Netzen ist alles andere als einfach und befindet sich noch weitgehend im Stadium der „Versuch-und-Irrtum"-Methode. Bereits die Eingangsebene eines neuronalen Netzes erfordert ein Höchstmaß an ökonomischen Sachverstand. Mögliche Einflußfaktoren und ökonomische Wirkungszusammenhänge sollten bekannt sein, denn es hat sich gezeigt, daß nur wirtschaftlich sinnvolle Daten brauchbare Ergebnisse liefern. Neben der Datenauswahl ist für den Erfolg eines neuronalen Netzes auch die Netzwerktopologie (Größe und Konfiguration der Eingangsebene, der verborgenen Arbeitsebene sowie der Ausgangsebene) enorm wichtig. Die Festlegung der optimalen Netzwerktopologie erfordert wiederum eine große Erfahrung und viel Experimentierfreude. Die professionelle Arbeit mit neuronalen Netzen ist ein Fulltime-Job und bleibt damit Experten vorbehalten. Kleine PC-Programme, die als neuronale Netze verkauft werden, können auch von Privatanlegern ohne mathematische Vorkenntnisse eingesetzt werden, doch sollte man hier seine Erwartungen hinsichtlich der Trefferquote nicht zu hoch schrauben.

3.3.7 Technische Analyse

Die verschiedenen Methoden der technischen Analyse stützen sich auf Untersuchungen von Charts, d. h. der grafischen Abbildung vergangener Kurse einer Aktie, einer Währung, eines Indexes, eines Rohstoffes usw. in der Vergangenheit. Die Verfechter dieser Theorie behaupten, aus Trendlinien und bestimmen Formationen der Kurskurve ablesen zu können, ob der Kurs eher steigen oder fallen wird.

Technische Analysten verstehen die Kurs- und Umsatzverläufe als lebendiges Abbild des Verhaltens der Summe aller Marktteilnehmer. Ähnliche Marktsituationen provozieren gleichartige Handlungsweisen der Marktteilnehmer, da sich menschliches Verhalten nur über längere Zeiträume hinweg ändert. Dies ist der Hintergrund für die Ausprägung typischer Formationen, Trendlinien, Umsatzverläufe sowie Unterstützungs- und Widerstandszonen. Prognosen, die mit Hilfe der technischen Analyse erstellt werden, haben grundsätzlich keinen Absolutheitsanspruch, sondern sind nur Wahrscheinlichkeitsaussagen. Der Wahrscheinlichkeitsvorsprung entscheidet langfristig über die Profitabilität getätigter Transaktionen. Näheres hierzu in Kapitel 7.

Welcker und *Brutscher* verglichen 1988 zwei Point-and-Figure-Strategien mit der Buy-and-hold-Strategie, angewandt auf die 30 Dow-Jones-Werte in den Jahren 1976 bis 1983. Mit Hilfe der Point-and-Figure-Strategie, die eine spezielle Methode der technischen Analyse darstellt, erzielten sie eine durchschnittliche Jahresrendite von + 9,3 % bzw. + 8,5 %. Da die Buy-and-Hold-Strategie im selben Zeitraum nur zu einer Jahresrendite von + 5,2 % führte, kann der signifikante Unterschied als Beweis dafür gelten, daß die Technische Analyse funktioniert und die Random-Walk-Theorie nicht zutrifft.

Fraikin stellte 1990 in einer unveröffentlichten Arbeit eine empirische Untersuchung an, die die Anwendbarkeit der Formationslehre der Chartanalyse auf den deutschen Aktienmarkt (Zeitraum 1974 bis 1989) überprüfen sollte. Er kommt zu dem Ergebnis, daß sich vor allem die häufiger vorkommenden Umkehrformationen als äußerst zuverlässig erweisen und daß die Chartanalyse besonders gut bei volatilen Aktien bzw. Märkten funktioniert. Bei trägen oder trendlosen Märkten generieren die Signale hingegen keine profitablen Transaktionen.

An dieser Stelle mögen Sie sich die Frage stellen, welche Prognosemethode denn die beste sei. Auf diese Frage gibt es keine Antwort. Jedes Prognoseverfahren hat seine spezifischen Vor- und Nachteile und eignet sich für eine bestimmte Aufgabenstellung gut oder weniger gut. Außerdem kommt es wesentlich darauf an, über welchen Zeitraum prognostiziert werden soll.

3.4 Taktik: Zur rechten Zeit das Richtige tun

Wir wollen nun das Gebiet der Strategie, also des übergeordneten Plans zur Erreichung von Börsengewinnen, verlassen und uns den taktischen Problemen zuwenden, die bei der Umsetzung und Verwirklichung der Strategie auftauchen.

Die taktischen Grundaktionen bei Spekulationsgeschäften aller Art sind:

- **Einstieg** in eine Position
- **Halten** einer Position

- **Ausstieg** aus einer Position
- **Meiden** einer Position

Im engeren Sinne – wenn man den Leerverkauf von Aktien und Geschäfte in Derivaten ausschließt – könnte man auch sagen: Kaufen – Halten – Verkaufen – Meiden. Es gibt nur diese vier Aktionen, zwischen denen Sie wählen können. Alle anderen Aktionen, wie z. B. Kauf und Verkauf von Bezugsrechten, Ausübung von Optionsscheinen, Wahrnehmung von Wandelrechten oder Umtauschangeboten lassen sich den Grundaktionen zuordnen.

In der Einleitung erwähnte ich bereits, daß alle Marktteilnehmer Menschen sind und in ihren Handlungen nicht nur von rationalen Überlegungen, sondern auch von Gefühlen und zufälligen Ereignissen beeinflußt werden. Irrationale Entscheidungen behindern aber grundsätzlich den Aufbau guter Strategien und durchkreuzen manchen ursprünglich erfolgversprechenden Plan. Um die Problematik transparent zu machen, ist es nützlich, die meinungs- und entscheidungsbildenden Beweggründe in logische und unlogische Faktoren zu unterteilen. Dies wollen wir nun im Detail bei den taktischen Grundaktionen nacheinander analysieren.

3.5 Im Einkauf liegt der Gewinn

Diese traditionelle Kaufmannsregel besagt, daß der gute **Einstieg** in eine Position schon die halbe Miete bedeuten kann. Idealerweise kaufen Sie an einem Tiefpunkt, und der Aktienkurs steigt danach an. Bereits zum Zeitpunkt des Kaufs ist es nötig, sich über die möglichen Fälle Gedanken zu machen und Handlungsalternativen festzulegen. Steigt der Kurs nach dem Einkauf, so sind Sie von Anfang an im Gewinn. Schon bald wird die Neigung dasein, die Buchgewinne zu realisieren und die Aktie wieder zu verkaufen. Natürlich ist es schön, eine Aktienposition nach einem Kursanstieg zu verkaufen, den Gewinn einzustecken und zu sagen: „Diesen Gewinn kann mir niemand mehr nehmen!" Falsch! Wenn Sie den Verkaufserlös in eine neue Position investieren, dann kann Ihnen der soeben realisierte Gewinn sehr wohl wieder genommen werden – allerdings von einer anderen Aktie. Wer weiß, wie sich die neu gekaufte Aktie entwickeln wird? Vielleicht wäre es besser gewesen, die alte Position zu halten.

Eigentlich betreffen die soeben geschilderten Handlungsalternativen das „Halten“ bzw. „Verkaufen“; doch im Sinne einer erfolgreichen Strategie empfiehlt es sich in jedem Fall, sich bereits beim Kauf über die Zukunft dieses Engagements Gedanken zu machen. Besonders wichtig ist dies bei einem zunächst negativen Verlauf der Spekulation. Wenn Sie nach einem Kauf merken, daß Sie an einem Hochpunkt zugegriffen haben und die Aktie fällt, müssen Sie sich überlegen, wieviel Verlust Sie maximal bereit sind zu erleiden. Wird diese Grenze durch die Kursentwicklung erreicht, sollten Sie ungeachtet aller Argumente, die für die Aktie sprechen, verkaufen. Diese Vorgehensweise zur Limitierung von Verlusten ist absolut unverzichtbar, wenn Sie nachhaltig Gewinne an der Börse machen wollen. Die Stop-Loss-Technik gehört in das Standardrepertoire jedes erfolgreichen Spekulanten.

3.6 Verbilligen kann tödlich sein

Nun mögen Sie fragen, warum Sie nicht nachkaufen sollen. Die Aktie ist doch nicht schlechter geworden, nur weil ihr Kurs gefallen ist, sondern nur billiger. Dies ist mitunter ein folgenschwerer Irrtum. Wenn eine Aktie fällt, gibt es ganz offensichtlich eine wachsende Anzahl von Leuten, die sich von den Papieren der Gesellschaft trennen will. Jedenfalls sind die Kaufinteressenten in der Minderzahl, denn sonst käme kein Kursdruck zustande. Wenn sich das Angebots-/Nachfrageverhältnis deutlich ändert, so liegen in der Regel Gründe dafür vor, die allerdings oft erst später offensichtlich werden. Wer diese Tatsache ignoriert und seinen Aktienbestand bei fallenden Kursen aufstockt, begibt sich in Gefahr.

Verbilligen ist nur in Ausnahmefällen richtig. Normalerweise sollten Sie schlechtem Geld nicht noch gutes hinterherwerfen., indem Sie eine Verlustposition aufstocken. Meistens gibt es nämlich gute Gründe, warum sich eine Aktie schlechter entwickelt als andere Papiere.

Ein ehemaliger Kollege von mir war ein starker Verfechter der Verbilligungs-Strategie. Er besaß Aktien der kanadischen Ölgesellschaft „Dome Petroleum“, die er bei ca. 6 DM gekauft hatte. Als die Papiere auf 5 DM fielen – der Firma ging es nämlich schlecht – kaufte er die gleiche Menge nach und senkte dadurch seinen Break Even von 6 DM auf 5,50 DM. Doch die Aktien taten ihm nicht den Gefallen und erholten sich, sondern sackten weiter ab. Bei 4 DM griff er erneut zu, obwohl der spekulative

Chararakter immer deutlicher zutage trat. Schließlich kaufte er bei 3 DM ein weiteres Mal. Damit hatte er nun viermal so viel Geld investiert wie ursprünglich vorgesehen. Die Qualität des Depots hatte sich verschlechtert, und die Wertentwicklung seiner Aktienanlagen hing jetzt nicht unbeträchtlich von der Zukunft des inzwischen als „Zockerpapier“ in Verruf gekommenen Ölwertes ab. Das Unheil nahm seinen Lauf. „Dome Pete“ ging in Konkurs, die Aktien verschwanden vom Kurszettel. Und der Kollege – nun, vielleicht hat er nach diesem Erlebnis seine Strategie geändert.

Je tiefer der Kurs einer Aktie fällt, bevor Sie zugreifen, um so höher ist natürlich der spätere Gewinn. Versuchen Sie jedoch nicht, den absoluten Tiefstkurs zu erwischen. Dies wird Ihnen nur in den seltensten Fällen gelingen, und Sie verpassen auf diese Weise viele lukrative Chancen. Seien Sie daher bei Kaufentscheidungen nicht zu zögerlich. Dabei sollten allerdings logische Gründe ausschlaggebend sein, also z. B. eine gute fundamentale Beurteilung (hohe Dividendenrendite, Ertragswachstum, niedriges Kurs-/Gewinn-Verhältnis, hoher Buchwert), eine vielversprechende Chartsituation oder eine positive Einschätzung des makroökonomischen Umfeldes. Der Kauf muß gut begründet sein.

Hüten Sie sich vor irrationalen Motiven. Kaufen Sie nicht, wenn Sie einen „heißen“ Tip von einem guten Freund bekommen oder zu viel Geld auf dem Konto haben. Auch eine persönliche Vorliebe für Boss-Anzüge oder BMW-Limousinen rechtfertigt noch keinen Kauf von Boss- oder BMW-Aktien. Die Meinung, daß Sie eine Aktie kaufen sollten, weil Sie gute Erfahrungen in der Vergangenheit mit dieser speziellen Aktie gemacht haben, gehört in den Bereich des Aberglaubens. Die Zwangsvorstellung, einen jüngst erlittenen Kursverlust schnell wieder „hereinholen“ zu müssen, ist erst recht kein Grund zum Einstieg in eine neue Position. Das unbestimmte Gefühl, daß der Kurs einer bestimmten Aktie in Kürze explodiert, bedarf hingegen einer näheren Untersuchung. Ist es bloße Hoffnung, die Sie das denken läßt, oder hat Ihr Unterbewußtsein möglicherweise einige Daten kombiniert, an die Sie im Moment gar nicht denken, und läßt Sie zu der richtigen Einschätzung gelangen? Wenn Sie zu denjenigen gehören, die ihrem „Bauch“ vertrauen können, weil ihr Unterbewußtsein gut funktioniert, dann trauen Sie dem Gefühl ruhig und kaufen. Viele „alte Hasen“ treffen auf diese Weise ihre Entscheidung.

3.7 Halten – mit dem Hintern Geld verdienen

Wer denkt, daß nur das Kaufen und Verkaufen nervenaufreibend sind, liegt falsch. Auch das bloße Halten einer Position, das Festhalten an Aktien, die man billiger oder teurer gekauft hat, kostet Nerven. Wann ist der richtige Zeitpunkt zum Verkaufen gekommen? Wenn Sie an Gewinnmitnahmen denken, sollten Sie sich nüchtern fragen: „Gibt es objektive Gründe, warum man diese Aktie auf dem derzeitigen Kursniveau kaufen sollte?“ Lautet die Antwort „Ja“, so gibt es keinen triftigen Grund, aus der Position auszusteigen. Bleiben Sie auf der Aktie sitzen und verdienen Sie Ihr Geld mit dem Hintern.

Auch wenn das gesteckte Kursziel noch nicht erreicht ist, die Aktie sich in einem stabilen Aufwärtstrend befindet oder Sie noch weitere Umsatz- und Ertragssteigerungen oder eine Dividendenerhöhung erwarten, so sind dies logische Gründe, die für ein Halten der Position sprechen. Ein sehr wichtiger Aspekt, nicht vorzeitig auszusteigen, ist die steuerliche Sechsmonatsfrist, wenn sie noch nicht abgelaufen ist. Wer teilt denn seinen Gewinn mit dem Finanzamt, wenn es nicht unbedingt sein muß?

In diesem Zusammenhang will ich die wahre Geschichte eines konservativen Privatkunden erzählen, der bei seiner Bank erstmals einen japanischen Optionsschein gekauft hatte. Das Engagement entwickelte sich sehr erfreulich. Fünfeinhalb Monate nach dem Kauf erhielten die Inhaber der Optionsscheine ein zeitlich befristetes Übernahmeangebot von einer anderen Gesellschaft. Der gebotene Kurs war außerordentlich hoch. Doch der Zufall wollte es, daß die steuerliche Sechsmonatsfrist des Kunden genau einen Tag nach dem Ende der Übernahmefrist auslief. „Was macht schon der eine Tag?“ fragte sich der Kunde und befolgte die dringende Verkaufsempfehlung seines Bankberaters nicht. Die Folge war fatal: An dem Tag, an dem der Kunde verkaufen wollte, halbierte sich der Kurs des Optionsscheins. Alle Buchgewinne waren auf einen Schlag weggewischt. Und die Moral von der Geschicht´? Manchmal ist es eben besser, nicht zu sklavisch auf die Einhaltung der Sechsmonatsfrist zu achten. Lieber einen Gewinn mit dem Finanzamt teilen als einen Verlust erleiden

Es gibt eine Vielzahl unlogischer Gründe, die einen Aktionär zu einem Halten seiner Position bewegen können. Das Ignorieren eines charttechnischen Verkaufssignals gehört ebenso dazu wie die Mißachtung einer verschlechterten fundamentalen Situation des Unternehmens (z. B. Gewinneinbruch, starker Rückgang der Auftragseingänge, Dividendenkürzung, Verlustausweis). Es ist auch denkbar, daß der Anleger nicht mit genügender Ernsthaftigkeit an die Sache herangeht und dann, wenn es eigentlich nötig wäre, keine Zeit oder keine Lust hat, sich mit der Angelegenheit zu beschäftigen.

Wenn Ihre Position in den Miesen steht, geben Sie sich nicht der vagen Hoffnung hin, daß die teuer eingekaufte Aktie bald wieder zu steigen beginnt, und kümmern Sie sich auch nicht um die Durchhalteparolen eines schlechten Anlageberaters. Objektive, rationale Gründe müssen es sein, die über Halten oder aber Verkaufen entscheiden. Verkaufen Sie, wenn Sie einen Fehler gemacht haben, sofort. Bloße Hoffnungen auf eine Verbesserung der Situation sind häufig aus der Luft gegriffen. Treue ist eine Tugend, die in vielen Lebensbereichen angebracht erscheint, nicht jedoch an der Börse.

Daß man sich nicht in seine Aktien verlieben sollte, dürfte außer Frage stehen. Dennoch gibt es gerade unter den älteren Anlegern nicht wenige, die genau aus diesem Grund nie bereit sein werden, sich von bestimmten Positionen zu trennen. Sie entwickeln eine starke gefühlsmäßige Bindung und halten die Aktie ihr Leben lang – in guten wie in schlechten Zeiten. Ein häufiger Fehler ist auch, die Richtigkeit eines vorher gesetzten Stop-Loss-Limits anzuzweifeln und das Limit aus dem Markt zu nehmen.

3.8 Vergessen Sie den Einstandskurs!

Viel zu viele Investoren und Spekulanten schauen auf den Einstandskurs und legen ihn als entscheidende Meßlatte für den späteren Verkauf an. Aus strategischer und taktischer Sicht ist das grundfalsch, aus psychologischer Perspektive allerdings verständlich. Natürlich veräußert niemand gerne eine Aktie, die er zu einem höheren Kurs erworben hat. Das bedeutet nämlich nicht nur einen Geldverlust, denn dieser ist bereits eingetreten, wenn auch erst in Form eines Buchverlustes, sondern auch das Eingeständnis, daß man in seiner subjektiven Einschätzung falsch gelegen hat, daß das Timing schlecht war oder daß man sich die falsche Aktie herausgepickt hat. Deswegen lügen sich viele Anleger in die Tasche und lassen Verluste nach dem Prinzip Hoffnung immer weiter wachsen.

Auf der anderen Seite sind es häufig gerade diese Leute, die Gewinne relativ rasch mitnehmen, um die Verluste ihrer Schieflagen „ausbügeln“ zu können. Diese „Strategie“ gehört zu den schlechtesten, die ich kenne, denn sie zieht drei gravierende Nachteile nach sich:

- Die Qualität des Depots verschlechtert sich zusehends bei gleichzeitig wachsendem Risiko. Gewinnkarten werden schnell aus der Hand gegeben, während die Luschen im Depot verbleiben.
- Die steigende Anzahl der Nieten blockieren immer mehr Kapital, das dann nicht mehr in risikoärmere oder gewinnträchtigere Aktien investiert werden kann. Die Beweglichkeit des Depots läßt nach, und dem Spekulanten entgehen zwangsläufig immer mehr gute Chancen.
- Wegen der kurzen Verweildauer der Gewinnpositionen im Depot werden die schnell realisierten Kursgewinne steuerpflichtig. Auf der anderen Seite können die steuerlichen Verluste, die nach einem Ablauf der sechsmonatigen Sperrfrist durch Verkauf der Luschen anfallen, nicht gegen die Gewinne aufgerechnet werden.

Die beschriebene schlechte Strategie „Keine Verluste realisieren“ verstößt eklatant gegen die Erfolgsregel Nr. 1: „Keep the losses short, let the profits run“. Lassen Sie die Gewinne wachsen – retten Sie sie, falls möglich, über die Sechsmonatsfrist, und verkaufen Sie erst, wenn wirkliche objektive Gründe dafür vorliegen. Verluste hingegen sollten realisiert werden, solange sie noch klein sind. Die richtige Methode hierfür ist das Setzen von Stop-Loss-Marken, sobald Sie eine Position eingegangen sind. Denken Sie daran: Die ersten Verluste sind die geringsten. Wenn eine Position beginnt, sich in die falsche Richtung zu entwickeln, sollten Sie sie rasch liquidieren.

3.9 Die Kunst des Verkaufens

Der Ausstieg aus einer Position ist viel schwieriger als der Einstieg, da er von mehreren Variablen abhängt. Üblicherweise verkauft man bei dem Auftauchen eines technischen Verkaufssignals, schlechten Unternehmensnachrichten oder einer negativen fundamentalen Einschätzung des Gesamtmarktes. Auch das Erreichen eines vorher gesetzten Kurszieles (Gewinnmitnahme), eine unterschrittene Stop-Loss-Marke oder ein ausgelöstes Trailing-stop (Näheres hierzu in Kapitel 9) sind logische Gründe, aus einer Position auszusteigen. Wenn sich eine Aktie in einer Seitwärtsbewegung befindet, die vermutlich noch anhalten wird, sollte man dann verkaufen, wenn eine andere Aktie bessere Chancen verspricht, vor allem dann, wenn sonst keine Mittel mehr verfügbar sind. Kurz vor Ablauf der steuerlichen Sechsmonatsfrist sollten Sie grundsätzlich jedes Engagement überprüfen: Ist die Aktie im Gewinn, so sollten Sie mit der Realisierung abwarten, bis die Frist verstrichen ist. Umgekehrt können Sie einen aufgelaufenen Verlust steuerlich mit den realisierten steuerpflichtigen Gewinnen desselben Kalenderjahres saldieren, sofern Sie noch vor Ablauf der Sechsmonatsfrist verkaufen. Natürlich ist ein Verkauf auch dann logisch, wenn Sie dringend Geld benötigen oder eine längere Geschäfts- oder Urlaubsreise ansteht, während der Sie nicht ausreichend informiert bzw. handlungsunfähig sind.

Angst und Panik sind schlechte Ratgeber, wodurch auch immer sie hervorgerufen wurden. Wer sich ausschließlich durch sein Gefühl leiten läßt und eine Aktie verkauft, ohne daß hierfür hinreichende objektive Gründe vorliegen, wird später oft feststellen, daß er zu einem Tiefpunkt ausgestiegen war und der Aktienkurs danach wieder anzog.

Es gibt noch andere Gründe, die rein psychologisch bedingt und daher unlogisch sind und zum Verkauf führen. Das blinde Befolgen einer Verkaufsempfehlung eines Börsendienstes gehört ebenso dazu wie das schlichte Verlangen, wieder „etwas machen zu müssen", nachdem Sie lange keine Order mehr an der Börse plaziert haben. Ich kenne auch Investoren, die einfach deswegen verkauft haben, weil sie keine Lust mehr hatten, die Aktie weiter zu halten.

Viele Spekulanten hindert die „Halskrankheit" daran, eine Position rechtzeitig wieder abzustoßen. Sie verachten den Spatz in der Hand und schielen nach der Taube auf dem Dach. Da sie ihren Hals nicht voll genug bekommen können, stellt für sie der Verkauf primär eine Verhinderung weiterer, zusätzlicher Gewinne dar. Es liegt auf der Hand, daß eine zu große Gewinnsucht Spekulanten zu spät verkaufen läßt, indem sie Verkaufssignale mißachten und versäumen, Stop-Loss-Limite zu setzen. Auf der anderen Seite sollte man Gewinne aber auch nicht zu schnell mitnehmen, um sich vor drohenden Verlusten zu schützen, denn diese Möglichkeit besteht immer – wenn nicht in dieser Aktie, dann in einer anderen. Wer zu schnell Gewinne mitnimmt und ständig zu früh verkauft, dem werden die dicken Brocken immer entgehen.

Erinnern Sie sich an die Bullen, Bären und Schafherden? Bullen und Bären sind die Meinungsmacher und diejenigen, die einen beginnenden

Aufwärts- oder Abwärtstrend erkennen und folgerichtig rechtzeitig ein- bzw. aussteigen. Schafe hingegen kommen immer zu spät. Sie werden von den Erfolgreichen geschoren. Da sie aus ihren Fehlern nicht lernen, büßen sie ihre finanzielle Wolle immer wieder ein, sobald sie nachgewachsen ist. Hüten Sie sich daher, ein Schaf zu sein!

3.10 „Ohne mich!" – Das Meiden einer Position

Wer nicht kauft, riskiert auch nicht, daß er etwas verliert. Insofern ist Nichtstun nicht schädlich, weil mit dem Heraushalten aus einer Position kein Kapitaleinsatz verbunden ist. Sie riskieren aber sehr wohl, daß Ihnen ein potentieller Gewinn entgeht. Vor allem, wenn Sie bereits mit dem Gedanken an einen Einstieg in eine bestimmte Position geliebäugelt haben, kann ein Nichteinstieg sehr ärgerlich sein, dann nämlich, wenn die Aktie rasant zu steigen beginnt. Diejenigen Investoren, die bei potentiellen Kaufkandidaten den absoluten Tiefstkurs erwischen wollen, werden in der Regel zu unfreiwilligen Nichtstuern, die ständig entgangenen Gewinnen nachtrauern müssen.

Vernünftige Gründe, eine Position zu meiden, sind beispielsweise eine schlechte fundamentale Situation des Unternehmens, ein technisch überkaufter Markt, der eine Konsolidierung sehr wahrscheinlich macht oder ein klarer Abwärtstrend. Auch wenn ein Chart zwar vielversprechend aussieht, aber das entscheidende Kaufsignal noch fehlt, sollten Sie vorsichtig sein – es ist besser, in einem solchen Fall die Kaufentscheidung noch hinauszuzögern.

Für einen Spekulanten ist es nützlicher, über eine Sache nachzugrübeln, ohne etwas zu unternehmen, als etwas zu unternehmen, ohne nachzugrübeln.

Aktien von Rüstungsunternehmen, Spirituosenherstellern, Atomkraftwerksbetreibern und Tabakproduzenten scheiden bei einigen Investoren wegen ihrer inneren ablehnenden Haltung den Produkten gegenüber grundsätzlich aus. Gegen diese „ethische Vermögensanlage" ist aus strategischer wie auch taktischer Sicht nichts zu sagen.

Schlechte Erfahrungen in der Vergangenheit mit einer speziellen Aktie sollten kein Hinderungsgrund sein, in einer vielversprechenden Situation erneut zuzugreifen; wer sich durch frühere negative Erfahrungen abschrecken läßt, ist abergläubisch. Auch die undefinierte Abneigung gegen eine Branche, ein Land oder ein bestimmtes Unternehmen gehören zu den unlogischen Gründen, sich aus einer Position herauszuhalten.

Die alleinige Kenntnis der taktischen Regeln – Kaufen, Verkaufen, Halten, Meiden – reicht allerdings nicht aus. Sie müssen sie auch anwenden. Weil die Psychologie eine so große Rolle spielt, werden Sie immer wieder der Versuchung widerstehen müssen, impulsiv unlogische Entscheidungen zu treffen. Diese Versuchung kann sehr groß sein. Ich spreche aus eigener Erfahrung!

Wenn Sie die Taktiken über längere Zeit hinweg stetig angewendet und immer wieder notwendige Korrekturen vorgenommen haben, werden Sie die Regeln langsam „verinnerlichen“ und Ihre Entscheidungen zunehmend unbewußt, aber dennoch logisch begründen. Das gute Gespür, das man vielen „alten Hasen“ nachsagt, beruht häufig auf nichts anderem als der Speicherung von erfolgreich getesten Börsentaktiken und -strategien in ihrem Unterbewußtsein. Auf diese Weise können erfahrene Börsianer Entscheidungen sehr schnell treffen, und die meisten dieser Entscheidungen erweisen sich später als richtig!

Ein Spekulant im herkömmlichen Sinne oder nach dem üblichen Verständnis geht hohe Risiken ein und erzielt riesige Gewinne, oder er erleidet horrende Verluste. Erinnern Sie sich an die Einleitung dieses Buches: Ein erfolgreicher Spekulant ist jemand, der langfristige Gewinne macht und diese auch behält. Hierfür sollten Sie folgende Voraussetzungen mitbringen:

- Kalkulieren Sie das Risiko jeder Transaktion so exakt wie möglich. Auf den fundamentalen Zusammenhang zwischen Chance und Risiko wird in Kapitel 4 näher eingegangen.
- Wählen Sie ein gutes Prognoseverfahren, das Sie beherrschen, und stimmen Sie Ihre Strategie auf den entsprechenden Prognosehorizont ab.
- Setzen Sie Ihr Geld geschickt und diszipliniert ein. Nur wer über ein gutes Geldmanagement (s. Kapitel 9) verfügt, wird langfristig an der Börse Erfolg haben.
- Entscheiden Sie sich für eine Strategie, die Ihrer eigenen Persönlichkeit und Mentalität entspricht. Dies ist der – meiner Meinung nach – wichtigste Erfolgsfaktor überhaupt, der in Kapitel 10 ausführlich erörtert wird.

4. Ertrag und Risiko

Je höher der Ertrag einer Anlage, um so höher ist auch ihr Risiko – das ist eine Binsenweisheit. Dennoch gibt es gar nicht wenige Anleger, die glauben, daß es Investitionsmöglichkeiten gibt, die ein hohes Ertragspotential bei gleichzeitig niedrigem oder sogar fehlendem Risiko beinhalten. Wie anders wäre es sonst zu erklären, daß immer wieder Bürger aller Gesellschaftsschichten auf Zeitungsannoncen unseriöser Anbieter hereinfallen und den Gaunern ihr Geld auch noch freiwillig geben? Die schwarzen Schafe der Investmentbranche, die sich zuhauf am grauen Kapitalmarkt tummeln, werben mit Sprüchen wie: „Traumrenditen ohne Risiko", „Spitzengewinne in kurzer Zeit", „40 % Rendite, kein Verlustrisiko" usw.

Hand auf's Herz: Können Sie solchen Versprechungen glauben, wenn Sie Ihren nüchternen Menschenverstand einsetzen?

Ganz egal, mit was diese Traumgewinne erwirtschaftet werden wollen, ob durch den Handel mit Schweinebäuchen in Chicago, mit „billigen" Anleihen hochverschuldeter Staaten, Ferienappartements am Mittelmeer oder mit Ölkontrakten auf Termin – alle diese möglicherweise hochrentablen Anlageformen bergen ein weit überdurchschnittliches Risiko, auch wenn die Initiatoren das Gegenteil suggerieren sollten. Im günstigsten Fall stecken die Initiatoren die Mittel tatsächlich in die versprochenen Objekte. Häufig landen die Gelder der ahnungslosen Anleger direkt auf ausländischen Konten der Initiatoren, ohne je wirklich investiert zu werden. Manchmal jedoch werden die versprochenen Zinsen zunächst aus dem Kapital von neuen Anlegern gespeist, um bei den zufriedenen Kunden noch mehr Geld locker zu machen. Es ist klar, daß solche Schneeballsysteme – wie beispielsweise European Kings Club – immer in einer totalen Pleite enden und die aus Habgier leichtsinnig gewordenen Anleger keine müde Mark mehr wiedersehen. Auch die bekannten Kettenbriefe gehören zu den unseriösen Schneeballsystemen, die nur die Initiatoren reich machen.

Es ist mir unverständlich, wie solche Betrugsfirmen noch weiter existieren können. Denn durch eine ganz einfache Überlegung müßte jeder denkende Mensch dahinter kommen, daß es bei den Lockangeboten unmöglich mit rechten Dingen zugehen kann. Warum sollte denn ein Initiator bereit sein, auf die Einlage eines Investors 40 % Zinsen zu zahlen, wenn er von der Bank einen Kredit für 10 oder 15 % bekommen würde? Die Antwort ist einfach: Entweder der Initiator ist bei seinen Banken nicht mehr kreditwürdig oder die Anlageform beinhaltet ein erhebliches Risiko, das durch ein höheres Ausschüttungsversprechen kompensiert werden muß. In beiden Fällen kann der Investor sicher sein, daß er mit hoher Wahrscheinlichkeit Geld verlieren wird, statt die versprochenen Traumrenditen zu kassieren.

Halten Sie sich daher von trügerischen Angeboten dieser Art fern. Das gilt auch für Telefonverkäufer diverser dubioser Firmen, die insbesondere Architekten, Ärzte und Firmeninhaber anrufen und mit aggressivsten Verkaufstaktiken zu riskanten Geschäften überreden wollen. Da diese Top-Verkäufer psychologisch sehr gut geschult sind, ist die Gefahr, „überzeugt", d. h. überrumpelt zu werden, gar nicht so klein. Dies gilt natürlich insbesondere für diejenigen, denen die Gesetze des Kapitalmarktes und der fundamentale Zusammenhang zwischen Ertrag und Risiko nicht geläufig sind. Der Rat kann daher nur lauten: Sofort den Telefonhörer auflegen.

Es geht in diesem Buch darum zu lernen, wie Sie gekonnt spekulieren. Erfolgreiche Börsenstrategien bauen im Prinzip auf den Erkenntnissen der Wahrscheinlichkeitsrechnung auf, die sich anhand verschiedener Glücksspiele besonders gut erklären lassen. Deshalb werden wir nun das Börsenparkett und die Welt der Investoren, Händler und Spekulanten verlassen und einen Ausflug in die Welt der Spiele unternehmen.

4.1 Ein Ausflug in die Welt der Spiele

An dieser Stelle geht es nicht um die im ersten Kapitel erwähnten Geschicklichkeitsspiele, sondern um reine Glücksspiele.

Beim Würfeln mit einem perfekten Würfel kann man annehmen, daß im Mittel jede Seite gleich häufig auftritt. Bei häufigen Wiederholungen wird somit die relative Häufigkeit, mit der beispielsweise eine 6 gewürfelt wird, gegen $1/6$ streben. Die Wahrscheinlichkeit wird folgendermaßen definiert:

$$\text{Wahrscheinlichkeit} = \frac{\text{Anzahl der günstigen Fälle}}{\text{Anzahl der möglichen Fälle}}$$

Diese Definition geht zurück auf *Jakob Bernoulli* (1654 – 1705) und *De Laplace* (1749 – 1827). Dabei wird vorausgesetzt, daß alle möglichen Fälle, wie beim Würfelspiel, gleich wahrscheinlich sind. Die Wahrscheinlichkeit P (von englisch: probability, bzw. lateinisch: probare = beglaubigen) kann somit Werte zwischen 0 und 1 annehmen. Ein sicheres Ereignis hat die Wahrscheinlichkeit 1 (bzw. 100 %), ein unmögliches Ereignis die Wahrscheinlichkeit 0 (0 %).

Die Wahrscheinlichkeitsrechnung ist ein Teilgebiet der Mathematik. Sie erlaubt die Optimierung von Entscheidungsverfahren und wird nicht nur in weiten Bereichen der Naturwissenschaft und der Technik angewandt, sondern auch der Wirtschafts- und Sozialwissenschaft und damit auch auf dem Gebiet der Geldwirtschaft.

In der Wahrscheinlichkeitsrechnung gibt es zwei wichtige Regeln: Den Additionssatz und den Multiplikationssatz.

Der Additionssatz besagt:

1. Die Wahrscheinlichkeit, daß von zwei Ereignissen E_1 und E_2, die sich einander ausschließen, mindestens eines eintritt, erhält man durch die Addition der Wahrscheinlichkeiten dieser beiden Ereignisse:

$$P\,(E_1 \text{ oder } E_2) = P\,(E_1) + P\,(E_2)$$

2. Die Wahrscheinlichkeit, daß von zwei Ereignissen E_1 und E_2, die sich nicht gegenseitig ausschließen, mindestens eines eintritt, lautet:

$$P\,(E_1 \text{ oder } E_2) = P\,(E_1) + P\,(E_2) - P\,(E_1 \text{ und } E_2)$$

Ein Beispiel für die erste Variante ist der regelmäßige Würfel. Die Ereignisse (also die Zahlen 1, 2, 3, 4, 5 und 6) schließen sich gegenseitig aus. Die Wahrscheinlichkeit, eine Zwei oder eine Drei zu werfen beträgt also:

$$P_{2 \text{ oder } 3} = P_2 + P_3 = \ + \ = \frac{1}{6} + \frac{1}{6} = \frac{1}{3}$$

Die zweite Variante ist auf Kartenspiele anwendbar: Entnimmt man einem Skatspiel von 32 Karten eine Karte und fragt nach der Wahrscheinlichkeit, daß diese eine Sieben oder Pik ist – beide schließen sich nicht aus –, so ergeben sich folgende Wahrscheinlichkeiten:

Ziehen einer Sieben: $P(7) = \frac{4}{32} = \frac{1}{8}$

Ziehen eines Pik: $P(\text{Pik}) = \frac{8}{32} = \frac{1}{4}$

Ziehen der Pik Sieben: $P(7 \text{ u. Pik}) = \frac{1}{32}$

Daraus folgt: $P(\text{Pik od. } 7) = \frac{4}{32} + \frac{8}{32} - \frac{1}{32} = \frac{11}{32} = 0{,}344$

Der Multiplikationssatz beschreibt die Wahrscheinlichkeitsrechnung für das gleichzeitige Eintreffen zweier beliebiger, unabhängiger Ereignisse E_1 und E_2:

$$P(E_1 \text{ und } E_2) = P(E_1) \times P(E_2)$$

Die Wahrscheinlichkeit, mit zwei Würfeln einen Sechser-Pasch zu würfeln oder mit einem Würfel zweimal hintereinander die Sechs zu werfen beträgt:

$$P_{2 \times 6} = \frac{1}{6} \times \frac{1}{6} = \frac{1}{36}$$

Die beiden Ereignisse E_1 und E_2 (1. Würfel; 2. Würfel) sind voneinander unabhängig; das bedeutet, daß sie sich nicht gegenseitig beeinflussen oder gemeinsam von anderen Ereignissen beeinflußt werden.

Die Wahrscheinlichkeit, dreimal hintereinander eine Sechs zu würfeln, beträgt nur noch:

$$P = \frac{1}{6} \times \frac{1}{6} \times \frac{1}{6} = \frac{1}{216}$$

Es ist also schon sehr unwahrscheinlich, mit einem Würfel dreimal hintereinander dieselbe Zahl zu werfen. Dennoch sinkt die Chance, nach drei Sechsen weitere Sechsen zu würfeln, nicht im geringsten! Sie bleibt für jeden Wurf konstant, nämlich $\frac{1}{6}$. Die Ergebnisse späterer Würfe müssen somit auf keinen Fall die der vorangegangenen ausgleichen.

Es ist interessant, diese Erkenntnis der Wahrscheinlichkeitsrechnung auf die Börse zu übertragen: Die Wahrscheinlichkeit, daß der Kurs einer Aktie wieder steigt, nimmt – mathematisch gesehen – nicht einfach aufgrund der Tatsache zu, daß der Kurs schon lange Zeit ununterbrochen gefallen ist. Natürlich sind die Berechnungen nach der klassischen Wahrscheinlichkeitsrechnung nicht einfach auf das Börsengeschehen übertragbar, da erstens die einzelnen Ereignisse nicht vollkommen unabhängig voneinander sind und es andererseits eine große Zahl von Störfaktoren gibt, die auf die Kursentwicklung einwirken.

Bleiben wir beim Würfeln von Sechsen in drei aufeinanderfolgenden Würfen. Die möglichen Abläufe dieses dreistufigen Zufallsexperimentes läßt sich am besten anhand eines Baumdiagrammes (siehe Abbildung 5) grafisch darstellen. Ein Baumdiagramm besteht aus Pfaden (Teilstrecken), denen Wahrscheinlichkeiten zugeordnet sind, und aus Ereignissen und Wahlmöglichkeiten an den Knoten (Verzweigungspunkten). Diese Pfade sind durch drei Regeln miteinander verknüpft:

- **Multiplikationspfadregel:** Die Wahrscheinlichkeit eines bestimmten Pfades (Pfadwahrscheinlichkeit) bis zur letzten Stufe des mehrstufigen Zufallsversuchs erhält man, indem man alle Wahrscheinlichkeiten längs des Pfades multipliziert.
- **Additionspfadregel:** Setzt sich ein Ereignis eines Zufallsexperimentes aus mehreren Pfaden zusammen, so erhält man die Wahrscheinlichkeit dieses Ereignisses durch Addition der zugehörigen einzelnen Pfadwahrscheinlichkeiten.
- **Totalwahrscheinlichkeitsregel:** Die Teilwahrscheinlichkeiten an den Endknoten addieren sich zu 1 (100 %).

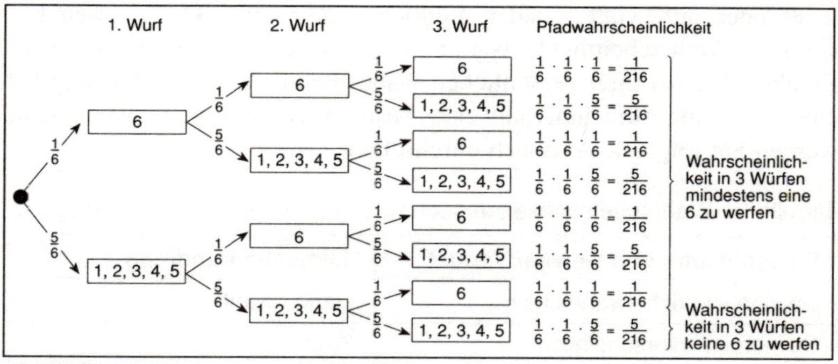

Abbildung 5: Wahrscheinlichkeiten beim Würfelspiel

Der oberste Pfad stellt das bereits besprochene Ereignis, dreimal hintereinander eine Sechs zu würfeln, dar. Umgekehrt entspricht die Wahrscheinlichkeit, dreimal hintereinander keine Sechs zu würfeln:

$$P_{\text{keine Sechs}} = \frac{5}{6} \times \frac{5}{6} \times \frac{5}{6} = \left(\frac{5}{6}\right)^3 = \frac{125}{216} = 0{,}579$$

Die Wahrscheinlichkeit, mit einem Würfel in drei Würfen mindestens eine Sechs zu werfen, läßt sich sowohl auf direktem als auch auf indirektem Weg berechnen. Bei der direkten Methode werden die einzelnen Pfadwahrscheinlichkeiten addiert:

$$P_{\text{mind. 1 Sechs}} = P_{\text{1 Sechs}} + P_{\text{2 Sechsen}} + P_{\text{3 Sechsen}} =$$

$$3 \times \frac{1}{6} \times \frac{5}{6} \times \frac{5}{6} + 3 \times \frac{1}{6} \times \frac{5}{6} \times \frac{1}{6} + \frac{1}{6} \times \frac{1}{6} \times \frac{1}{6} =$$

$$\frac{75}{216} + \frac{15}{216} + \frac{1}{216} = \frac{91}{216} = 0{,}421$$

Bei der indirekten Berechnung wird die Wahrscheinlichkeit des nicht eintretenden Ereignisses einfach von 1 abgezogen:

$$1 - P_{\text{keine Sechs}} = 1 - \left(\frac{5}{6}\right)^3 = 1 - \frac{125}{216} = \frac{91}{216} = 0{,}579$$

Manche von Ihnen werden sich an dieser Stelle vielleicht fragen, warum die Wahrscheinlichkeitsrechnung so ausführlich beschrieben wird. Hierfür gibt es mehrere Gründe: Wer eine taktische Entscheidung an der Börse trifft, also eine Aktie kauft, hält, verkauft oder meidet, der wird – bewußt oder unbewußt – jeder möglichen Kursentwicklung einen bestimmten Wahrscheinlichkeitsgrad zuordnen. Je nachdem, zu welchem Ergebnis Sie bei Ihrer persönlichen Wahrscheinlichkeitsabschätzung für eine bestimmte Aktie innerhalb eines bestimmten Zeithorizonts kommen, werden Sie folgende Aktionen durchführen:

Tabelle 2: Wahrscheinlichkeitseinschätzung und taktische Handlung

Einschätzung von Gewinn/Verlust	**Taktische Handlung**
Gewinn ist höchstwahrscheinlich	starker Kauf
Gewinn ist wahrscheinlich	Kauf
Gewinn und Verlust sind gleich wahrscheinlich	Halten
Verlust ist wahrscheinlich	Meiden bzw. Verkauf
Verlust ist höchstwahrscheinlich	Meiden bzw. starker Verkauf

Außerdem ist die Wahrscheinlichkeitsrechnung die wichtigste Grundlage für ein gutes Geldmanagement. Näheres hierzu in Kapitel 9.

4.2 Die Faszination des Roulette

Das Roulette-Spiel, das sich seit Jahrhunderten in den Spielcasinos rund um die Welt großer Beliebtheit erfreut, verdankt seine Entstehung der Wahrscheinlichkeitsrechnung. Als diese im Jahre 1654 von dem Franzosen *Blaise Pascal* (1623 – 1662) begründet wurde, suchte der französische Mathematiker nach einer eleganten Möglichkeit, seine Theorie in der Öffentlichkeit bekannt zu machen. Und so erfand er das aus den Zahlen 1 bis 32 bestehende „Ur-Roulette".

Der Sinn des Spieles dürfte den meisten von Ihnen bekannt sein: Die einzelnen Spieler plazieren ihre Einsätze, indem sie ihre Jetons (= Plastikgeld) auf bestimmte Felder des meist aus grünem Filz bestehenden Spieltisches legen (siehe Abbildung 6). Sie wetten damit auf den Eintritt eines bestimmten Ereignisses. Der Croupier, der als Vertreter der „Bank" die gegenteilige Wettposition einnimmt, wirft, sobald alle Spieler ihre Einsätze getätigt haben, eine kleine Kugel in eine sich drehende Schüssel, deren Boden in 32 Fächer, ein jedes für eine Zahl, eingeteilt ist.

Halt! Werden Sie jetzt sagen, denn Sie wissen, daß das Roulette-Spiel eben nicht nur aus den Zahlen 1 – 32 besteht, sondern zusätzlich aus der Zahl Zero (= 0). Doch dies war nicht immer so. In der ursprünglichen Form des Spiels von Blaise Pascal gab es nämlich die Zahl Zero noch nicht. Wir werden gleich sehen, warum.

Beim Roulette-Spiel gibt es folgende Einsatzmöglichkeiten:

Tabelle 3: Chancen beim Roulette

Chance (gem. Abb. 6)	**Zahlen, die gewinnen (gem. Abb. 6)**	**Anzahl Gewinnzahlen**	**Gewinn des Einsatzes + des ...-fachen Einsatzes**	**Eintrittswahrscheinlichkeit**	
				ohne Zero	**mit Zero**
A	2	1	35	$\frac{1}{36}$ = 2,8 %	$\frac{1}{37}$ = 2,7 %
B	6, 9	2	17	$\frac{2}{36}$ = 5,6 %	$\frac{2}{37}$ = 5,4 %
C	10, 11, 12	3	11	$\frac{3}{36}$ = 8,3 %	$\frac{3}{37}$ = 8,1 %
D	14, 15, 17, 18	4	9	$\frac{4}{36}$ = 11,1 %	$\frac{4}{37}$ = 10,8 %
E	19 bis 24	**6**	5	$\frac{6}{36}$ = 16,7 %	$\frac{6}{37}$ = 16,2 %
F	25 bis 36	12	3	$\frac{12}{36}$ = 33,3 %	$\frac{12}{37}$ = 32,4 %
G	3, 6, 9, ... , 33, 36	12	3	$\frac{12}{36}$ = 33,3 %	$\frac{12}{37}$ = 32,4 %
H	1 bis 18	18	2	$\frac{18}{36}$ = 50,0 %	$\frac{18}{37}$ = 48,6 %

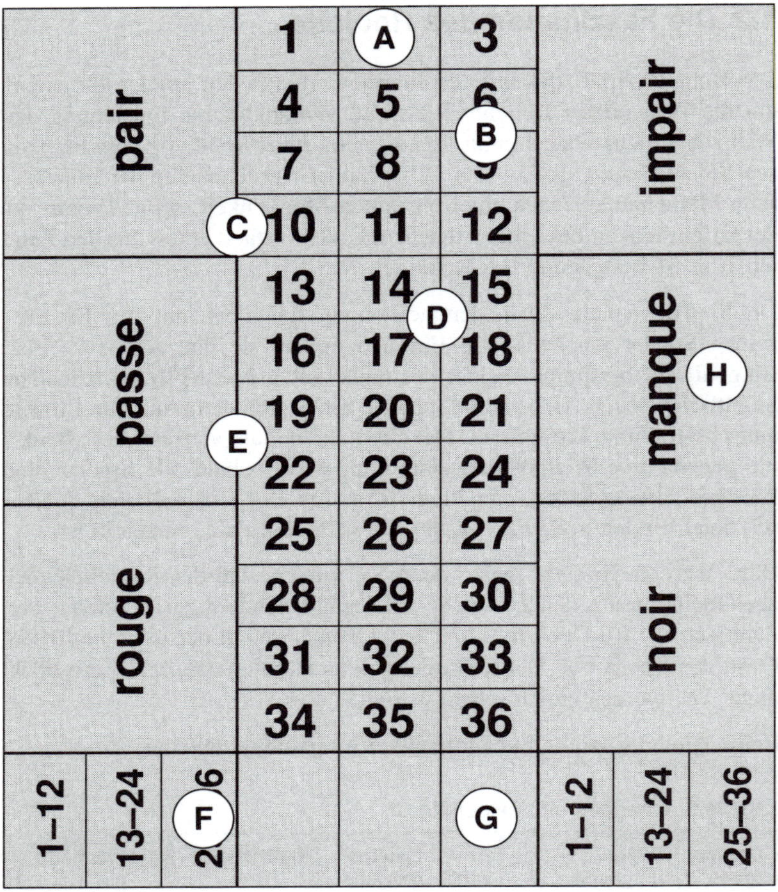

Abbildung 6: Roulette

Ganz egal, welche Taktik ein Spieler einschlägt – ob er nun auf die sog. „einfachen Chancen“ (pair / impair = gerade / ungerade, rouge / noir = rot / schwarz, passe / manque = 19 – 36 / 1 – 18) mit ihren hohen Eintrittswahrscheinlichkeiten, aber niedrigen Gewinnmöglichkeiten setzt oder auf wenige Zahlen, die hohe Gewinne mit niedrigen Eintrittswahrscheinlichkeiten versprechen: Langfristig, d. h. nach einer großen Anzahl von Spielrunden, getreu dem „Gesetz der großen Zahl“, wird keiner der Spieler gewinnen oder verlieren. Der Grund liegt darin, daß der potentielle Spielgewinn genau der Kehrwert der Wahrscheinlichkeit ist und mit ihr multipliziert immer den Wert 1 ergibt. Beispiel:

Carré: Gewinn = 9facher Einsatz; $P = \frac{1}{9}, \quad \frac{1}{9} \times 9 = 1$

Durch die Einführung der Zahl Zero, bei deren Eintreffen alle Spieler ihre Einsätze an die Bank verlieren, wurde das Roulette für Spielcasinos erst interessant: Langfristig gewinnt nämlich immer die Bank. Wie sich die Gewinnwahrscheinlichkeit bei den einfachen Chancen mit der Zahl Zero errechnet, ersehen Sie aus folgender Gleichung (hierbei bleibe die oft geltende Sonderregel unberücksichtigt, daß bei Zero die Einsätze der einfachen Chancen nicht ganz, sondern nur zur Hälfte verloren sind,):

$$P = \frac{\textit{günstig}}{\textit{möglich}} = \frac{18}{37} = 0{,}4864 = 48{,}64\,\%$$

Für die Bank sieht die Rechnung besser aus:

$$P = \frac{\textit{günstig}}{\textit{möglich}} = \frac{19}{37} = 0{,}5136 = 51{,}36\,\%$$

Der Wahrscheinlichkeitsnachteil für den Roulette-Spieler beträgt also: 51,36 % – 48,64 % = 2,72 %. Derselbe Wahrscheinlichkeitsnachteil von 2,72 % errechnet sich auch für alle übrigen Einsatzmöglichkeiten des Roulette-Spiels.

In den Anfängen des Roulette-Spiels in den Spielcasinos gab es übrigens auch noch eine Doppelzero, d. h. zwei von insgesamt 38 Zahlen führten zum Totalverlust aller Einsätze. Dies war vielen Spielern auf die Dauer zu unattraktiv, und das Roulette-Spiel verlor stark an Bedeutung – bis ein gewisser *Francois Blanc* auf die revolutionäre Idee kam, die Doppelzero ersatzlos zu streichen. Das Ergebnis war beeindruckend: Die verprellten Spieler kehrten scharenweise an die Roulette-Tische zurück und bescherten dem Glücksspiel eine neue Renaissance, obwohl nach den Gesetzen der Wahrscheinlichkeitsrechnung immer noch nur einer gewinnt – die Bank.

4.3 Positive und negative Spekulation

Wenn Sie spekulieren, hoffen Sie, am Ende der Spekulation mehr Geld zu haben als am Anfang. Angenommen, jemand bietet Ihnen folgendes Münzwurfspiel an: Wenn Sie „Zahl“ werfen, bekommen Sie 200 DM. Erscheint „Kopf“, verlieren Sie 100 DM. In diesem Fall haben Sie eine einfache Gewinnerwartung von 2 zu 1. Wenn Sie die Gewinnerwartung mit den Wahrscheinlichkeiten multiplizieren, erhalten Sie die mathematische Ergebniserwartung:

$$\text{Ergebniserwartung} = \sum_{i=1}^{n} (P_i \times E_i)$$

wobei gilt:

P = Wahrscheinlichkeit des Gewinnes oder Verlustes;
E = Ergebnis;
n = Anzahl der möglichen Ereignisse.

In unserem Beispiel errechnet sich die mathematische Ergebniserwartung zu $200 \times 0{,}5 - 100 \times 0{,}5 = 100 - 50 = 50$ DM. Wenn Sie schlau sind und dieses Spiel lange genug spielen, werden Sie im Durchschnitt bei jedem Spiel 50 DM gewonnen haben. Da die Ergebniserwartung positiv ist, handelt es sich um eine positive Spekulation. Würde einem möglichen Gewinn von 100 DM ein möglicher Verlust von ebenfalls 100 DM gegenüber stehen, wäre die Spekulation neutral. Wäre es umgekehrt wie im ersten Fall, würden Sie also bei Zahl 200 DM verlieren und bei Kopf 100 DM gewinnen, hätten Sie es mit einer negativen Ergebniserwartung oder einer negativen Spekulation zu tun.

Alle Glücksspiele in den Spielcasinos sind für die Spieler langfristig negative Spekulationen und damit zur Geldvermehrung ungeeignet. Deswegen blenden wir zurück zur Börse. Die Anlage von Kapital in Aktien ist bei geschicktem Vorgehen (Sie erinnern sich – Geschicklichkeitsspiel!) eine positive Spekulation, d. h. eine „Aktion mit langfristig positiver Ergebniserwartung“. In Bezug auf die langfristige Strategie ist es sehr wichtig, möglichst nur taktische Einzelentscheidungen zu treffen, bei denen Sie einen großen Wahrscheinlichkeitsvorsprung erwarten.

Der Ertrag aus Wertpapieranlagen wird üblicherweise als **Performance** bezeichnet. Diese setzt sich im wesentlichen aus zwei Komponenten zusammen: zum einen der Kursveränderung und zum anderen der Verzinsung in Form von Zinserträgen bei festverzinslichen Wertpapieren oder Dividendenzahlungen bei Aktien.

Während sich die Performance für die Vergangenheit relativ leicht ermitteln läßt, ist die für einen Investor letztlich entscheidende zukünftige Performance in der Regel unbekannt. Niemand weiß im voraus, in welche Richtung und wie stark sich Wertpapierkurse verändern. Um dennoch eine Vorstellung über die zukünftige Performance zu gewinnen, könnte ein Anleger verschiedenen, in Zukunft für möglich gehaltenen Performance-Realisationen jeweils eine bestimmte Eintrittswahrscheinlichkeit zuordnen. Deren Höhe hängt einerseits von der Beurteilung der Wertpapieremittenten ab, andererseits aber auch von der allgemeinen Wirtschaftsentwicklung (z. B. Konjunkturaufschwung oder Rezession, expansive oder kontraktive Geldpolitik). Der Erwartungswert der Performance ist die mit den einzelnen Eintrittswahrscheinlichkeiten gewogene Durchschnittsperformance (siehe Tabelle 4).

Das folgende Beispiel soll dies verdeutlichen. Angenommen, Sie beabsichtigen, eine Aktie zu kaufen, und stellen folgende Wahrscheinlichkeitsabschätzungen für die Kursentwicklung der kommenden sechs Monate an:

Tabelle 4: Erwartete mittlere Performance

Erwartete Performance von ... %	**tritt ein mit einer Wahrscheinlichkeit von:**	**Produkt**	**mittlere erwartete Performance in %**
30	10 %	300	
20	20 %	400	
10	30 %	300	
0	10 %	0	
– 10	10 %	– 100	
– 20	5 %	– 100	
– 30	5 %	– 150	
Summe	**100 %**	**650**	**650 : 100 = 6,5 %**

Im Durchschnitt erwarten Sie eine Performance von 6,5 % innerhalb der nächsten sechs Monate. Auf das ganze Jahr hochgerechnet, ergäbe das eine Rendite von 13 %. Gegenüber einem festverzinslichen Wertpapier mit einer angenommenen Rendite von 7 % kommen Sie auf einen Renditevorteil von 6 %.

Es wurde bereits mehrfach betont, und dies wird sich wie ein roter Faden durch das ganze Buch ziehen, daß die **Stop-Loss-Technik** für erfolgreiche Spekulationen unverzichtbar ist. Angenommen, Sie würden bei vorerwähntem Beispiel die Aktie automatisch verkaufen, sobald Sie einen Verlust von 10 % erlitten haben, so würden größere Verluste in jedem Fall vermieden (s. Tab. 5):

Tabelle 5: Erwartete mittlere Performance mit Stop-Loss

Erwartete Performance von ... %	tritt ein mit einer Wahrscheinlichkeit von:	Produkt	mittlere erwartete Performance in %
30	10 %	300	
20	20 %	400	
10	30 %	300	
0	10 %	0	
– 10	20 %	– 200	
– 20	0 %	0	
– 30	0 %	0	
Summe	**100 %**	**800**	**800 : 100 = 8,0 %**

Die mittlere erwartete Performance würde sich um 1,5 % auf 8 % verbessern. Wie wir in Kapitel 8 noch sehen werden, ist die Stop-Loss-Technik ein wichtiges Element bei computergestützten Handelssystemen.

Natürlich ist die erwartete Performance eine unsichere Größe. Der Grad der Unsicherheit ist um so höher, je stärker die verschiedenen für möglich gehaltenen Performance-Realisationen voneinander abweichen. Meistens dienen die **statistische Varianz** oder die **Standardabweichung** dazu, den Streubereich der Performance quantitativ zu messen. Je größer Standardabweichung und Varianz sind, desto höher ist das Risiko und damit die **Volatilität** (= Schwankungsfreudigkeit) eines Wertpapiers.

Die statistische Varianz ist mathematisch definiert als die Summe der quadrierten Differenzen zwischen erwarteten (bzw. empirisch ermittelten) Ausprägungen der Rendite und ihrem Mittelwert, geteilt durch die Anzahl der verwendeten Werte. Die Standardabweichung ist die positive Quadratwurzel aus der Varianz. Sie mißt die Schwankung der Rendite um ihren Mittelwert (Erwartungswert). Die Volatilität fußt wiederum auf der Berechnung der Standardabweichung. Mit steigender Volatilität nimmt das Risiko, eine unterhalb der individuellen Mindestrendite liegende Verzinsung zu erzielen, zu; dieses Risikomaß wird als Ausfallwahrscheinlichkeit bezeichnet.

Die durchschnittliche Performance von Aktien lag in den letzten 35 Jahren in Deutschland mit rund 13 % deutlich höher als die Wertentwicklung festverzinslicher Wertpapiere (gut 7 %) oder Geldmarkttiteln (knapp 6 %). Für die USA wurde für einen 60 Jahre umfassenden Zeitraum eine Aktienperformance von 12,0 % ermittelt; die Performance von Staatsanleihen lag demgegenüber nur bei 4,4 % und die von Geldmarkttiteln bei 3,5 %.

Aktien können unter Ertragsgesichtspunkten somit langfristig als attraktive Geldanlageform angesehen werden. Allerdings lag die Standardabweichung wesentlich höher als bei den risikoärmeren Anleihen und dem praktisch risikolosen Geldmarkt. Die Wahrscheinlichkeit, eine negative Jahresperformance zu erreichen, beträgt im langfristigen Mittel immerhin knapp 1/3. Trotz einer im Durchschnitt guten Performance hat es an den Aktienmärkten immer wieder wenig erfreuliche Phasen gegeben.

Verglichen mit anderen Wertpapieren, und erst recht mit Spareinlagen oder Festgeld, haften Aktien überdurchschnittlich hohe Kursrisiken an. Dies wird auch durch die Häufigkeitsverteilungen der jährlichen Kursveränderung untermauert.

Am deutschen Aktienmarkt von 1950 bis 1994 (siehe Abbildung 6) zeigte sich, daß die Klasse „Kursgewinne zwischen 0 und 10 %“ am stärksten und die Klassen „Kursgewinne zwischen 10 und 20 %“ sowie „Kursverluste zwischen – 10 und 0 %“ am zweithäufigsten besetzt waren. Es gab jedoch auch Kursgewinne bis zu 97 % und Kursverluste bis zu 36 %. Insgesamt standen 30 Jahre mit steigenden Kursen 15 Jahre mit fallenden Notierungen gegenüber.

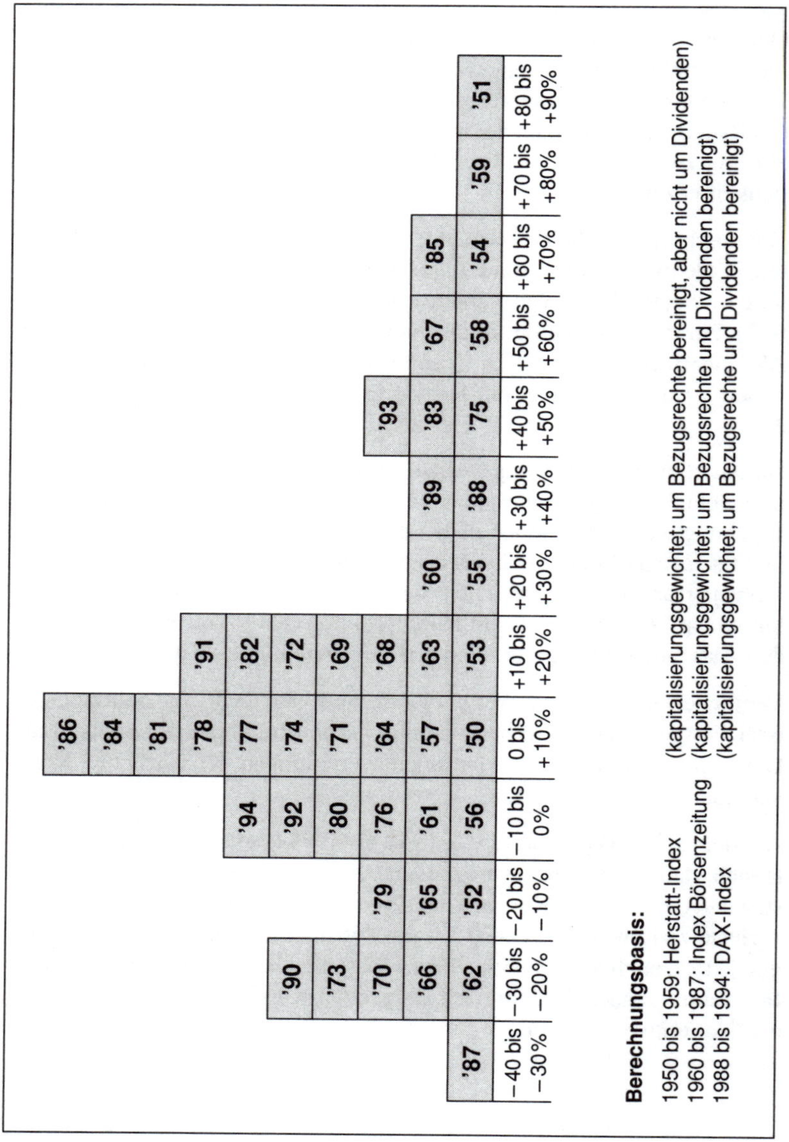

Abbildung 7: Häufigkeitsverteilung der Jahresperformance am deutschen Aktienmarkt von 1950 bis 1994

Eine Untersuchung des amerikanischen Aktienmarktes von 1870 bis 1992 zeigte folgende Ergebnisse:

- 35 von 123 Jahren endeten im Verlust; das Verlustrisiko betrug demnach 28 %, die Gewinnchance 72 %.
- Die durchschnittliche jährliche Wertsteigerung (inkl. Reinvestition) lag bei 20,2 %.
- Der durchschnittliche Gewinn in den Gewinnjahren betrug 19,7 %.
- Der durchschnittliche Verlust in den Verlustjahren betrug 12 %.
- Es gab neun Verlustjahre mit Verlusten von weniger als 5 % und sechs Verlustjahre mit Verlusten von mehr als 20 %.
- In 17 Fällen (d. h. in rund 50 % aller Verlustjahre) wäre der Verlust bereits in einem Jahr wieder durch neue Gewinne aufgeholt worden.
- Nach dem Crash von 1929 (der schlimmste Fall) mußte man sieben Jahre warten, bis die aufgelaufenen Verluste wieder durch Gewinne wettgemacht wurden.

In anderen Ländern mit einer langen Börsengeschichte sind die Risikostrukturen ähnlich. Das Aktienmarktrisiko ist weitgehend zeitabhängig: Je länger der Zeithorizont, um so geringer das Risiko.

4.4 Kleckern oder klotzen?

Nach herkömmlicher Überzeugung erreicht ein Spekulant den maximalen Gewinn, wenn er alles auf eine Karte setzt und die betreffende Aktie dann die erwartete Kurssteigerung bringt. Doch dann ist natürlich auch das Risiko überproportional hoch. Wenn die Sache schief geht, kann der Verlust leicht bedrohliche Ausmaße annehmen.

Die Alternative heißt Risikostreuung. Wer seine Mittel in mehrere Aktien gleichzeitig investiert, dessen Vermögen wird von der negativen Entwicklung eines der Engagements nicht zu stark beeinträchtigt. *Harry M. Markowitz* formulierte 1952 die theoretischen Grundlagen der **Risikostreuung** in der **Modernen Portfoliotheorie** (siehe Kapitel 5). Er erkannte, daß das Risiko-/Ertragsverhältnis einer Anlage in einer einzelnen Aktie mühelos dadurch verbessert werden kann, daß sie in einem gut diversifizierten Portfolio gehalten wird. Durch **Diversifizierungen** kommt es zu einer Risikostreuung der Anlagen mit dem Effekt, daß sich das Risiko des Gesamtdepots vermindert. Die Abbildung 8 stellt diesen Zusammenhang grafisch dar.

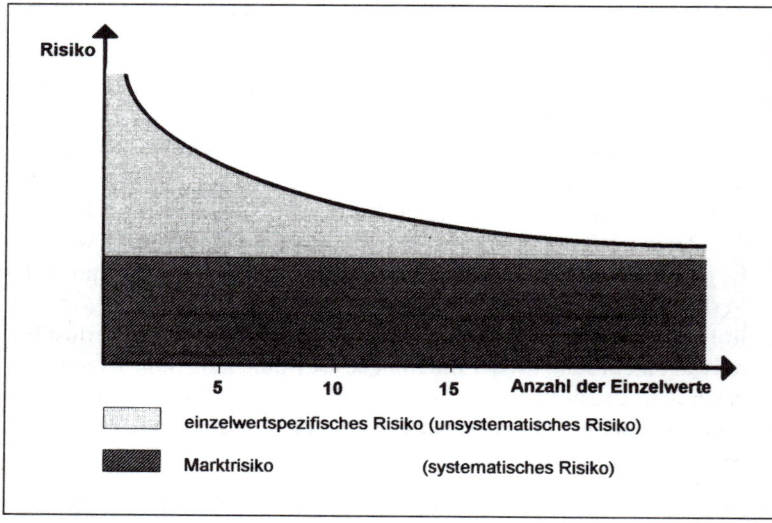

Abbildung 8: Risikominderung durch Diversifizierung

Es ist leicht zu erkennen, daß die Risikostreuung das auf Einzelereignissen beruhende aktienspezifische Risiko, das auch unsystematisches Risiko genannt wird, stark vermindert. Das Risiko des Marktportfolios (systematisches Risiko) drückt die allen Aktien gemeinsam anhaftende Unsicherheit aus; es bleibt trotz Diversifizierung unverändert bestehen.

Eine zu starke Streuung hat aber auch negative Folgen. Enthält ein Depot nämlich zu viele Werte gleichzeitig, so wird es unüberschaubar. Es wird schwieriger zu managen, und ein einzelner „Volltreffer“ leistet nur einen geringen Performancebeitrag. Die Kehrseite der Medaille ist noch unangenehmer: Wenn die einzelne Position zu klein ist, kümmert man sich nicht intensiv genug um diese Bestände und neigt dazu, Verluste laufen zu lassen. Deshalb ist es besser, die volle Aufmerksamkeit auf wenige Werte zu konzentrieren. Schauen Sie sich noch einmal die obige Abbildung an: Das Risiko nimmt ab einer Zahl von etwa 10 – 15 nur noch unwesentlich ab.

4.5 Aktien, Optionsscheine, Termingeschäfte

Der übliche Gegenstand von Börsenspekulationen ist die Aktie. Wenn man sich seiner Sache sehr sicher ist und einen deutlichen Kursaufschwung mit hoher Wahrscheinlichkeit erwartet, lockt die Versuchung, statt der Aktie einen **Optionsschein** zu kaufen, eine **Kaufoption** (Call) zu erwerben oder ein **Termingeschäft** abzuschließen. In dieser Linie: Aktie – Optionsschein – Option – Termingeschäft wächst die Gewinnchance, allerdings auch das Verlustrisiko.

Optionsscheine, Optionen und Terminkontrakte, die auch als **derivative Instrumente** bezeichnet werden, haben gegenüber der Aktie eine **Hebelwirkung.** Dieser Hebel (Leverage) kann definiert werden als die prozentuale Kursänderung des Derivats dividiert durch die sie auslösende prozentuale Kursänderung der Aktie. Der Hebel wirkt nach beiden Seiten: Steigt der Kurs der Aktie, so steigt der Kurs des Derivats prozentual stärker. Fällt dagegen der Aktienkurs, so fällt auch der Kurs des Derivats prozentual stärker. Ist in einem bestimmten Zeitraum eine Aktie um 10 Prozent und ein Optionsschein um 30 Prozent gestiegen, so hatte der Optionsschein einen dreifachen Hebel.

Der Vollständigkeit halber seien hier die Definitionen der angesprochenen derivativen Instrumente aufgeführt:

- Der Optionsschein verbrieft ein Recht, während einer bestimmten Optionsfrist in einem bestimmten Optionsverhältnis ein bestimmtes Optionsobjekt zu einem bestimmten Bezugspreis zu erwerben (Call-Optionsschein) oder zu verkaufen (Put-Optionsschein). Die meisten Optionsscheine weisen zum Zeitpunkt ihrer Emission eine Laufzeit von 1 bis 10 Jahren auf.
- Die an der deutschen Terminbörse gehandelten Kaufoptionen (Calls) und Verkaufsoptionen (Puts) entsprechen rechtlich den Optionsscheinen, nur haben sie im Vergleich zu diesen eine geringere Laufzeit (1 – 9 Monate) und werden über die Computerbörse gehandelt. Außerdem kann man Short-Positionen aufbauen und die Positionen jederzeit durch Gegengeschäfte glattstellen.
- Ein Termingeschäft im engeren Sinne ist ein Kaufvertrag mit der unbedingten Verpflichtung der Beteiligten,
  - eine bestimmte Menge eines Gutes (Kontraktvolumen)
  - zu einem im voraus festgelegten Preis

– zu kaufen bzw. zu verkaufen. Dabei liegt der Erfüllungszeitpunkt (Lieferung und Zahlung) in der Zukunft. Es besteht eine Verbindung zu einem Terminmarkt, der es erlaubt, das Geschäft jederzeit durch den Abschluß eines Gegengeschäfts glattzustellen.

Das Themengebiet Optionsscheine, Optionen und Termingeschäfte ist so umfangreich, daß hier auf die grundlegenden Dinge nicht näher eingegangen werden kann. Es gibt hierzu einige gute Bücher, auf die im Literaturverzeichnis hingewiesen wird.

Derivative Instrumente bilden einen ganz wesentlichen Bestandteil komplexer Strategien und Taktiken an der Börse. Hierauf wird später noch detailliert eingegangen.

Die Abbildung 9 stellt die Hebelwirkung des VW-Optionsscheins von 1986 (Laufzeit bis 2001) im Vergleich zur Volkswagen-Stammaktie (untere Kurve) grafisch dar. Sie erkennen, daß der Optionsschein sowohl bei Aufwärts- als auch Abwärtsbewegungen wesentlich stärker schwankt als die Aktie. Die Schwankungsfreudigkeit wird auch als Volatilität bezeichnet.

In der Aufwärtsbewegung stieg die Aktie von 240 DM auf in der Spitze 548 DM; das sind 128 %. Der Optionsschein hingegen gewann fast dreimal so viel, nämlich 345 %; sein Kurs stieg von 49 DM auf 218 DM. Im

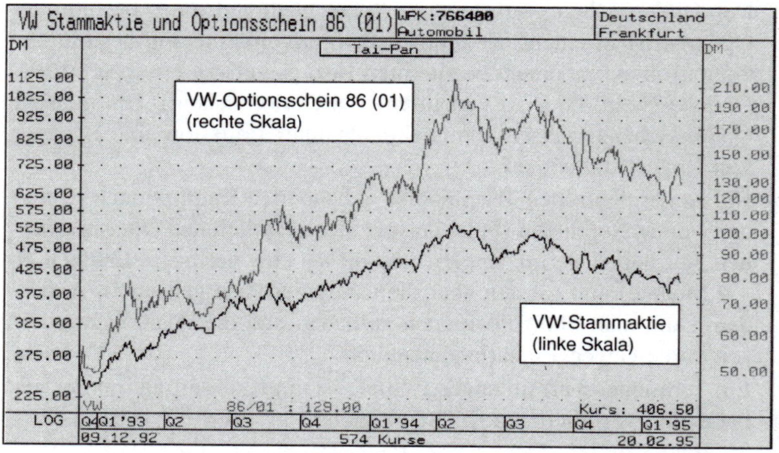

Abbildung 9: Hebelwirkung eines Optionsscheins

anschließenden Abwärtstrend war es umgekehrt: Die Aktie fiel von 548 DM auf 408 DM, verlor also 25 %; der Optionsschein büßte deutlich mehr an Terrain ein, nämlich 40 %. Die größere Schwankungsbreite des Optionsscheins wird durch die Volatilität gemessen: Die Volatilität für die in der Abbildung 9 abgebildeten 574 Börsentage betrug beim VW Optionsschein 48 %, bei der Aktie hingegen nur 23 %.

Es ist eine Sache der persönlichen Risikobereitschaft, ob und in welchem Ausmaß neben Aktien auch derivative Instrumente in einem Depot gehalten werden sollten.

Doch auch innerhalb des Aktienmarktes gibt es gravierende Unterschiede hinsichtlich der Schwankungsfreudigkeit. Nicht umsonst werden bestimmte Aktien als defensiv, andere als dynamisch und wieder andere als hochspekulativ bezeichnet. Sie beinhalten ein niedriges, mittleres bzw. hohes Risiko. Die Tabelle 6 gibt näheren Aufschluß.

Tabelle 6: Kennzeichen defensiver, dynamischer und spekulativer Aktien.

Kategorie	**defensiv**	**dynamisch**	**hochspekulativ**
Risiko	niedrig	mittel	hoch
fundamentale Kennzeichen	höchste Ertragsstabilität; hohe Dividendenrendite,hohe Kapitalisierung; niedriger Verschuldungsgrad	hohes geschätztes Ertragswachstum; niedrige Kapitalisierung; hohe Gewinnrendite	Turn-around-Situation; hohe Abhängigkeit vom einzelnen Produkt; hoher Verschuldungsgrad
quantitative Kennzeichen	Betafaktor < 1	Betafaktor > 1	Betafaktor >> 1
typische Branchen	Energieversorger; Nahrungsmittelproduzenten	konjunktursensitive Branchen	Explorationsgesellschaften; Biotech-Aktien

4.6 Das unkalkulierbare Risiko

Als im August 1989 plötzlich der sowjetische Präsident Gorbatschow gestürzt wurde, fielen die Kurse in Deutschland wie ein Stein in den Keller. Der Blitz kam wie aus heiterem Himmel. Niemand hatte dieses Ereignis vorausgesehen. Zu jener Zeit befand ich mich gerade auf einer Kanu-Tour durch einen amerikanischen Nationalpark und war quasi von der Außenwelt abgeschnitten. Glücklicherweise – denn vermutlich hätte ich auch verkauft, weil ich einen lang anhaltenden, blutigen Bürgerkrieg befürchtet hätte, der politisch und wirtschaftlich vieles zerstören konnte. Doch dann trat ein, womit kaum jemand gerechnet hatte. Innerhalb von nur einer Woche saß Gorbatschow wieder fest im Sattel, und die Aktienkurse erreichten sehr schnell wieder ihr früheres Niveau.

Auch plötzlich auftretende Naturkatastrophen können börsenrelevant sein. Stellen Sie sich einmal vor, daß es in Tokio zu einem Jahrhunderterdbeben kommt und die japanische Hauptstadt in Schutt und Asche versinkt. In diesem Falle würden nicht nur einige japanische Gesellschaften in Konkurs gehen – viele japanische Großanleger würden ihre Gelder aus dem Ausland (z. B. amerikanischen Regierungsanleihen) abziehen, weil das Kapital dringend für den Wiederaufbau Tokios benötigt würde. Der plötzliche Kapitalstrom in Richtung Japan wäre durchaus in der Lage, die Börsenentwicklungen in Amerika und Europa spürbar zu beeinflussen. Das Erdbeben in Kobe Anfang 1995 war vielleicht ein kleiner Vorgeschmack.

Auch bahnbrechende Erfindungen könnten an der Börse wie eine Bombe einschlagen. Als vor einigen Jahren zwei amerikanische Wissenschaftler die Kernfusion bei Zimmertemperatur im Reagenzglas dargestellt haben wollten, hätte dies die Welt verändern können. Energie wäre plötzlich unbegrenzt und sehr billig verfügbar gewesen. Dies hätte die Ertragsrechnungen zahlreicher Konzerne radikal verändert. Doch leider hatten die Wissenschaftler ihre Ergebnisse vorschnell veröffentlicht und mußten wenige Wochen später zugeben, daß sie einem Irrtum aufgesessen waren.

Sollte es in irgendeinem Kernkraftwerk zu einem Super-GAU kommen oder irgendwo in den ehemaligen Sowjetrepubliken eine Atombombe gezündet werden, so weiß jeder Börsianer, daß viele Marktteilnehmer aus Angst Aktien verkaufen würden. Ein solches Ereignis würde sämtliche anderen Einflußfaktoren – zumindest für eine gewisse Zeit – überlagern; es würde mit Sicherheit zu einem deutlichen Kurseinbruch kommen. Der Eintritt einer solchen Katastrophe ist gar nicht so unwahrscheinlich, wenn man sich den mangelhaften Sicherheitsstandard von sowjetischen Kernkraftwerken des Tschernobyl-Typs vor Augen hält oder die Tatsache bedenkt, daß nukleare Sprengköpfe nach dem Zusammenbruch der Sowjetunion für jeden, der über genug Geld und die richtigen Verbindungen verfügt, auf dem Schwarzmarkt erhältlich sind. Imponderabilien wie diese Beispiele lassen sich durch kein Prognoseverfahren vorhersagen. Sie sind schlichtweg unkalkulierbar.

Lassen Sie mich am Schluß dieses Kapitels das Wichtigste noch einmal ganz klar betonen: Ertrag und Risiko hängen ganz eng miteinander zusammen; je höher der Ertrag ist, den ein Spekulationsobjekt abzuwerfen verspricht, umso höher ist auch das Risiko, das Sie bereit sein müssen, einzugehen.

5. Portfoliomanagement

Im vorangegangenen Kapitel haben wir den grundlegenden Zusammenhang zwischen Ertrag und Risiko untersucht und sind zu dem Ergebnis gekommen, daß eine größere Zahl von Einzelwerten das Gesamtrisiko eines Portfolios vermindert. In diesem Abschnitt soll es darum gehen, nach welchen Methoden die Einzeltitel ausgewählt werden.

5.1 Anlageziel

Zunächst muß das Anlageziel klar definiert werden:

- Sollen die Gelder kurz-, mittel- oder langfristig investiert werden?
- Steht die Ausschüttung von Erträgen oder die langfristige Kapitalvermehrung im Vordergrund?
- Wie hoch ist die Risikobereitschaft, und was bedeutet dies für die relative Gewichtung von Renten, Aktien, Liquidität und derivativen Instrumenten innerhalb des Portfolios?
- Sollen die Mittel nur im Inland angelegt werden, oder wird eine internationale Streuung angestrebt?
- Welche Rolle spielen steuerliche Überlegungen?

Stehen diese Rahmenbedingungen fest, so kann an die eigentliche Zusammenstellung des Portfolios gegangen werden. Die beiden grundlegend verschiedenen Methoden, nach denen dies geschehen kann, heißen „Stock Picking“ und „Asset Allocation“.

5.2 Stock Picking – die Rosinen heraussuchen

Beim Stock Picking werden aus dem großen Topf der börsennotierten Wertpapiere diejenigen Aktien herausgepickt, von denen der Fondsmanager glaubt, daß sie ein besonders günstiges Chance-Risiko-Verhältnis aufweisen. Die Auswahl kann nach fundamentalen oder technischen Kriterien erfolgen, oder die Kauf- und Verkaufsentscheidungen werden nach Gefühl getroffen. Fondsmanager, die so vorgehen, sind davon überzeugt, über bessere Unternehmensstudien als die anderen Marktteilnehmer zu verfügen, Einzelcharts besonders treffsicher zu analysieren oder schlicht einen „guten Riecher“ zu haben.

Die negativen Folgen dürfen aber nicht übersehen werden: Die Auswahl der Wertpapiere erfolgt unsystematisch und hat „Zufallsportfolios" zur Folge, die hinsichtlich ihres Risikos keineswegs optimiert sind.

Da von Einzeltiteln ausgegangen wird, bezeichnet man das Stock Picking auch als **Bottom-up-Ansatz.**

5.3 Asset Allocation – das Ganze sehen

Die Asset Allocation zäumt das Pferd von der anderen Seite auf. In diesem globalen Ansatz wird nach der **Top-down-Strategie** verfahren. Unter Asset Allocation versteht man die Aufteilung des Vermögens auf Asset-Klassen (Aktien, Renten, Bargeld), Länder, Währungen und Branchen unter Zugrundelegung quantitativer Daten. Sie wurde auf der Basis der Portfoliotheorie und der Kapitalmarkttheorie entwickelt.

5.3.1 Portfoliotheorie

Die Portfoliotheorie wurde 1952 von *H. M. Markowitz* begründet. Sein Portfolio-Selection-Modell sieht die Größen „Risiko" und „erwartete Rendite" als maßgeblich für die Portfoliokonstruktion an. Durch die Verknüpfung von Wertpapieren zu einem Portfolio erreicht man eine Reduzierung des Risikos, ohne daß gleichzeitig auch die erwartete Rendite sinken muß (siehe Kapitel 4). Dabei besitzt die Höhe der Korrelation der einzelnen Wertpapiere im Portfolio eine zentrale Bedeutung für das Risiko. Ein Portfolio ist dann „effizient", wenn es bei gleicher Rendite kein anderes Portfolio mit einem geringeren Risiko gibt oder wenn es bei gleichem Risiko kein anderes Portfolio mit einer höheren Rendite gibt.

Von allen in Abbildung 10 dargestellten möglichen Portfolios haben nur diejenigen ein optimales Chance-Risiko-Verhältnis, die auf der dick eingezeichneten *Effizienzlinie* liegen. Ziel von Investoren und Spekulanten sollte es demnach sein, effiziente Portfolios zusammenzustellen. Doch wie stellt man fest, ob ein Portfolio effizient ist?

Hier tauchen Probleme sowohl grundsätzlicher wie auch pragmatischer Art auf, die die Umsetzung der Erkenntnisse des Portfolio-Selection-Modells in die Anlagepraxis nicht ohne weiteres gelingen lassen.

Zunächst ist die große Menge von empirisch ermittelten Daten (**Varianzen** und **Kovarianzen** als statistische Risikomaße) und geschätzten Da-

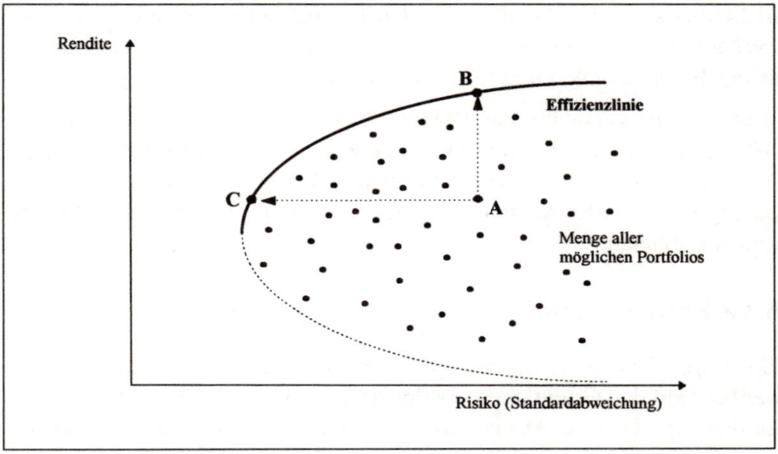

Abbildung 10: Effizienzlinie

ten (erwartete Renditen) ein praktisches Hindernis. Bereits bei einem aus nur 10 Titeln bestehenden Portfolio müssen 65 Parameter geschätzt werden. Die Einschätzung zukünftiger Renditen ist ohnehin schon unsicher, und die Risikodaten können nur aufgrund historischer Daten ermittelt werden. Doch niemand kann garantieren, daß die vergangenen Werte auch auf die Zukunft übertragbar sind.

Der japanische Aktienmarkt ist ein gutes Beispiel dafür, wie sehr die tatsächliche Marktentwicklung von historischen Risikoparametern abweichen kann. Bis 1990 tendierte der Aktienmarkt unter geringen Schwankungen 20 Jahre lang stetig aufwärts. Dies führte dazu, daß die statistische Varianz bzw. die Standardabweichung (Quadratwurzel aus der Varianz) sehr niedrige Werte aufwiesen und ein gegenüber anderen Aktienmärkten weit unterdurchschnittliches Kursrisiko suggerierten. Doch plötzlich änderte sich das Muster, das so lange Zeit gültig war: Innerhalb von nur drei Jahren halbierte sich das Kursniveau in Tokio, und dies unter großen Schwankungen. Ein 1990 zusammengestelltes effizientes internationales Portfolio hat sich in der Folgezeit damit als besonders uneffizient herausgestellt.

Auch die weiteren Prämissen, die von *Markowitz* gesetzt wurden (fehlende Transaktionskosten und Steuern; beliebige Teilbarkeit der Wertpapiere; Begrenzung des Betrachtungszeitraums auf eine Periode), sind nicht praxisgerecht. Vor allem werden Timingüberlegungen bei Kauf und Verkauf vollkommen außer acht gelassen. Damit werden die Erkenntnisse der fundamentalen und technischen Analyse vernachlässigt.

W. F. Sharpe versuchte das Datenproblem des Portfolio-Selection-Modells durch Einführung von Aktienindizes zu bewältigen. Er postulierte in seinem *Indexmodell,* daß die Wertentwicklung von Aktien nicht unabhängig voneinander ist, sondern von der Wertentwicklung eines Aktienindexes abhängt.

5.3.2 Kapitalmarkttheorie

Das *Capital Asset Pricing Modell (CAPM)* von *Sharpe, Mossin* und *Lintner* baut auf den Grundlagen der Portfoliotheorie auf. Das CAPM kommt zu dem Ergebnis, daß zwischen der Rendite eines Wertpapiers und seinem Risiko ein linearer Zusammenhang besteht. Deshalb werden die Renditen im Rendite-Risiko-Diagramm als Gerade dargestellt, und zwar die Rendite eines einzelnen Wertpapiers als *„Wertpapierlinie"* und die Rendite des Gesamt-Portfolios als *„Kapitalmarktlinie"*. Die Kapitalmarktlinie wird mit folgender Gleichung errechnet:

$$ER_{AP} = ER_{oR} + \frac{ER_{MP} - ER_{oR}}{\sigma_{MP}} \times \sigma_{AP}$$

wobei gilt:

ER = erwartete Rendite
ER_{oR} = Rendite der Anlagemöglichkeit ohne Risiko
σ = Standardabweichung
MP = Marktportfolio
AP = Anlegerportfolio

Das Marktportfolio besteht aus einer Mischung aller risikobehafteten Wertpapiere und befindet sich dort, wo die Kapitalmarktlinie sich am Tangentialpunkt mit der Effizienzkurve riskanter Portfolios schneidet.

Das Konstrukt des Marktportfolios hat zur Voraussetzung, daß alle Anleger hinsichtlich der Rendite und des Risikos aller Wertpapiere homogene Erwartungen haben.

Der Punkt, an dem die Kapitalmarktlinie die y-Achse schneidet, stellt den risikolosen Zinssatz dar, zu dem jederzeit beliebig viel Geld aufgenommen und angelegt werden kann.

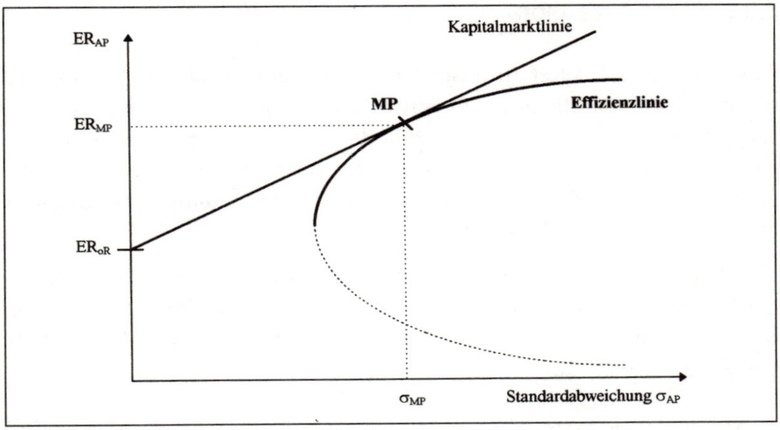

wobei gilt:

ER = erwartete Rendite
ER_{oR} = Rendite der Anlagemöglichkeit ohne Risiko
σ = Standardabweichung
MP = Marktportfolio
AP = Anlegerportfolio

Abbildung 11: Wertpapierlinie und Kapitalmarktlinie

Diese beiden Annahmen (Marktportfolio und risikoloser Zinssatz) führen dazu, daß alle Anleger statt eines individuellen Portfolios die gleiche Portfoliozusammensetzung haben. Nur die prozentuale Aufteilung der Mittel in die risikofreie Anlage mit der Rendite ER_{oR} (Geldmarkt, Festgeld) und das risikobehaftete Marktportfolio ist von der Risikoeinstellung des jeweiligen Anlegers abhängig *(Separationstheorem* nach *Tobin)*. Das Portfolio eines risikoscheuen Anlegers wird auf der Kapitalmarktlinie links des Marktportfolios liegen, wogegen das Portfolio eines risikofreudigen Anlegers auf der Kapitalmarktlinie rechts des Marktportfolios liegt.

Die Modellthesen des CAPM konnten bisher nicht eindeutig bestätigt werden. Die Kritiker führen vor allem die teilweise realitätsfernen Prämissen des Modells an. Dennoch wird das CAPM im Portfolio-Management besonders bei der Performancemessung häufig angewendet.

Zusammenfassend läßt sich sagen, daß Portfoliotheorie und Kapitalmarkttheorie besonders für institutionelle Anleger wertvolle Erkenntnisse geliefert haben. Der praktische Nutzen für den Kapitalanleger ist hingegen eher gering.

5.3.3 Asset Allocation

Der Vorgang der Asset Allocation ist nichts anderes als die Umsetzung der in der Portfoliotheorie gewonnen Erkenntnisse in die Anlagepraxis. Im Mittelpunkt der Betrachtung steht die strukturierte Kombination (Allocation) von Kapitalanlagefazilitäten (Assets). Die Erzielung einer angemessenen Portfolioperformance soll durch die Bildung risikoeffizienter Portfolios verwirklicht werden.

Die Asset Allocation entwickelt eine optimierte Struktur eines kompletten Portfolios, indem sie dieses nach der Top-down-Strategie in Asset-Klassen, Länder, Währungen, Branchen und am Ende Einzeltitel zerlegt (siehe Abbildung 12).

- **Strategische Asset Allocation:**

  Es werden Anlageentscheidungen getroffen, die ganze Asset-Klassen repräsentieren. Hierbei geht es um die längerfristige Aufteilung der Mittel in Aktien, Anleihen, Immobilien, Gold, Kunstwerke sowie Liquidität. Auch die Länder- und Währungsallokation gehören zum Oberbegriff der strategischen Asset Allocation.

- **Taktische Asset Allocation:**

  Entsprechend dem Top-down-Ansatz erfolgt die taktische Asset Allocation erst, wenn die Aufteilung auf Asset-Klassen, Länder und Währungen bereits erfolgt ist. Der Aktiensektor wird nach Branchen aufgeteilt, festverzinsliche Wertpapiere nach Schuldnerklassen oder Laufzeiten.

- **Einzeltitelauswahl:**

  Erst am Ende des Gestaltungsprozesses erfolgt das Fein-Tuning, d. h. die Einzeltitelauswahl. Jetzt wird festgelegt, welche konkreten Aktien, Anleihen usw. in welcher Menge und wann gekauft werden. Erst in diesem Stadium beginnen die Methoden der Technischen Analyse, Einfluß auf die Anlageentscheidungen zu nehmen.

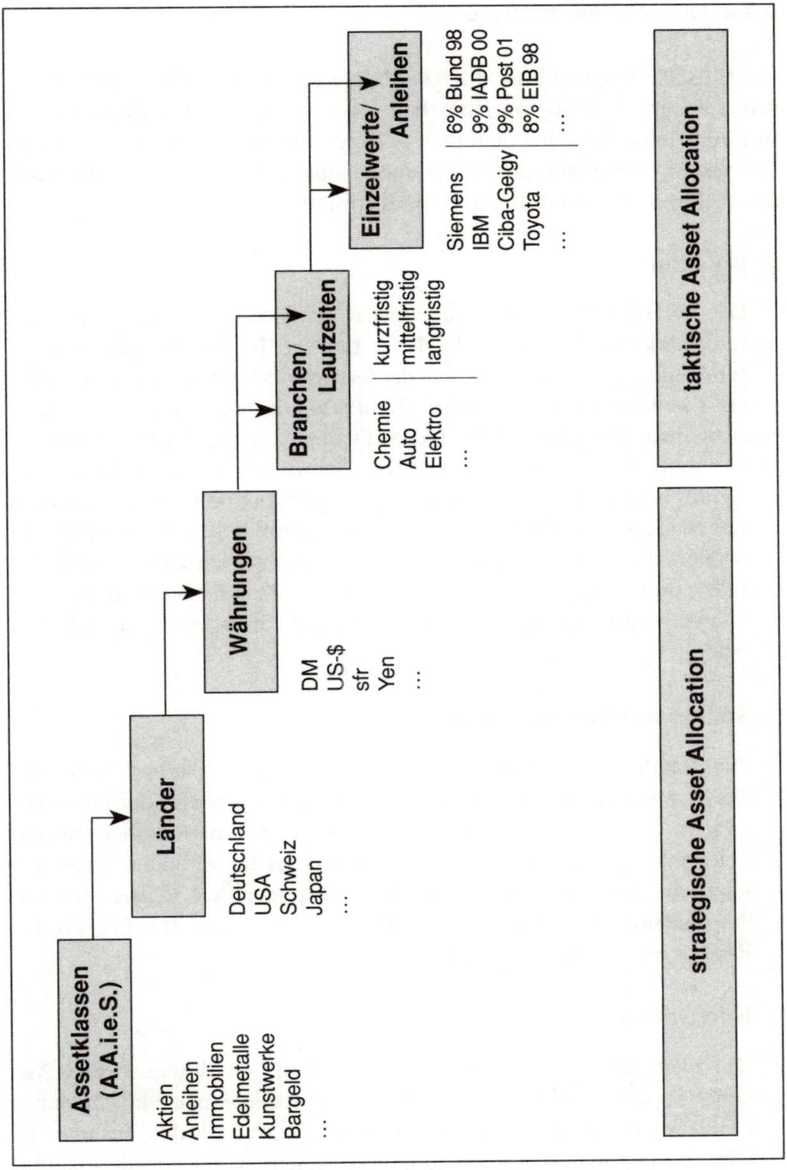

Abbildung 12: Der Top-down-Prozeß der Asset Allocation

5.3.4 Quantitative Analyse

Die Entscheidungen hinsichtlich der Dotierung der einzelnen Asset-Klassen, Länder, Währungen, Branchen usw. werden nicht willkürlich getroffen. Vielmehr bilden quantitative Daten die Entscheidungsgrundlage. Die wichtigsten quantitativen Parameter sind der β-Faktor, die Standardabweichung, die Volatilität und die Korrelation.

- **β-Faktor:**

  Der Betafaktor einer Aktie sagt aus, ob sie sich im Vergleich zum Gesamtmarkt stärker oder schwächer bewegt. Ist der Betafaktor 1, so schwankt sie genauso stark wie der Gesamtmarkt. Betafaktoren größer als 1 bedeuten, daß die Aktie volatiler als der Gesamtmarkt ist, d. h. sie schwankt stärker als der Index. Dementsprechend weisen in Relation zum Gesamtmarkt träge Aktien Betafaktoren auf, die kleiner als 1 sind. Eine praktische Anwendung der Betafaktoren besteht darin, in Zeiten steigender Aktienkurse Einzelwerte mit hohen Betafaktoren zu wählen, die sich besser als der Gesamtmarkt entwickeln und somit den Index outperformen können. In unsicheren Zeiten hingegen wird der Schwerpunkt eher auf Aktien mit geringerer Schwankungsfreudigkeit gelegt.

- **Standardabweichung** (s. Kap. 4):

  Die Standardabweichung gibt an, wie stark der Kurs einer Aktie von einem – in der Regel langfristigen – Trend nach oben oder unten abweicht. Je größer die Standardabweichung, umso höher ist die Schwankungsbreite und damit das Risiko der betreffenden Aktie. Da letztlich alle Asset-Allocation-Entscheidungen auf Chance-Risiko-Abschätzungen basieren, kommt der möglichst genauen Erfassung des Risikos eine entscheidende Bedeutung zu.

- **Korrelation:**

  Die Korrelation drückt aus, inwieweit die Entwicklung zweier Aggregate (z. B. Zinsen, Währungen oder Aktienkurse verschiedener Länder) miteinander zusammenhängen. Als Maß für den Zusammenhang benutzt man den Korrelationskoeffizienten, der normiert ist und Werte zwischen -1 und +1 annehmen kann. Werte zwischen 0 und +1 stehen für einen Gleichlauf der Veränderungen (+1: vollkommener Gleichlauf). Werte zwischen 0 und -1 stehen für einen entgegengesetzten Verlauf der Veränderungen (-1: vollkommen entgegengesetzter Verlauf). Bei dem Wert 0 ist kein Zusammenhang feststellbar.

5.3.5 Was Diversifikation bewirkt

Je höher z. B. die Aktienmärkte zweier Länder miteinander korreliert sind, um so weniger kann man durch Diversifikation das Portfoliorisiko reduzieren. Da die europäischen Aktienmärkte in ihrer Entwicklung relativ gleich verlaufen, kann durch Diversifikation eines deutschen Portfolios mit (west-)europäischen Werten das Risiko nicht allzu stark reduziert werden. Wesentlich anders sieht dies aus, wenn die Diversifikation mit Aktienmärkten betrieben wird, die geringer, gar nicht oder im Einzelfall sogar negativ mit dem deutschen Aktienmarkt korrelieren.

In dieser Hinsicht stechen die Aktienmärkte der Schwellenländer besonders deutlich hervor. Traditionell korrelieren die Emerging Markets sowohl untereinander als auch in Relation zu den Aktienmärkten der Industrienationen nur sehr schwach oder sogar gar nicht. Dies ist einer der Hauptgründe dafür, daß die Bedeutung der Nebenbörsen im internationalen Portfolio-Management stark angestiegen ist und noch weiter zunehmen wird.

Die folgende Abbildung 13 zeigt die Veränderung eines Europa-Portfolios hinsichtlich Risiko und Ertrag durch Diversifikation mit Japan, Nordamerika und Südostasien (Quelle: Indosuez Gartmore):

Die abgebildeten Effizienzlinien sagen hinsichtlich der Diversifikation eines Europa-Portfolios folgendes aus:

- Diversifikation mit Japan: Risiko wächst wesentlich stärker als Rendite;
- Diversifikation mit Nordamerika: Risiko und Rendite fallen;
- Diversifikation mit Südostasien: Die Rendite steigt und das Risiko fällt bis zu einem Anteil von 30 % Südostasien.

Um die Bedeutung der Asset Allocation hinsichtlich der Ertragsveränderung eines Portfolios zu quantifizieren, wurden zahlreiche empirische Untersuchungen in den USA angestellt. Zwischen 1974 und 1987 konnten 95 % der Renditeveränderungen eines Portfolios den Entscheidungen

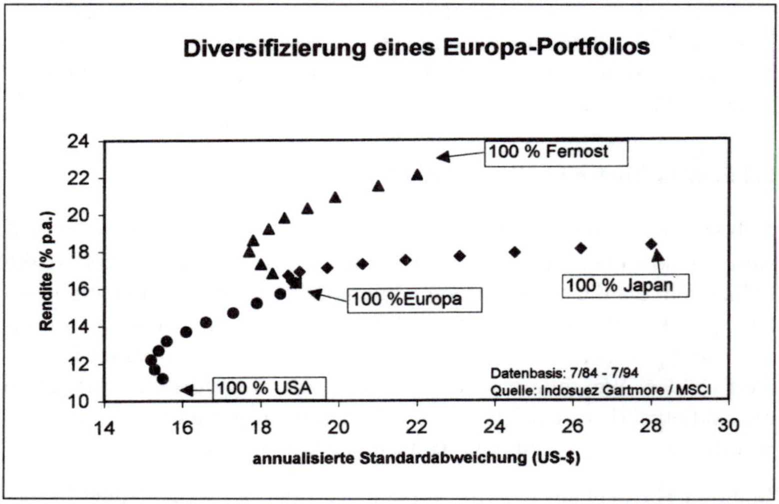

Abbildung 13: Auswirkungen von geografischer Diversifizierung auf Rendite und Risiko eines Portfolios

des Asset-Allocation-Prozesses zugeordnet werden. Hierbei fällt der Identifizierung der richtigen Assetklassen die Schlüsselrolle zu. Der nächstwichtige Punkt zur Ergebnissteuerung eines Portfolios ist die Länderauswahl (40 bis 50 %). Die letzte Stufe der Aufteilung, die Selektion einzelner Titel, trägt in einem breit gestreuten Portfolio nur noch mit 5 bis 8 % zur Ergebniserzielung bei.

5.4 Welche Analysemethoden werden angewandt?

Zahlreiche Banken und Kapitalanlagegesellschaften orientieren sich in ihrem internen Entscheidungsprozeß an der Asset-Allocation. Die Abbildung 14 stellt eine mögliche Variante dieses Prozesses schematisch dar.

Die Adjustierung der Asset Allocation wird regelmäßig in Strategiesitzungen vorgenommen. In diesen monatlich oder vierteljährlich stattfindenden Besprechungen kommen fundamentale, technische und quantitative Analysten, Portfoliomanager, Kundenbetreuer und Volkswirte zusammen, um die mittelfristige Anlagestrategie festzulegen. Die Aus-

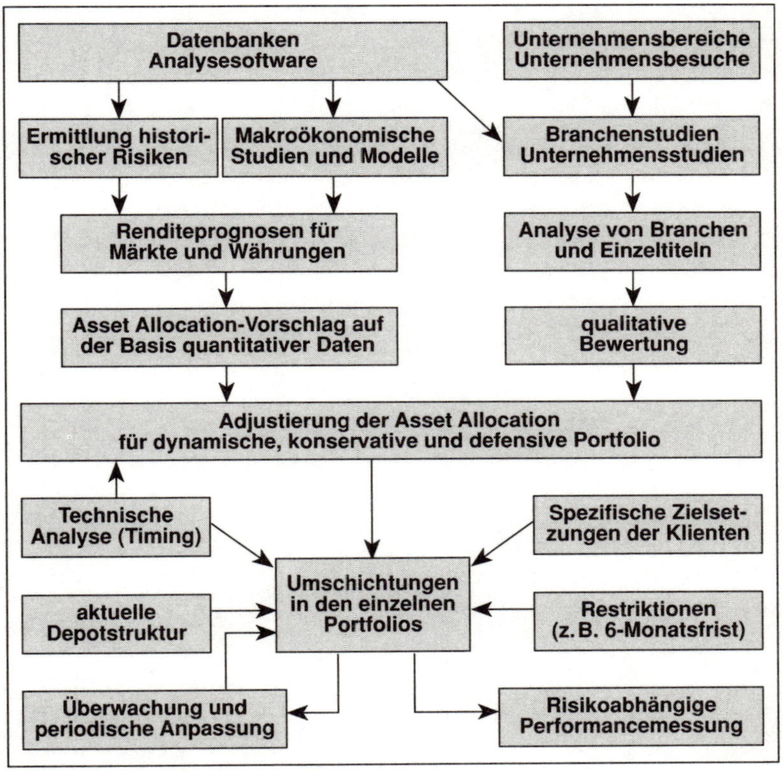

Abbildung 14: Der interne Investmentprozeß

gangsbasis hierfür bildet die Einschätzung und Prognose der wirtschaftlichen und politischen Rahmenbedingungen.

In der Praxis sieht dies so aus, daß eine Fachabteilung nach der anderen dem Plenum ihre neuen Erkenntnisse vorträgt und zur Diskussion stellt. Danach wird über eventuelle Verschiebungen in der Asset Allocation abgestimmt, gegebenenfalls Branchengewichtungen und Laufzeitenstrukturen geändert und schließlich über Kauf- und Verkaufsempfehlungen von Einzelwerten gesprochen.

6. Fundamentalanalyse

Unter den verschiedenen Methoden der Aktienanalyse ist die **Fundamentalanalyse** weitaus am verbreitetsten. Es gibt kaum einen institutionellen Anleger, Bankanalysten oder professionellen Investor, der die Fundamentalanalyse außer acht läßt. Umgekehrt gibt es immer noch sehr viele Anleger, die von den Methoden der Technischen Analyse nichts halten und sie nicht anwenden. Wie wir noch sehen werden, ist diese Einstellung für die Entwicklung eines professionellen Spekulationsplanes gänzlich ungeeignet.

Die Fundamentalanalyse geht davon aus, daß der Kurs einer Aktie langfristig um seinen inneren Wert schwankt. Stärkere Abweichungen des Aktienkurses von seinem inneren Wert nach oben oder unten sind grundsätzlich vorübergehender Natur; irgendwann wird sich der Aktienkurs immer wieder dem inneren Wert annähern. Damit liegt das eigentliche Ziel der Fundamentalanalyse klar auf der Hand: Es geht darum, den inneren Wert einer Aktie zu bestimmen.

Was versteht man darunter? Der **innere Wert** einer Aktie ist derjenige Wert, der ihr nach objektiven Kriterien zukommt. Um den inneren Wert möglichst genau zu bestimmen, werden alle relevanten fundamentalen Daten in die Analyse mit einbezogen. Der Rahmen wird damit sehr weit gesteckt: Die volkswirtschaftlichen Rahmendaten eines Wirtschaftsraums stellen sozusagen die Makroebene dar. Dieser Teil der Fundamentalanalyse, der sich mit Konjunktur, Zinsentwicklung, Währungsentwicklung, Geldmengenpolitik usw. beschäftigt, wird daher auch als **Globalanalyse** bezeichnet.

Ihr Gegenstück stellt die **Unternehmensanalyse** als Mikroebene dar. Hier steht die aktuelle Situation und die zukünftige Entwicklung eines einzelnen Unternehmens im Vordergrund.

Beide Ebenen werden intensiv analysiert. Während die Makroökonomie eher das Revier der Volkswirte ist, stehen bei der Mikroökonomie betriebswirtschaftliche Überlegungen im Vordergrund.

Die **Branchenanalyse** als weiteres Gebiet der Fundamentalanalyse steht zwischen der Makro- und der Mikroebene; sie stellt das Bindeglied zwischen Globalanalyse und Unternehmensanalyse dar.

Obwohl sich als Methodik der Fundamentalanalyse die Top-down-Technik gegenüber der Bottom-up-Technik weitgehend durchgesetzt hat, wollen wir in diesem Kapitel die umgekehrte Reihenfolge wählen und mit der Unternehmensanalyse beginnen.

6.1 Unternehmensanalyse: Auf der Suche nach verborgenen Schätzen

Wie bereits gesagt, schwankt der Kurs einer Aktie langfristig um seinen inneren Wert. Dem Ziel der Fundamentalanalyse, den inneren Wert zu bestimmen, steht das Ziel des Spekulanten gegenüber, unterbewertete Aktien zu kaufen und überbewertete Aktien zu verkaufen.

Das klingt einleuchtend. Die fachlich fundierte Unternehmensanalyse ist jedoch ein sehr schwieriges Unterfangen, das nur von Fachleuten angegangen werden sollte. Selbst für den sehr engagierten Privatanleger ist es – allein schon aus Zeitgründen – unmöglich, eine eigene Fundamentalanalyse aus mikroökonomischer Sicht zu betreiben. Fundamentalanalysen in Form von Unternehmensstudien, Branchenübersichten und volkswirtschaftlichen Betrachtungen sind vom Privatanleger allerdings sehr wohl bei den Banken erhältlich. Auch in der Tagespresse und in Wirtschaftsmagazinen werden von Fachjournalisten eigene Analysen erstellt oder über externe Unternehmensstudien berichtet.

Die gegenwärtige und zukünftige fundamentale Einschätzung eines Unternehmens oder eines Marktes spielt auch bei der Meinungsbildung der Marktteilnehmer eine sehr gewichtige Rolle. Damit ist es aus zwei Gründen mehr als empfehlenswert für den Privatanleger, sich intensiv mit der Fundamentalanalyse auseinanderzusetzen: Einerseits zu wissen, wie die anderen Marktteilnehmer auf fundamentale Erkenntnisse wahrscheinlich reagieren werden und andererseits die Gewißheit zu haben, Unternehmensstudien und Globalanalysen von Banken und Brokern richtig einschätzen und interpretieren zu können.

Wir wollen uns nun betrachten, wie ein gewiefter Finanzanalyst ein Unternehmen untersucht und schließlich zu einem Anlageurteil (z. B. kaufen, halten, meiden, verkaufen) kommt.

Der erste Schritt ist die Erstellung einer sorgfältigen Diagnose des Unternehmens. Was waren die Erfolge und Mißerfolge in der Vergangenheit und in der Gegenwart? Welches sind die Ursachen dafür? Wenn man sich intensiv mit diesen Fragen auseinandersetzt, kristallisieren sich oft bereits die Grundzüge der zukünftigen Entwicklung heraus.

Die Unternehmensanalyse im engeren Sinne läßt den Aktienkurs gänzlich außer acht. Damit kann auf die Frage, ob eine Aktie über- oder unterbewertet ist, erst im nächsten Schritt, der Bewertungsanalyse, geantwortet werden.

Eine gründliche Analyse des Unternehmens gliedert sich in drei Ebenen:

- Bilanz, Gewinn- und Verlustrechnung sowie Errechnung von spezifischen Kennzahlen.
- Produktpalette, Organisation, Management, Stellung im Wettbewerb.
- Stärken und Schwächen in Vergangenheit und Gegenwart.

Zentrale Grundlage jeder Unternehmensanalyse sind die Bilanz und die Gewinn- und Verlustrechnung.

6.1.1 Die Bilanz

Das Handelsgesetzbuch (HGB) verpflichtet jeden Kaufmann, Bücher zu führen und darin seine Handelsgeschäfte und die Lage seines Vermögens nach den Grundsätzen ordnungsgemäßer Buchführung ersichtlich zu machen. Der Kaufmann ist ebenfalls verpflichtet, am Ende eines jeden Geschäftsjahres einen *Jahresabschluß* zu erstellen, der Aufschluß über den aktuellen Stand des Unternehmens gibt. Dieser Jahresabschluß ist stichtagsbezogen (in der Regel der 31. Dezember) und wird bei Kapitalgesellschaften in Form einer Bilanz und einer *Gewinn- und Verlustrechnung* veröffentlicht. Die Regeln, nach denen die Erstellung der Bilanz und der „G und V" zu erfolgen hat, sind im Bilanzrichtliniengesetz (das zum 01.01.86 geändert worden ist) niedergelegt. Der Jahresabschluß soll den Gesellschaftern und Dritten einen möglichst sicheren Einblick in die Geschäftslage des Unternehmens gewähren. Die Bilanz und die Gewinn- und Verlustrechnung sollen im Rahmen der Grundsätze ordnungsgemäßiger Buchführung ein den tatsächlichen Verhältnissen entsprechendes Bild widerspiegeln.

Durch die Vorgabe einheitlicher EG-Richtlinien können die Bilanzen verschiedener Unternehmen in unterschiedlichen Ländern miteinander verglichen werden. Die Bilanz darf über die gesetzlichen Mindestanforderungen hinausgehen. Je mehr dies der Fall ist, um so transparenter wird die Geschäftslage für Kreditgeber und Kapitalanleger. Während die Banken eine Bilanz hauptsächlich im Hinblick auf die Kreditwürdigkeit untersuchen, analysiert sie der Kapitalanleger auf eine eventuelle Über- oder Unterbewertung der Aktie im Branchen-, nationalen oder internationalen Vergleich. Die Vorgehensweise ist jedoch gleich: Vermögensstruktur, Kapitalstruktur, Liquiditäts- und Erfolgslage des Unternehmens werden aus der Bilanz und der Gewinn-und Verlustrechnung ermittelt und mit Hilfe von Kennziffern bewertet.

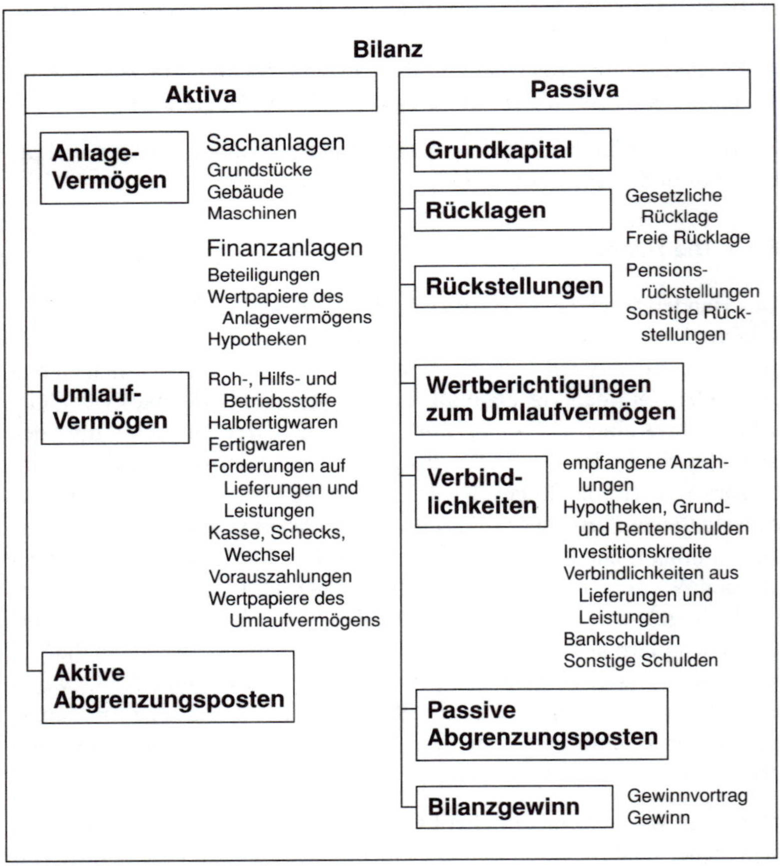

Abbildung 15: Aufbau einer Bilanz

Die Aktivseite der Bilanz (siehe Abbildung 15) betrifft die „Vermögensseite“ des Unternehmens und gibt Aufschluß darüber, wie das Kapital verwendet und in welcher Form investiert wird. Der Passivseite kann man entnehmen, auf welche Weise das Kapital beschafft worden ist und wie die Investitionen und die Vermögensgegenstände finanziert werden. Jede Bilanz muß ausgeglichen sein, d. h. die Summen der Aktiva und Passiva müssen identisch sein. Der Jahresabschluß ergibt jedoch normalerweise ungleiche Summen, deren Differenz gleichbedeutend mit dem Erfolg des Unternehmens ist. Ist die Summe der Aktiva größer als die der Passiva, so hat das Unternehmen Gewinn gemacht. In diesem Fall sorgt der Posten **Bilanzgewinn** auf der Passivseite für eine ausgeglichene Bilanz. Ein negatives Ergebnis erkennt man am Posten **Bilanzverlust** auf der Aktivseite. Näheren Aufschluß darüber, wie der Bilanzgewinn oder -verlust entstanden ist, gibt die Gewinn- und Verlustrechnung.

Die Aktivseite unterteilt man in **Anlagevermögen** und **Umlaufvermögen.** Da sowohl Sach- als auch Finanzanlagen dem Unternehmen längerfristig zur Verfügung stehen müssen, ist das Anlagevermögen nur dann solide finanziert, wenn es durch Eigenkapital (bei Aktiengesellschaften sind dies das **Grundkapital** und die **Rücklagen**) und langfristiges Fremdkapital gedeckt ist. Diese Fristenkongruenz ist die grundlegende Forderung der Goldenen Finanzierungsregel und kann mit Hilfe von Kennzahlen überprüft werden:

$$\textbf{Anlagedeckungsgrad 1} = \frac{\text{Anlagevermögen}}{\text{Eigenkapital}}$$

$$\textbf{Anlagedeckungsgrad 2} = \frac{\text{Anlagevermögen}}{\text{Eigenkapital + langfristiges Fremdkapital}}$$

Das Umlaufvermögen wird, je nachdem wie schnell es „flüssig“ gemacht werden kann, weiter unterteilt: Kassenbestand, Schecks, Wechsel, Bankguthaben, Wertpapiere sowie Forderungen aus Lieferungen und Leistungen werden dem Umlaufvermögen I zugerechnet. Roh-, Hilfs- und Betriebsstoffe, Halbfertig- und Fertigwaren sowie geleistete Anzahlungen gehören zum Umlaufvermögen II. Setzt man das Umlaufvermögen zu den kurz- und mittelfristigen Fremdmitteln (Bilanzposten *Verbindlichkeiten*) in Beziehung, so gewinnt man Aufschluß über die Fähigkeit des Unternehmens, seinen Zahlungsverpflichtungen jederzeit nachkommen zu können. Diese Zahlungsfähigkeit wird als Liquidität bezeichnet:

$$\textbf{Liquidität 1. Grades} = \frac{\text{Umlaufvermögen I}}{\text{kurz- und mittelfristiges Fremdkapital}}$$

$$\textbf{Liquidität 2. Grades} = \frac{\text{Umlaufvermögen I und II}}{\text{kurz- und mittelfristiges Fremdkapital}}$$

Rückstellungen sind Beträge für Schulden des Betriebs, die zwar dem Grunde, aber nicht der Höhe nach feststehen. Langfristige Rückstellungen sind in der Regel Pensionsrückstellungen.

Sonstige Rückstellungen sind meistens kurzfristiger Natur und betreffen beispielsweise laufende Rechtsstreitigkeiten, Steuerschulden oder die Kosten des Jahresabschlusses.

Rechnungsabgrenzungsposten sind Aufwendungen und Erträge, die das neue Jahr betreffen, deren Zahlungsvorgänge aber schon im alten Jahr erfolgt sind. Für die Unternehmensanalyse haben sie keine Bedeutung.

Beim Anlagevermögen unterscheidet man zwischen abnutzbar und nicht abnutzbar. Während Grundstücke, Patente und Beteiligungen keiner Abnutzung unterliegen, verlieren Maschinen und die Büro- und Geschäftsausstattung mit zunehmendem Alter beständig an Wert. Dieser Wertverlust wird in der Gewinn- und Verlustrechnung entweder direkt durch **Abschreibungen** oder indirekt durch **Wertberichtigungen** erfaßt.

Die Bilanz ist also eine stichtagsbezogene Gegenüberstellung von Vermögen und Kapital eines Unternehmens. Dabei ist zwischen Handels- und Steuerbilanz zu unterscheiden; weil sie verschiedene Zielsetzungen verfolgen, unterliegen sie unterschiedlichen Bewertungsvorschriften. Neben den Beständen der Aktiv- und Passivposten weist die Bilanz den Erfolg einer Periode als Saldo zwischen Aktiv- und Passivseite aus. Über die Entstehung dieses Saldos, also des Bilanzgewinnes oder -verlustes, gibt die Bilanz allerdings keine Auskunft. Dies ist die Aufgabe der Gewinn- und Verlustrechnung.

6.1.2 Die Gewinn- und Verlustrechnung

Die Gewinn- und Verlustrechnung (siehe Abbildung 16) ist im Gegensatz zur Bilanz eine Rechnung, die sich über einen bestimmten Zeitraum (in der Regel das Geschäftsjahr) erstreckt. Sie gibt Aufschluß darüber, wie sich der Posten Bilanzgewinn bzw. Bilanzverlust zusammensetzt und beschreibt die Erfolgslage des Unternehmens.

Gewinn- und Verlustrechnung der XY AG zum 31.12.19 . .
(vereinfachte Darstellung)

in TDM	per 31.12.19 . .	per 31.12.19 . .
Umsatzerlöse	**567.846**	
Bestandsveränderungen an Halbfertig- und Fertigwaren	– 87.692	
Andere aktivierte Eigenleistungen	538	
Gesamtleistungen	**480.692**	
./. Materialaufwendungen u. ä.	292.180	
Rohertrag	**188.512**	
Zinsen und ähnliche Erträge	2.510	
sonstige Betriebserträge	408	
	191.430	
./. Personalaufwendungen	143.376	
./. Abschreibungen auf Sachanlagen	13.726	
./. Zinsen und ähnliche Aufwendungen	3.726	
./. Umsatz und andere Verkehrsteuern	12.240	
./. Sonstige Aufwendungen	2.364	
Betriebs-Erfolg/-Verlust	**15.928**	
Beteiligungserträge	392	
Erträge aus Anlageabgängen und zuschreibungen	846	
sonstige ordentliche Erträge	102	
außerordentliche Erträge	–	
	17.268	
./. Verluste aus Anlageabgängen	114	
./. Beteiligungsverluste	–	
./. Steuern vom Einkommen, Ertrag und Vermögen	9.378	
./. sonstige ordentliche Aufwendungen	2.354	
./. außerordentliche Aufwendungen	32	
Jahres-Überschuß/-Fehlbetrag	**5.390**	
Gewinn-/Verlust-Vortrag	+ 60	
Zuweisungen/(Entnahmen) zu Rücklagen	– 100	
Bilanz-Gewinn/-Verlust	**5.310**	

Abbildung 16: Aufbau einer Gewinn- und Verlustrechnung

Ausgehend von den Umsatzerlösen erhält man nach Verrechnung der Warenbestandsveränderungen und anderen Eigenleistungen die Gesamtleistung. Nach Abzug der Materialaufwendungen bleibt der Rohertrag übrig. Nun werden Zinsen und sonstige Betriebserträge addiert und die verschiedenen betrieblichen Aufwendungen (Personalkosten, Abschreibungen, Zinsen und Verkehrssteuern) subtrahiert. Als Ergebnis erhält man den Betriebserfolg oder -verlust. Im folgenden Schritt werden die Aufwendungen und Erträge aus Beteiligungen und Veränderungen des Anlagevermögens, außerordentliche (d. h. nicht dem normalen Geschäftsbetrieb zuzurechnende) Aufwendungen und Erträge verrechnet und die EEV-Steuern (Steuern vom Einkommen, Ertrag und Vermögen) abgezogen. Den sich nun ergebenden **Jahresüberschuß** oder **-fehlbetrag** korrigiert man um den Gewinn- oder Verlustvortrag der letztjährigen Bilanz und weist Gelder den Rücklagen zu, sofern dies möglich ist. In schwierigen Zeiten können die für solche Zwecke gebildeten Rücklagen angegriffen werden. Das Endergebnis der Gewinn- und Verlustrechnung ist der **Bilanzgewinn** oder **-verlust.**

Aus der GuV-Rechnung entnimmt der Analyst als wichtige Kennzahlen zur Ertragslage des Unternehmens die Eigenkapitalrentabilität, die Umsatzrentabilität und die Cash-flow-Gesamtkapital-Rentabilität.

Die **Unternehmerrentabilität** sagt etwas über die Verzinsung des investierten Kapitals aus:

$$\textbf{Rentabilität des Eigenkapitals} = \frac{\text{Jahresüberschuß} \times 100}{\text{Eigenkapital (ohne Rücklagenzuweisung)}}$$

In der gesamtwirtschaftlichen Betrachtung ist davon auszugehen, daß die von den Unternehmen erzielte Verzinsung des investierten Kapitals langfristig über dem Kapitalmarktzins liegt. Würde die Eigenkapitalrentabilität unter den Kapitalmarktzins sinken, wären weitere Investitionen im Unternehmen, ja sogar die Unternehmertätigkeit an sich, sinnlos; das Eigenkapital könnte in diesem Fall gewinnbringender in inländischen festverzinslichen Wertpapieren angelegt werden.

6.1.3 Gewinn

Wenden wir uns nun dem **Gewinn** zu. Der echte Gewinn eines Unternehmens stellt die wichtigste Größe in der Aktienanalyse dar. Er ist allerdings nicht mit dem Jahresüberschuß identisch, da dieser in der Regel durch außerordentliche und aperiodische geschäftliche Vorgänge beeinflußt wird. Die Deutsche Vereinigung für Finanzanalyse und Anlageberatung (DVFA) hat Richtlinien und Formeln aufgestellt, um die Gewinne verschiedener Unternehmen möglichst gut miteinander vergleichen zu können. Wenn man vom Jahresüberschuß ausgehend Steuererstattungen, Auflösungen von Rückstellungen und Auflösungen von Sonderposten subtrahiert sowie die Bildung von Bewertungsreserven, Verluste aus Anlagenabgängen und Sonderabschreibungen addiert, so erhält man das Ergebnis nach DVFA. Dieses Ergebnis gilt allerdings nur für das Einzelunternehmen (die AG). Um das Konzernergebnis nach DVFA zu ermitteln, müssen die thesaurierten Gewinne bei den Tochtergesellschaften geschätzt und dem AG-Ergebnis zugeschlagen werden.

6.1.4 Umsatzanalyse

Die Eigenkapitalrentabilität ist nicht mit der *Umsatzrentabilität* zu verwechseln. Diese Kennzahl ergibt sich aus dem prozentualen Anteil des Gewinns (ggf. zuzüglich Fremdkapitalzinsen) an den gesamten Umsatzerlösen (Preis × Menge).

Normalerweise führen steigende Umsätze eines Unternehmens auch zu steigenden Gewinnen. Dies muß aber nicht so sein. Die Gewinnspanne am umgesetzten Produktionsvolumen ist nämlich von einer Vielzahl von Faktoren abhängig. So können z. B. Wechselkursveränderungen, erzwungene Preisnachlässe aufgrund sich verschärfenden Konkurrenzdrucks oder überproportionale Kostensteigerungen bei Rohstoffen oder Personal die Umsatzrentabilität negativ beeinträchtigen; deutlich steigenden Umsätzen stehen dann nur marginale Gewinnverbesserungen oder sogar Gewinnreduzierungen gegenüber. Umgekehrt kann ein Unternehmen, das einen unrentablen Produktionsbereich an eine andere Gesellschaft verkauft, trotz sinkender Umsätze steigende Gewinne verzeichnen.

Bei der Umsatzanalyse eines Unternehmens kommt es vor allem auf drei Dinge an:

- Der Umsatzanalyse sollte eine Untersuchung der Produktions- und Tätigkeitsstruktur des Unternehmens in Vergangenheit und Gegenwart vorausgehen.
- Der Vergleich der verschiedenen Bereiche oder Sparten des Produktionsprogramms bezüglich Umsatz- bzw. Gewinnanteil läßt wertvolle Rückschlüsse darauf zu, welche Bereiche besonders profitabel arbeiten bzw. das DVFA-Ergebnis schwerpunktmäßig bestimmen.
- Vergleicht man die Umsätze des Unternehmens mit Konkurrenten, so muß man darauf achten, daß die Zahlen vergleichbar sind. AG-Umsätze und konsolidierte Umsätze sind ebenso auseinanderzuhalten wie Innen- oder Außenumsätze, Gruppenumsätze und Weltumsätze.

6.1.5 Verschuldung

Die Verschuldung eines Unternehmens ist ein sehr wichtiges Beurteilungskriterium für fundamentale Analysen. Dabei ist insbesondere das Verhältnis der wirtschaftlichen Verschuldung eines Unternehmens zu seinen Cash-flow-Größen aussagekräftig, denn die Verschuldung an sich ist eine relative Größe. Erst die Fähigkeit, Schulden zu tilgen und regelmäßig Schuldzinsen zu entrichten, sagt wirklich etwas aus. Verbindlichkeiten können immer nur aus dem laufenden Ertrag abgedeckt werden, läßt man einmal den Fall der Veräußerung von Vermögensteilen, der Schrumpfung des Unternehmens und der der Geschäftsaufgabe außer acht.

Der Verschuldungsgrad gibt an, wie häufig der Cash-flow eines Geschäftsjahres erwirtschaftet werden muß, um die Schulden vollständig abzubauen.

$$\text{Verschuldungsgrad} = \frac{\text{Effektivverschuldung}}{\text{Cash-flow}}$$

Die **Effektivverschuldung** erhält man, indem man von den Gesamtschulden (langfristiges Fremdkapital + kurzfristige Fremdmittel) die vorhandenen flüssigen Mittel sowie die kurzfristigen Forderungen abzieht.

Die optimale Höhe des Verschuldungsgrades wird von zwei gegensätzlichen Unternehmenszielen beeinflußt, nämlich dem Streben nach maximaler Rentabilität einerseits und dem Bedürfnis nach finanzieller Sicherheit andererseits. Sobald eine vernünftige Relation zwischen diesen beiden divergierenden Zielen erreicht ist, sollte aus Risikoüberlegungen eine weitere Erhöhung der Verschuldung vermieden werden.

Verschlechtert sich die Situation eines Unternehmens über einen längeren Zeitraum, so kann die Verschuldung schnell bedrohliche Ausmaße annehmen. Um rechtzeitig zu erkennen, ob ein Unternehmen auf den Konkurs zusteuert, sollte auf sog. Insolvenzindikatoren geachtet werden. Hierzu gehören beispielsweise die Änderung der Bankverbindung, Prolongation fälliger Verbindlichkeiten, regelmäßige Überschreitung von Zahlungszielen, Wechsel der Zahlungsart und die Leistung nicht vereinbarter Teilzahlungen. Kommt es sogar zu Scheckrückgaben, Wechselprotesten und Mahnbescheiden, so ist bereits die „Alarmstufe rot" erreicht.

6.1.6 Innovation

Da unsere Zeit immer schnellebiger wird, die Produktlebensdauer immer kürzer wird und die Kosten ständig steigen – und das bei stetig wachsendem Konkurrenzdruck aus dem Ausland – stehen die Unternehmen unter dem ständigen Zwang, ihre Produktpalette leistungs- und kostenmäßig permanent neu auszurichten. Im Großen und Ganzen ist dies über zwei Schienen möglich: **Innovation** oder **Rationalisierung.**

Unter Innovation versteht man die Erweiterung des technischen Wissens und seine Verwertung als technischer Fortschritt. Innovative Unternehmen erkennt man daran, daß die Kosten für Forschung und Entwicklung einen hohen Anteil am gesamten Kostenblock haben.

Rationalisierungsmaßnahmen haben die Erhöhung der technischen Wirtschaftlichkeit (Effizienz) zum Ziel. Solche Maßnahmen können z. B. sein: Personalabbau, rationellerer Einsatz von Maschinen, Straffung des Produktionsprogramms, Optimierung interner Arbeitsabläufe.

6.1.7 Zukünftige Gewinnentwicklung

Um die Kurschancen bzw. -risiken einer Aktie aus fundamentalanalytischer Sicht zu beurteilen, kommt es entscheidend darauf an, die zukünftige **Gewinnentwicklung** des Unternehmens richtig zu prognostizieren. Dabei ist diese Gewinnprognose nicht mit der Kursprognose zu verwechseln. Eine Prognose des zukünftigen Aktienkurses kann erst dann vorgenommen werden, wenn eine Bewertungsanalyse (siehe Seite 136 ff.) durchgeführt wurde.

Da die künftige Gewinnentwicklung einer Aktiengesellschaft von einer Vielzahl von internen (betrieblichen) Faktoren und externen Einflüssen (z. B. Umwelt, Rohstoffpreise, konjunkturelle Entwicklung) abhängen, ist eine exakte Prognose schwierig, ja eigentlich sogar unmöglich. Viele Analysten helfen sich damit, daß sie für das Unternehmen ein Best-case-, ein Medium-case- und ein Worst-case-Szenario entwickeln und die jeweils geschätzten Gewinne mit ihren erwarteten **Eintrittswahrscheinlichkeiten** gewichten. Unter Wahrscheinlichkeit versteht man das Maß für die Häufigkeit, mit der ein Ereignis oder Ergebnis relativ zu möglichen Alternativen eintritt. (Näheres zur Wahrscheinlichkeitsrechnung: siehe Kapitel 4.)

Eine detaillierte Unternehmensanalyse und zuverlässige Prognose sollte folgende Punkte umfassen:

Tabelle 7: Umfang einer detaillierten Unternehmensanalyse

Umfang einer detaillierten Unternehmensanalyse:

- Produktionsprogramm
- Absatzmärkte
- Konzentration oder Diversifikation
- Änderungen des politischen und gesellschaftlichen Umfeldes
- Auswirkungen von Änderungen in der Gesetzgebung
- Forschung und Entwicklung
- Management
- Kostenstruktur und -entwicklung
- Erlösstruktur und -entwicklung
- Konjunkturabhängigkeit des Unternehmens/der Branche

6.1.8 Produktionsprogramm

Je nachdem, in welchem Wirtschaftssektor ein Unternehmen tätig ist, hat man es mit verschiedenen Produktionsbereichen zu tun (siehe Abbildung 17).

Die Urproduktion, der primäre Sektor, geht von den natürlichen Ressourcen aus. Das sind mineralische Rohstoffe (z. B. Minengesellschaften, Bergbaubetriebe) und biologische Grundstoffe, wie beispielsweise Getreide und Fleisch. Als sekundären Wirtschaftssektor bezeichnet man die Bereiche der Be- und Verarbeitung von Rohstoffen. Ihm gehören In-

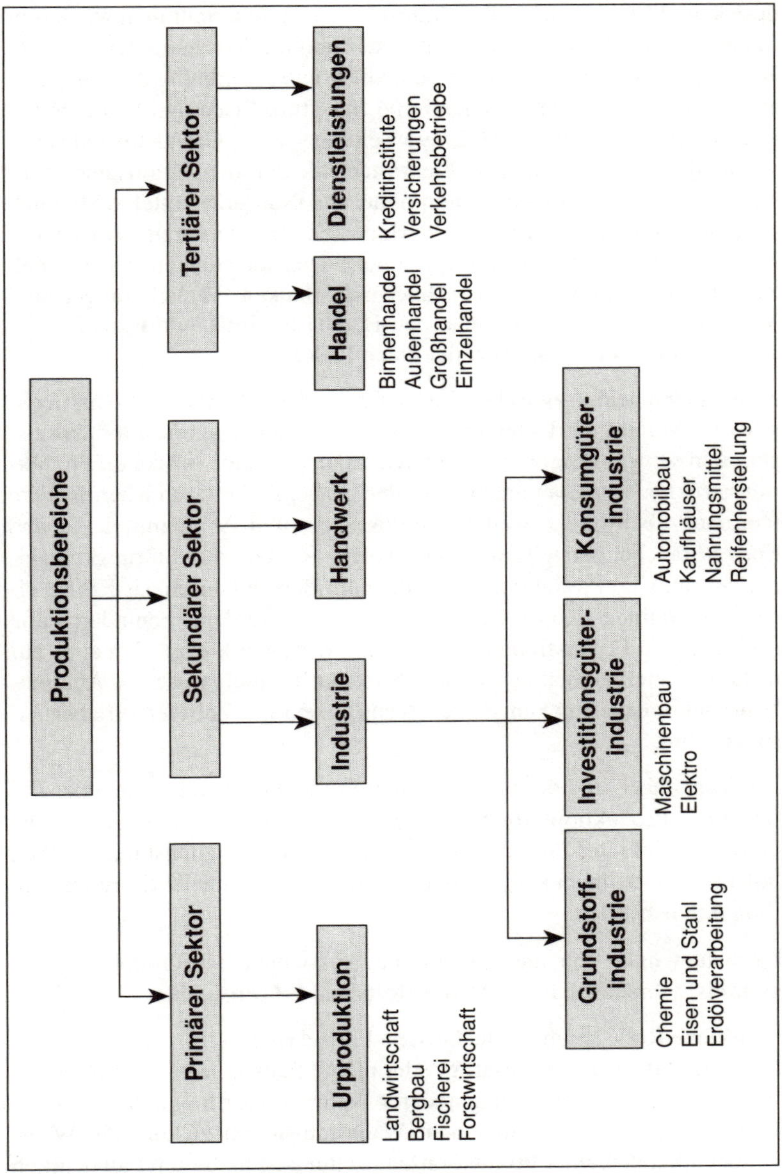

Abbildung 17: Die Einteilung der Wirtschaft in Sektoren

dustrie und Handwerk an. Den Industriebereich unterteilt man wiederum in die Grundstoff-, die Investitionsgüter- und die Konsumgüterindustrie. Hier ergibt sich eine klare Unterscheidung und Zuordnung der einzelnen Branchen: So gehören die chemische Industrie, Eisen und Stahl, Mineralölverarbeitung und Holzverarbeitung zur Grundstoffindustrie, während Maschinenbau und Elektrotechnik der Investitionsgüterindustrie zugerechnet werden. Automobile und Nahrungsmittel schließlich sind Bestandteile der Konsumgüterindustrie. Den tertiären Wirtschaftssektor untergliedert man in die Bereiche Dienstleistungen und Handel. Zum Dienstleistungsbereich rechnet man Banken, Versicherungen und Verkehrsbetriebe, während man den Handel in Groß- und Einzelhandel sowie Binnen- und Außenhandel untergliedert.

Man unterscheidet zwischen vertikaler und horizontaler Produktionsstruktur. Vereint ein Unternehmen vor- und nachgelagerte Produktionsstufen in seinem Programm, so spricht man von einer vertikalen Produktionsstruktur. Ein Chemiekonzem, der zunächst die Grundchemikalien, und dann über etliche weitere Produktionsstufen Arzneimittel, für den Endverbraucher herstellt, weist eine solche Struktur auf. Störungen in einer vorrangigen Produktionsstufe, die zum Beispiel durch das Fehlen eines bestimmten Rohstoffes hervorgerufen werden, behindern alle nachrangigen Produktionsstufen. Diese Problematik kann sich auch auf mehrere Unternehmen ausdehnen. So kann beispielsweise die Automobilproduktion ins Stocken geraten, wenn bei einigen Zulieferbetrieben gestreikt wird.

Demgegenüber sind die verschiedenen Produktionsbereiche in einer horizontalen Produktionsstruktur weitgehend unabhängig voneinander. Die Fertigungstiefe der Produktion ist geringer, die Fertigungsbreite größer. Solche Unternehmen sind weniger anfällig für eventuelle Störungen im Produktionsbereich.

Betrachtet man sich die zukünftigen Aussichten des Produktionsprogramms, so sollte sich der Analyst folgende Fragen stellen:

- Welche Rolle spielt der technische Fortschritt?
- Ist der Inlandsmarkt gesättigt oder nicht? Falls ja, wird eine Expansion nur durch Verdrängung anderer Wettbewerber möglich sein. Falls nein, haben wir es mit einem Wachstumsmarkt zu tun; die Wahrscheinlichkeit einer Produktionsausweitung ist in diesem Fall deutlich größer.

- Wie sieht die Lage auf den Auslandsmärkten aus? Hier kommt es vor allem von gegenüber dem Inland abweichenden Konjunkturentwicklungen sowie die voraussichtlichen Veränderungen der Devisenkurse an.
- Was/wieviel wird im Ausland produziert? Besonders dann, wenn Produktionen in Niedriglohnländer verlegt werden (können), kann dies ein Indikator für eine steigende Produktivität sein.

6.1.9 Auswirkungen von Änderungen des politischen oder gesellschaftlichen Umfeldes

Erhebliche Auswirkungen auf die gesamte Weltwirtschaft dürfte der Fall des „Eisernen Vorhangs“ und das Ende des über 40 Jahre bestehenden „Gleichgewichts der Kräfte“ zwischen West und Ost haben. Innerhalb weniger Jahre wurde das Nichtfunktionieren der sozialistischen Wirtschaftsordnung offenbar, kam es zur Annäherung und Wiedervereinigung der beiden deutschen Staaten, brach die mächtige Sowjetunion auseinander und der „RgW“ (Rat für gegenseitige Wirtschaftshilfe) hörte auf zu bestehen. In der Folge kam es zu nachhaltigen politischen und wirtschaftlichen Veränderungen in allen Staaten des ehemaligen „Ostblocks“.

Der radikale Umbruch des politischen und wirtschaftlichen Systems in zwei Halbkontinenten (Osteuropa und Nord-Asien) in extrem kurzer Zeit ist in der Geschichte ohne Parallelen. Insofern handelt es sich bei den Geschehnissen in Osteuropa um Neuland – für Politiker, Historiker und Wirtschaftswissenschaftler, aber auch für Unternehmer und die osteuropäischen Bürger. 415 Millionen Menschen (7 % der Weltbevölkerung) sind von den Umwälzungen betroffen.

Die wachsende Bedeutung des Umweltschutzes als Wirtschaftsfaktor hat seine Ursache im zunehmenden Problembewußtsein breiter Gesellschaftsschichten, strengeren gesetzlichen Auflagen und als Folge davon steigenden Aufwendungen von Bund, Ländern und Gemeinden, Unternehmen und Privathaushalten für Maßnahmen zur Reinhaltung der Umwelt und Entsorgung von Abfällen.

Ein weiteres Beispiel für Änderungen des gesellschaftlichen Umfeldes stellt die zunehmende Überalterung der deutschen Bevölkerung dar.

6.1.10 Auswirkungen von Änderungen in der Gesetzgebung

Ein Kernpunkt der Gesundheitsreform von Bundesgesundheitsminister Seehofer sah vor, daß die Ärzte von mehreren gleichartigen, in Frage kommenden Medikamenten dem Patienten das jeweils billigste verschreiben müssen. Als Folge davon kamen die Margen der Pharma-Industrie deutlich unter Druck. Die Vorschrift, daß Patienten die Mittel gegen harmlose Erkältungskrankheiten aus eigener Tasche bezahlen müssen, führte dazu, daß der Verbrauch nicht rezeptpflichtiger Medikamente zurückging.

Die durch Aufklärungskampagnen und durch ein allgemein wachsendes Gesundheitsbewußtsein deutlich zurückgegangene Zahl der Raucher bescherte der Tabakindustrie einen sinkenden Markt.

Sollte irgendwann einmal Tempo 100 km/h auf unseren Autobahnen eingeführt werden, so würde der Absatz von schnellen Autos mit großem Hubraum zugunsten kleinerer Wagen zurückgehen.

Auch Steuererhöhungen haben einen mittelbaren Einfluß auf den Absatz bestimmter Produktgruppen. Es ist leicht einsehbar, daß eine Erhöhung der Tabak- oder Alkoholsteuer die Verbraucher veranlassen würde, über eine Reduzierung ihrer Rauch- und Trinkgewohnheiten nachzudenken. Noch weitreichendere Folgen hätte eine drastische Erhöhung der Mineralölsteuer, über die immer wieder von bestimmten politischen Parteien nachgedacht wird: Sollte der Benzinpreis stark steigen, so würden verbrauchsarme Autos in der Gunst der Käufer gewinnen, während die Nachfrage nach Wagen mit hohem Verbrauch zurückginge; die Auswirkungen auf die Automobilindustrie kann sich jeder vorstellen.

6.1.11 Forschung und Entwicklung

Aufwendungen für Forschung und Entwicklung haben das Ziel, neue oder wesentlich verbesserte Produkte auf den Markt zu bringen oder Produktionsabläufe effizienter zu gestalten. Dabei kommt es darauf an, gezielt auf den Markt hinzuarbeiten, weshalb innovative Unternehmen die Märkte genau beobachten sollten.

Von der Produktidee bis zu dem Zeitpunkt, an dem das Produkt nennenswerte Beiträge zum Unternehmensergebnis liefert, vergehen oft mehrere Jahre. Das erste Stadium im Lebenszyklus eines Produktes ist die Entwicklungsphase. In diesem Stadium laufen, wie auch in der folgenden Markteinführungsphase, hohe Kosten auf, die das Ertragsniveau des Unternehmens drücken. Wenn das neue Produkt vom Markt angenommen wird, beginnt die Phase der Expansion. Die Ergebnisbeiträge wachsen und kompensieren nach einem gewissen Zeitraum die Vorleistungen; der Break-even-point ist erreicht. Der Produktabsatz kann so lange gesteigert werden, wie neue Märkte für das Produkt oder unmittelbare Folgeprodukte erschlossen werden können. Sobald der Markt gesättigt ist, gehen die hohen Wachstumsraten zurück – die Absatzmenge des Produktes stagniert. Läßt der Absatz des Produktes schließlich deutlich nach, so hat dies im allgemeinen negative Auswirkungen auf die Liquidität und Rentabilität des betreffenden Unternehmens.

Es ist ein Zeichen unserer immer schnellebigeren Zeit, daß die Lebenszyklen neuer Produkte immer kürzer werden. Dadurch sind die Risiken für die forschenden und entwickelnden Unternehmen deutlich angewachsen, was wir besonders deutlich am Beispiel der Computerindustrie sehen können: Der Drang nach immer schnelleren, kleineren und leistungsfähigeren Mikrochips und der damit möglichen Kreierung neuer Computergenerationen führt zu einem gnadenlosen Wettlauf gegen die Zeit. Nur das Unternehmen, das einen neuen Chip zuerst auf den Markt bringt, macht hohe Gewinne in sehr kurzer Zeit. Bereits das zweite Unternehmen, das einen gleichwertigen Chip einführt, kommt in der Regel gerade noch so auf seine Kosten, denn durch die Konkurrenzsituation beginnt der erzielbare Preis bereits zu fallen. Alle Firmen, die später kommen – oft nur mit wenigen Monaten Zeitverzögerung –, haben keine Chance, ihre hohen Vorleistungen wieder hereinzuholen. Für sie waren die Ausgaben für Forschung und Entwicklung im Grunde vergebens.

6.1.12 Management

Daß die Qualität des Managements einen ganz wesentlichen Beitrag zur Entwicklung des Unternehmens leistet, liegt auf der Hand. Fähigen und flexiblen Managern wird es immer gelingen, Wachstumsmöglichkeiten zu nutzen, Marktnischen zu erspüren, zusätzliche Ressourcen zu nutzen und bei Personalentscheidungen eine glückliche Hand zu haben.

Auf der anderen Seite können Fehlentscheidungen des Managements die Ertragssituation eines Unternehmens ganz erheblich beeinträchtigen und es im Extremfall sogar auf den Konkurs zutreiben.

Ein trauriges Beispiel dafür, wie ein innovatives Unternehmen es nicht geschafft hatte, sein (einziges) Produkt zur Marktreife zu führen, ist die in Konkurs gegangene Technocell AG. Das neue Organocell-Verfahren, ein umweltschonendes Verfahren zur Zelluloseherstellung, hatte für viel Phantasie am Aktienmarkt gesorgt und den Kurs der Technocell-Aktie seinerzeit in stratosphärische Höhen katapultiert. Doch die technischen Probleme rissen nicht ab, die Übertragung des Verfahrens vom Labormaßstab auf großtechnische Dimensionen war nicht so einfach wie gedacht, und schließlich kamen schwedische Hersteller mit konkurrenzfähigen anderen Verfahren daher. Die Schuldenlast wurde für Technocell so groß, daß das deutsche Unternehmen die Segel streichen mußte.

Ein drastisches Beispiel der jüngeren Gegenwart für eklatantes Mißmanagement ist die Metallgesellschaft. Dilettantisch durchgeführte Spekulationen mit Ölterminkontrakten einer amerikanischen Tochter der Metallgesellschaft und mangelhafte Kontrollen durch die Muttergesellschaft führte das Unternehmen blitzartig an den Rand des Ruins. Mehrere Vorstände, darunter der Vorsitzende, wurden vom Aufsichtsrat ihrer Stellung enthoben.

Ganz anders verhielt es sich bei dem Mannheimer Unternehmen Brown, Boveri & Cie. (BBC). Nach der Fusion mit der schwedischen Firma Asea zu Asea, Brown, Boveri (ABB) baute das neue Top-Management den Verwaltungswasserkopf deutlich ab, straffte das Mittelmanagement und reduzierte die Belegschaft der Zentrale sehr drastisch. Ähnliche Maßnahmen führten die Schweden in der ehemaligen schweizerischen Konzernzentrale durch. Diese Roßkur hat ABB wesentlich effizienter und schlagkräftiger gemacht.

Je nachdem, ob ein Manager zu den Eigentümern der Gesellschaft gehört oder „nur“ angestellt ist, sind im Regelfall unterschiedliche Ziele zu unterstellen. Der Eigentümer wird im allgemeinen risikobewußter handeln und die Rentabilität seines Eigenkapitals mehr im Auge haben, als ein nicht kapitalmäßig beteiligter Geschäftsführer. Diesem geht es oft genug mehr um die Eroberung und Ausübung von Macht. Gerade bei großen Publikumsgesellschaften, deren Kapital weit gestreut ist, ist die Machtfülle des Top-Managements sehr groß. Dies gilt insbesondere dann, wenn es keinen Großaktionär gibt, der die Rolle des Eigentümers aktiv wahrnimmt.

Es ist für die Unternehmensanalyse nicht unwichtig, sich über die Qualitäten und Zielsetzungen des jeweiligen Managements im klaren zu sein, hängt doch die Zukunft eines Unternehmens maßgeblich von Managemententscheidungen ab.

6.1.13 Konkurrenzsituation

Unter Konkurrenz versteht man den gegenseitigen Wettbewerb von Anbietern von Produkten und Dienstleistungen auf in- und ausländischen Märkten. Wettbewerb ist ein wesentliches Kennzeichen der freien Marktwirtschaft. Je nach der Anzahl der konkurrierenden Anbieter unterscheidet man Monopol, Oligopol und Polypol. Stehen vielen Nachfragern nur ein einziger Anbieter gegenüber, so besitzt dieser das Monopol und kann quasi die Preise diktieren. Dies ist beispielsweise bei dem südafrikanischen Diamantkonzern DeBeers der Fall. Über 80 % der weltweiten Diamantenumsätze werden von dem DeBeers-Syndikat kontrolliert, mit dem Ergebnis eines absichtlich niedrig gehaltenen Angebots und dadurch künstlich überhöhter Diamantenpreise.

In einer oligopolistischen Marktstruktur stehen wenige Anbieter in Konkurrenz zueinander, wie es beispielsweise bei der Produktion von Nutzfahrzeugen der Fall ist. Im westlichen Europa sind die Hauptfabrikanten Daimler-Benz, MAN, IVECO, Fiat, Volvo, Saab-Scania und Kögel (Anhänger).

Bei einem Polypol schließlich stehen auf der Angebotsseite viele Unternehmen miteinander in Konkurrenz. Ein Beispiel hierfür stellt das Gaststättengewerbe in Großstädten dar.

Die Marktform hat einen deutlichen Einfluß auf die Ertragslage der Unternehmen. Handelt es sich um ein Polypol auf einem vollkommenen Markt, in dem das Verhalten von Anbietern und Nachfragern nach Gewinn- und Nutzenmaximierung ausgerichtet ist, nähert sich die Kapitalrentabilität tendenziell dem Kapitalzins an. Da ein vollkommener Markt durch große Anpassungsgeschwindigkeiten, volle Marktübersicht, freien Marktzutritt sowie dem Angebot homogener Produkte und Leistungen gekennzeichnet ist, kann kein Unternehmen auf Dauer Rentabilitätsvorsprünge vor anderen Konkurrenten erwirtschaften. In der Praxis kommt ein vollkommener Markt allerdings sehr selten vor. Fallen jedoch bestimmte Voraussetzungen eines vollkommenen Marktes weg, dann sind auf Dauer höhere Umsatz- und Kapitalrentabilitäten erzielbar. Das gilt natürlich insbesondere für Monopolisten.

6.1.14 Kostenstruktur und -entwicklung

Die Kosten im betrieblichen Ablauf können nach verschiedenen Kriterien unterschieden werden. Nach der Art der verbrauchten (betrieblichen) Produktionsfaktoren bietet sich folgende Unterteilung an:

- Sachkosten für Betriebsmittel (z. B. Abschreibungen auf Gebäude und Maschinen)
- Sachkosten für Roh-, Hilfs- und Betriebsstoffe (z. B. Rohmaterialen, Energie)
- Personalkosten (Löhne und Gehälter)
- Kapitalkosten (z. B. Zinsaufwand)
- Kosten für Dienstleistungen Dritter (z. B. Informationskosten).

Von welchen Faktoren wird die Höhe der verschiedenen Kostenarten beeinflußt? Der Materialaufwand ist natürlich sehr abhängig von der Entwicklung der Rohstoffpreise. Die Energiekosten als Teil des Materialaufwandes hängen insbesondere von dem Strompreis und den Preisen für Rohöl bzw. Erdgas ab. Die Höhe des Zinsniveaus schlägt auf den Zinsaufwand (G + V-Position „Zinsen und ähnliche Aufwendungen“) durch. Daher verändern sich in der Regel die Zinsaufwendungen der Unternehmen in Phasen steigender oder fallender Zinsen. Neben dem direkten Zinsaufwand für die Bedienung lang- und kurzfristiger Verbindlichkeiten des Unternehmens spielen auch Lieferantenkredite und Wechselverbindlichkeiten eine Rolle.

Die Personalkosten werden in hohem Maße von den Tarifabschlüssen bestimmt. Die Rationalisierungs- und Umstrukturierungsmaßnahmen vieler Unternehmen während der Rezession 1992/93 führten zu einer deutlichen Reduzierung der Personalkosten und als Folge zu einer raschen Gewinnerholung im Jahr 1994. Häufig tritt der Entlastungseffekt allerdings erst nach einer vorübergehenden Kostensteigerung für Sozialpläne und Abfindungen ein.

Wenn man sich fragt, wie anfällig ein Unternehmen in Krisenzeiten sein könnte, bzw. wann die Gewinnschwelle eines Produktes erreicht wird, teilt man die Kosten in Fixkosten und variable Kosten auf (siehe Abbildung 18).

Unter Fixkosten versteht man feste oder konstante Kosten wie z. B. Abschreibungen, Zinsaufwand, Miet- und Pachtzins, die zunächst gleichbleiben. Je mehr produziert wird, um so geringer werden die Stückko-

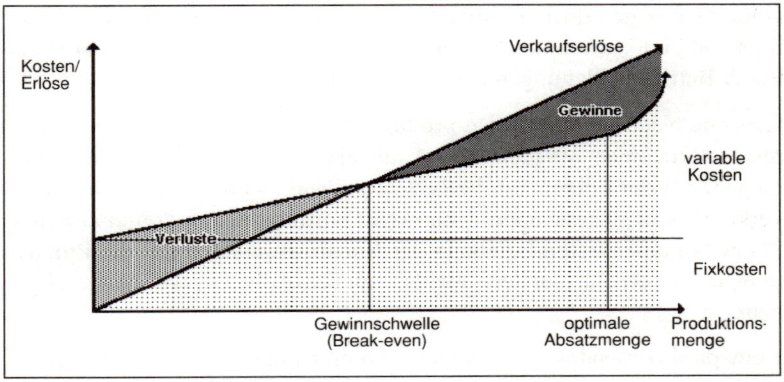

Abbildung 18: Rentabilitätsfaktoren

sten. Variable Kosten fallen in direkter Abhängigkeit zur produzierten Menge an, hierzu gehören vor allem Materialeinsatz und Energiekosten. Die Erhöhung der Produktionsmenge (die in obiger Abbildung mit der Absatzmenge gleichgesetzt wird) bewirkt eine überproportionale Gewinnsteigerung. Das bedeutet, daß die Gewinne schneller steigen als die variablen Kosten. Sobald die Verkaufserlöse die Summe aus variablen Kosten und Fixkosten übersteigen, wird die **Gewinnschwelle (Break-even-point)** überschritten. Danach erhöht sich der Gewinn so lange immer weiter, bis die optimale Absatzmenge erreicht ist. An diesem Punkt ist die Auslastung der Produktionskapazitäten optimal. Wird nämlich die Produktionsmenge weiter erhöht, so beschleunigt sich der Anstieg der variablen Kosten, und der Gewinn beginnt sich zu ermäßigen. Die Begründung hierfür liegt in der Überbeschäftigung, die zusätzliche Kosten (erhöhter Ausschuß, Überstundenzuschläge, erhöhter Reparaturaufwand wegen fehlender Wartung der Maschinen und Werkzeuge) verursacht.

Flaut die Konjunktur ab, geht die Kapazitätsauslastung insbesondere zyklischer Unternehmen wegen der Abschwächung der Nachfrage deutlich zurück. Häufig sind allerdings in der vorausgegangenen Boom-Phase die Kapazitäten erweitert worden, um eine höhere Gütermenge zu produzieren und abzusetzen. In einem solchen Fall ist die daraus folgende Überkapazität konjunktureller Natur; das bedeutet, daß im nächsten wirtschaftlichen Aufschwung die optimale Kapazitätsauslastung wieder erreicht werden kann. Anders verhält es sich bei der strukturell bedingten Überkapazität. Kommen bestimmte Branchen wie z. B. die Textilindustrie aus übergeordneten Gründen (zu starkes Lohngefällte nach Osteuropa und Südostasien) ins Schlingern, so können die Überkapazitäten nur durch Betriebsstillegungen abgebaut werden.

Geht die Nachfrage nach den produzierten Gütern zurück, dann reagieren Unternehmen oft nicht sofort mit einer Senkung der Produktionsmenge, mit der Folge, daß die *Lagerbestände* (= produzierte, aber nicht verkaufte Güter) zunehmen. Umgekehrt wird nach einer konjunkturellen Flaute bei einer ersten Belebung der Nachfrage nicht sofort die Produktionsmenge erhöht, sondern werden zunächst die Lagerbestände abgebaut.

Kein produzierendes Unternehmen kommt ohne Lagerhaltung aus. Je größer das unterhaltene Warenlager ist, um so rascher kann eine am Markt nachgefragte Ware geliefert werden, um so höher sind aber auch die Lagerhaltungskosten. Da das Warenlager meistens mit kurzfristigen Krediten finanziert wird, kommt in diesem Zusammenhang der Zinsentwicklung eine große Bedeutung zu.

6.1.15 Auftragseingang und Auftragsbestand

Für die Erstellung kurz- bis mittelfristiger Gewinnprognosen sind für den Analysten vor allem Daten über den **Auftragseingang,** aber auch über den **Auftragsbestand** wertvoll.

Die Auftragsbestände sind stichtagsbezogen. Vergleicht man den Auftragsbestand mit dem Umsatz, so erkennt man, für wieviele Monate ein Unternehmen – gleichbleibender Umsatz vorausgesetzt – die Auslastung seiner Produktionskapazitäten und damit die Beschäftigung seiner Mitarbeiter gesichert hat, falls keine neuen Aufträge hereinkommen. Bei Unternehmen mit mehreren Produktionsbereichen ist allerdings zu prüfen, ob sich die Veränderungen in der Auftragssituation auf bestimmte Bereiche beschränken ober ob das gesamte Unternehmen davon betroffen ist.

Der Auftragseingang ist demgegenüber zeitraumbezogen. Besonders aufschlußreich ist der Vergleich der prozentualen Veränderungen des Auftragseingangs gegenüber der entsprechenden Vorjahresperiode. Nimmt der Auftragseingang schneller zu als der Umsatz eines Produktes, so kann mit einer steigenden Kapazitätsauslastung und so mit zunehmenden Gewinnen (bzw. abnehmenden Verlusten) in der Zukunft gerechnet werden. Umgekehrt signalisiert ein plötzliches Nachlassen der Auftragseingänge einen wahrscheinlich anstehenden Gewinnrückgang des Unternehmens.

In bestimmten Branchen (z. B. amerikanische Halbleiterproduzenten) ist das Verhältnis zwischen Auftragseingang und Auftragsbestand (Book-to-bill-ratio) bei der Unternehmensbeurteilung die entscheidende Analysegröße schlechthin.

6.1.16 Erlösstruktur und -entwicklung

Die Erlöse eines Unternehmens werden in erster Linie von Preis und Menge der Produkte oder Dienstleistungseinheiten bestimmt. Der maximal erzielbare Preis für ein Produkt hängt u. a. von der Marktsituation (Angebotsüberhang, Nachfrageüberhang oder ausgeglichene Situation) sowie von der Preisgestaltung anderer Wettbewerber ab. Während die Gewinnmargen in Wachstumsmärkten im allgemeinen gut sind, kommt es bei rückläufiger Konjunktur oder schrumpfenden Märkten häufig zu Preiskämpfen zwischen den einzelnen Anbietern.

Manchmal unterliegen Preisgestaltung und Marktgeschehen administrativen Einflüssen: Die Höhe des Strompreises ist staatlich reguliert, die Kohleförderung sowie die Stahlerzeugung werden staatlich subventioniert. Aufgrund von Importbeschränkungen und garantierten Inlandspreisen beträgt der Zuckerpreis in Deutschland das Mehrfache des Weltmarktpreises.

Gravierende Einflüsse auf die Ertragslage eines Unternehmens können auch Veränderungen der Wechselkurse bewirken. Wird die eigene Landeswährung aufgewertet (wie es mit der DM in den letzten Jahren häufig geschehen ist), so wird der Export in Länder mit schwächeren Währungen erschwert, da das Unternehmen im Ausland die Preise entweder erhöhen oder mit niedrigeren Gewinnmargen auskommen muß. In Fremdwährung abrechnende ausländische Tochtergesellschaften werden sowohl zum Konzernumsatz als auch zum Konzernergebnis weniger beitragen können. Viele Unternehmen sichern ihre Auslandsgeschäfte mit Devisentermingeschäften gegen Währungsveränderungen ab, dies ist jedoch mit zusätzlichen Kosten verbunden.

6.2 Wann ist eine Aktie unterbewertet?

Die bisher besprochene Vorgehensweise bei der Unternehmensanalyse hat den Aktienkurs der untersuchten Gesellschaft vollkommen außer acht gelassen. Angenommen, Sie als Spekulant interessieren sich für ein bestimmtes Unternehmen, weil es ein gutes Produktprogramm hat, sich durch hohe Innovationsfreudigkeit auszeichnet oder in einer Wachstumsbranche tätig ist. Nun stellen Sie sich die Frage, ob es richtig ist, die betreffenden Aktien zum jetzigen Zeitpunkt zu kaufen. Mit anderen Worten: Ist die Aktie gegenwärtig billig oder teuer?

Wir erwähnten zum Eingang dieses Kapitels, daß der Dreh- und Angelpunkt jeder Unternehmensanalyse der innere Wert der Aktie sein sollte. Die Bewertungsanalyse kennt zwei Verfahren, um sich dem inneren Wert einer Aktie zu nähern – die ertragsorientierte Analyse und die substanzorientierte Analyse.

6.2.1 Ertragsorientierte Bewertung

Der traditionelle Ansatz der modernen Aktienanalyse erklärt den Aktienkurs als diskontierten (abgezinsten) Wert der zukünftigen Dividenden je Aktie und des anteiligen Liquidationserlöses. Dabei wird unterstellt, daß bei einem anhaltenden Gewinnwachstum der Aktiengesellschaft ihre Dividende in gleichem Maße zunimmt. Für die Abzinsung wird in der Regel der aktuelle Kapitalmarktzins gewählt. Der Hintergrund für diese Vorgehensweise ist die Tatsache, daß festverzinsliche Wertpapiere grundsätzlich eine Anlagealternative zum Aktienmarkt darstellen.

In diesem **Diskontierungsmodell** geht es also um die Dividenden-Wachstumserwartungen bei einer Aktie. Wird ein solches Wachstum erwartet, so wird der Aktie eine höhere Bewertung zugestanden, als wenn nur mit gleichbleibenden oder gar fallenden Dividendenausschüttungen zu rechnen ist.

Das Dividendendiskontierungsmodell ist allerdings für den praktischen Gebrauch zu kompliziert und unhandlich. Der fundamental orientierte Privatanleger wird daher eher auf die klassischen Bewertungsrelationen zurückgreifen.

6.2.2 Kurs/Gewinn-Verhältnis

Ob eine Aktie über- oder unterbewertet ist, erkennt man unter anderem daran, wieviel mal der Gewinn pro Aktie im Aktienkurs enthalten ist. Den (Bilanz-)Gewinn pro Aktie erhält man, wenn man den Bilanzgewinn durch die Anzahl der ausstehenden Aktien teilt. Aus der Division des Aktienkurses durch den Gewinn pro Aktie ergibt sich das **Kurs/Gewinn-Verhältnis**

Tabelle 8: Gewinnschätzungen von Banken im Vergleich

VOLKSWAGEN AG **Gewinnschätzungen**

	Gewinn/ Aktie 94	Gewinn/ Aktie 95	Gewinn/ Aktie 96	KGV 95	KGV 96
Mittelwert	4,62	27,84	51,21	14,3	7,4
Standardabweichung	7,27	8,87	14,29	7,23	1,84
DG BANK	5	20	35	17,5	10
DEUTSCHE BANK RESEARCH	-4,5	22	39	15,9	9
COMMERZBANK	5	22	45	15,9	7,8
WARBURG SG	6	29	36	12	9,7
VERLAG NORMAN RENTROP		22,5		15,5	
BAYERISCHE VEREINSBANK	7	28	40	12,5	8,7
BNP DEUTSCHLAND	9	42	70	8,3	5
WEST CAPITAL	11	39	42	9	8,3
TRINKAUS CAPITAL MGT	11	25		14	
BANK IN LIECHTENSTEIN	4	28		12,5	
NATWEST SECURITIES	17,9	33,1	48	10,5	7,3
CSFB	3,1	41,1	73,6	8,5	4,7
KLEINWORT BENSON	3	22		15,9	
SMITH NEW COURT	4	35		10	
BFG BANK	2	35		10	
SCHRODERS SECURITIES	9,3	45,7		7,6	
BHF BANK	5	25		14	
SAL OPPENHEIM	10	32	50	10,9	7
SIGECO	3	26		13,4	
BETHMANN BANK	5	30		11,6	
M.M. WARBURG	15	30		11,6	
BANKHAUS LAMPE		20		17,5	
MERCK FINCK & CO.		25		14	
MEES PIERSON	4	26		13,4	
SMH	3	16		21,8	
LEHMAN BROTHERS		35	60	10	5,8
JULIUS BÄR	2	20		17,5	
BAYERISCHE LANDESBANK	1	25		14	
HAUCKBANKIERS	4	15		23,3	
BARCLAYS DE ZOETE WEDD FFM	-25	7		49,9	
HOARE GOVETT	5	20		17,5	
DRESDNER INTERNAT. RESEARCH	9	35		10	
I R I S	-5	22		15,9	
SCHWEIZERISCHE BANKGES.	10	48	76	7,3	4,6

(Price-Earnings-Ratio, PER). Je niedriger das KGV, umso günstiger und kaufenswerter ist eine Aktie (oder eine Branche oder sogar der Aktienmarkt eines bestimmten Landes).

Es wurde bereits erwähnt, daß der Bilanzgewinn manchmal ein verzerrtes Bild ergibt, und daß die Deutsche Vereinigung für Finanzanalyse und Anlageberatung (DVFA) eine Formel zur Ermittlung des Ergebnisses eines Unternehmens entwickelt hat. Das mit Hilfe dieser Formel erhaltene Ergebnis pro Aktie führt zum „Kurs/Ergebnis-Verhältnis". Im allgemeinen Sprachgebrauch wurde allerdings die Bezeichnung „Kurs/Gewinn-Verhältnis" beibehalten.

Die Tabelle 8 zeigt die unterschiedlichen Gewinnschätzungen von 34 Kreditinstituten für die VW-Aktie. Sie sehen, daß die einzelnen Prognosen recht deutlich voneinander abweichen; dies ist für VW typisch. Die Gewinne anderer Branchen (z. B. Energieversorger) lassen sich leichter schätzen. Die hohe Streubreite der einzelnen Schätzungen für VW schlägt sich auch in einer hohen Standardabweichung nieder. Der Mittelwert aus allen Schätzungen wird auch **Konsensus** genannt.

Wenn der tatsächliche Gewinn eines Unternehmens stark von der Einschätzung der Mehrheit der Analysten abweicht, hat dies oft einen Kurssprung nach oben oder unten zur Folge. Aus diesem Grunde kann es für einen Investor wertvoll sein, den Konsens der Gewinnschätzungen zu kennen. Leider sind die Datenbanken, die diese Informationen vertreiben, ziemlich teuer.

6.2.3 Kurs/Cash-flow-Verhältnis

Die für die fundamentale Analyse aussagekräftigste Größe ist das ordentliche, periodenbezogene Betriebsergebnis, das als Brutto-Cash-flow (vor Steuern) bzw. Netto-Cash-flow (nach Steuern) bezeichnet wird. Der **Cash-flow** stellt die gesamten selbst erwirtschafteten Mittel eines Unternehmens dar. Die Cash-flow-Gesamtkapital-Rentabilität sagt demnach etwas über die Finanzierungsfähigkeit des Unternehmens aus eigener Kraft aus:

$$\textbf{Cash-flow-Gesamtkapital-Rentabilität} = \frac{\text{Cash-flow}}{\text{durchschnittlich eingesetztes Grundkapital}}$$

Je höher der Cash-flow, umso weniger muß das Unternehmen für seine Investition auf fremde Mittel zurückgreifen. Analog zum Kurs/Gewinn-Verhältnis kann man auch ein Kurs/Cash-flow-Verhältnis bilden, indem man den Börsenkurs durch den Cash-flow pro Aktie teilt. Je kleiner diese Zahl ist, um so attraktiver ist die Aktie bewertet. Besonders die Anleger aus dem angelsächsischen Raum bevorzugen oftmals das Kurs/Cash-flow-Verhältnis vor dem Kurs/Gewinn-Verhältnis.

6.2.4 Dividendenrendite

Teilt man die zuletzt gezahlte (besser: zukünftig erwartete) Dividende durch den aktuellen Aktienkurs, so erhält man die Dividendenrendite.

$$\textbf{Dividendenrendite} = \frac{\text{Dividende} \times 100}{\text{Aktienkurs}}$$

Je höher die Dividendenrendite, um so höher ist der jährliche Ertrag, den der Aktionär für seine Kapitalanlage erhält. In aller Regel liegen die Dividendenrenditen von Aktien deutlich unter der am Rentenmarkt erzielbaren Rendite festverzinslicher Wertpapiere. Zur Errechnung der Dividendenrendite gehen ausländische Anleger von der *Bardividende* aus Inländische, unbegrenzt steuerpflichtige Anleger haben außerdem Anspruch auf das nicht ausgezahlte Körperschaftsteuerguthaben, das sie zur Berechnung der Dividendenrendite der Bardividende zuschlagen müssen.

Tabelle 9 zeigt Ihnen das Kurs/Gewinn-Verhältnis, das Kurs/Cash-flow-Verhältnis und die Dividendenrendite der 30 DAX-Werte im Überblick.

6.2.5 Absolute und relative Bewertung

Die Kennzahlen Kurs/Gewinn-Verhältnis, Kurs/Cash-flow-Verhältnis und Dividendenrendite stellen – für sich allein genommen – absolute Bewertungsgrößen dar. Interessant wird es allerdings erst, wenn man diese Kennziffern mit den entsprechenden Kennziffern anderer Aktien derselben Branche oder anderer Branchen vergleicht. Auch die Relation zur Bewertung des Gesamtmarktes ist von großem Interesse. Dabei gilt die Regel: Je länger der ökonomische Horizont ist, also der zukünftige Zeitraum, für den eine prognostizierte Gewinnentwicklung mit hoher Wahrscheinlichkeit angenommen werden kann, um so höher darf die relative Bewertung der Aktie sein. Branchen mit langem ökonomischen Horizont sind bei-

Tabelle 9: Bewertungskennziffern der DAX-Aktien im Überblick

Aktie	Kurs am 28.02.95	Gewinn pro Aktie	Kurs/Gewinn-Verhältnis	cash-flow pro Aktie	Kurs/cash-flow-Verhältnis	Bar-Dividende	Dividenden-rendite
Allianz Holding	2522	62	38,3	158	15,0	16	0,6
BASF	320	20	14,3	45	6,3	12	3,8
Bay.Hypobank	386	30	12,6	110	3,4	14,5	3,8
Bay.Vereinsbank	434,2	33	12,4	102	4,0	14,5	3,3
Bayer	358	31	11,0	83	4,1	13	3,6
BMW	758	55	12,3	133	5,1	12,5	1,6
Commerzbank	337	29	10,8	100	3,1	13	3,9
Continental	223	12	15,6	57	3,3	4	1,8
Daimler-Benz	709	29	21,2	190	3,2	13	1,8
Degussa	467	24	17,2	101	4,1	10	2,1
Dresdner Bank	399	30	12,9	100	3,9	14,5	3,6
Dt.Babcock	188,5	8	19,3	460	0,3	5	2,7
Dt.Bank	717,5	58,5	11,4	238	2,8	16,5	2,3
Henkel Vz.	564	36	14,8	119	4,5	10	1,8
Hoechst	321,6	21	13,6	82	3,5	11	3,4
Karstadt	588	28	21,1	143	4,1	13	2,2
Kaufhof	490	30	16,5	92	5,4	14	2,9
Linde	905	44	17,2	131	5,8	15	1,7
Lufthansa	200,5	12	14,6	32	5,6	4	2,0
MAN	409	15	22,3	86	3,9	7	1,7
Mannesmann	424	19	19,4	37	10,0	6	1,4
Preussag	451	25	16,2	94	4,3	10	2,2
RWE	467,2	26	17,4	136	3,3	13	2,8
Schering	1116	55	18,8	141	7,3	14,22	1,3
Siemens	678	42	15,3	156	4,1	13	1,9
Thyssen	291,6	20	12,4	43	5,8	6	2,1
VEBA	524	35	14,4	126	4,0	16	3,1
VIAG	525	31	16,1	96	5,2	10	1,9
Volkswagen	395,5	15	22,7	112	3,0	4	1,0

spielsweise Banken und Energieversorgungsunternehmen. Demgegenüber haben Textilwerte, Stahlaktien, Computerbauer und Modeaktien einen kurzen ökonomischen Horizont. Bei den Computerherstellern ist es stets ungewiß, welches Unternehmen das Rennen um die nächste Computergeneration machen wird. Bereits die Entwicklung der übernächsten Generation läßt sich in der Gegenwart überhaupt nicht greifen. Ähnlich kurz ist der prognositizierbare Zeitraum für Modeaktien. Wird die Herbstkollektion ein durchschlagender Erfolg, so explodiert der Gewinn je Aktie. Wird sie ein Flop, so könnte das Unternehmen im folgenden Jahr vor dem Ruin stehen. Chance und Risiko liegen hier also besonders dicht beisammen, und das spiegelt das im Vergleich zum Gesamtmarkt außerordentlich niedrige Kurs-Gewinn-Verhältnis dieser Aktien wider.

Doch das KGV hängt nicht nur vom ökonomischen Horizont ab, sondern auch von den nachhaltig erzielbaren Wachstumsraten des Unternehmensgewinnes. Je höher die erwartete Wachstumsrate und um so länger der ökonomische Horizont, desto höher ist im allgemeinen das KGV.

6.2.6 Substanzorientierte Bewertung

Rechnet man den Bilanzwert oder Buchwert einer Aktiengesellschaft auf die einzelne Aktie um, so erhält man das **Kurs/Buchwert-Verhältnis.** Diese Kennziffer wird oft als Anhaltspunkt dafür genommen, wie stark Buchwert und Börsenwert einer Aktiengesellschaft auseinanderklaffen. Der Bilanz- oder Buchwert berücksichtigt allerdings nicht die sogenannten stillen Reserven und ist deswegen wenig aussagekräftig; man könnte auch sagen, daß das in der Bilanz ausgewiesene Eigenkapital mit dem tatsächlich vorhandenen nicht übereinstimmt. Warum ist das so?

Eine der wesentlichen Bilanzrichtlinien ist das **Niederstwertprinzip.** Dieses Vorsichtsprinzip besagt, daß Aktiva höchstens mit den Anschaffungskosten bewertet werden dürfen, die bei abnutzbarem Anlagevermögen um die Abschreibungen zu vermindern sind. Ist der Wert am Bilanzstichtag niedriger, so muß dieser niedrigere Wert bilanziert werden, wenn es sich um Umlaufvermögen handelt oder eine dauerhafte Wertminderung des Anlagevermögens vorliegt (strenges Niederstwertprinzip). Dem Niederstwertprinzip auf der Aktivseite der Bilanz steht auf der Passivseite das Höchstwertprinzip gegenüber; Verbindlichkeiten müssen mit dem Höchstwert angesetzt werden, obwohl sie tatsächlich bereits viel niedriger sein können.

Die Differenz zwischen dem in der Bilanz ausgewiesenen und dem tatsächlichen Wert der Aktiva und Passiva sind die **Stillen Reserven.** Sie sind dementsprechend nicht aus der Bilanz zu erkennen und müssen daher von dem Analysten geschätzt werden, denn erst die Summe aus Buchwert und stillen Reserven bilden den eigentlichen **Substanzwert.** Dieser umfaßt also die Summe der zum Zeitwert (nicht zum Anschaffungswert) bewerteten Wirtschaftsgüter nach Abzug der Schulden.

Warum ist der Substanzwert einer Aktiengesellschaft so wichtig für die Unternehmensanalyse? Zunächst einmal sind die nicht betriebsnotwendigen Vermögensteile von Interesse, da sie gegebenenfalls in Zukunft rentabler eingesetzt werden könnten. An solchen potentiellen Ertragsträgern entzündet sich auch immer wieder Gewinnphantasie, die zu einer Höherbewertung des Unternehmens an der Börse führen können.

Weiterhin ist der Substanzwert im Hinblick auf Aufkäufe, Übernahmen oder Abfindungen interessant. Liegt nämlich der Substanzwert je Aktie erheblich über dem aktuellen Börsenkurs, so könnte ein Aufkäufer versucht sein, über die Börse Aktien der „Substanzperle“ zu erwerben. Durch das veränderte Angebot/Nachfrage-Verhältnis kommt es zu deutlichen Kurssteigerungen. Wird erst einmal die Übernahmeabsicht bekannt, oder offeriert das interessierte Unternehmen ein konkretes Übernahmeangebot an die Aktionäre, so sind erhebliche Kurssprünge an der Börse oft die Folge.

Für den eingefleischten Spekulanten gibt es kaum eine schnellere Möglichkeit, innerhalb kürzester Zeit große Gewinne einzufahren, als mit potentiellen Übernahmekandidaten. Über einige dieser Spekulationen wurde bereits im zweiten Kapitel berichtet.

Auch im Hinblick auf eine mögliche Liquidation einer Gesellschaft ist der Substanzwert von Bedeutung, doch das dürfte nur sehr selten vorkommen. Bestes Beispiel hierfür sind die Liquidationsanteilscheine der ehemaligen, noch in Reichsmark notierenden IG-Farben-Aktien. Nach der Wiedervereinigung der beiden deutschen Staaten kam es zu einer Substanzwertspekulation in diesen Papieren, da auf die Rückgabe umfangreicher Ost-Liegenschaften, die von der früheren DDR enteignet wurden, spekuliert wurde.

Worin können nun die stillen Reserven liegen? Im Blickpunkt von Analysten und Anlegern stehen in erster Linie die neutralen Vermögensgegenstände, die zum Betrieb des Unternehmens nicht nötig sind. Hierzu gehören Grundstücke, Gebäude, Beteiligungen und Wertpapiere. Vor allem der Grundstücksbesitz hat es den Spekulanten angetan. Wie wäre es anders zu erklären, daß Aktiengesellschaften, die seit Jahren hohe operative Verluste machen, an der Börse dennoch hoch bewertet werden? Auch profitable Unternehmen bestimmter Branchen wie z. B. Brauereien oder Kaufhäuser mit ihren deutlich über dem Marktdurchschnitt liegenden Kurs-Gewinn-Verhältnissen gehören in diese Kategorie. Hier sind die Grundstücke zwar meistens betriebsnotwendig, doch die Immobilien von Karstadt oder Kaufhof in den Top-Lagen der Innenstädte können bei der Bewertungsanalyse nicht einfach unberücksichtigt bleiben.

Das größte Problem bei der Substanzwertschätzung besteht darin, daß die Anschaffungswerte der Immobilien nicht aus der Bilanz ersichtlich sind. Da detaillierte Auskünfte durch das Unternehmen nur äußerst selten erteilt werden, sind die Analysten auf grobe Schätzungen angewiesen. Das zweite Problem liegt in der Schwierigkeit, verläßliche Verkehrswerte für die nicht betriebsnotwendige Immobiliensubstanz zu schätzen. Außenstehende können nämlich oftmals den Erschließungszustand, potentielle Nutzungsmöglichkeiten, behördliche Einschränkungen sowie eventuelle Bodenverunreinigungen kaum beurteilen.

Auch bei betriebsnotwendigen Beteiligungen oder Wertpapieren können sich Schätzprobleme ergeben, dann nämlich, wenn die Beteiligungen nicht börsennotiert sind und daher kein Börsenkurs vorliegt. Zu den Unternehmen mit hohen stillen Reserven in Beteiligungen oder Wertpapieranlagen gehören in erster Linie Banken und Versicherungen.

6.2.7 Aktienmarkt und Rentenmarkt als ewige Konkurrenten

Eine Vielzahl von Geldanlagen konkurrieren um das Kapital der Investoren und Spekulanten; von ihnen sind Aktien und festverzinsliche Wertpapiere die weitaus wichtigsten. Anleihen sind – sofern man sie nicht vor Endfälligkeit verkauft oder der Emmittent seine Zins- oder Tilgungszahlungen einstellt – ohne Risiko für den Anleger. Fast alle Anleihen werden zu einem bestimmten Tag und zu einem bestimmten Kurs (in der Regel 100 %) zurückgezahlt. Die Rendite, die der Investor mit festverzinslichen Wertpapieren erzielt, setzt sich zusammen aus den jährlichen Zinszahlungen (Kupons) sowie der Differenz zwischen Ankaufs- und Einlösungskurs.

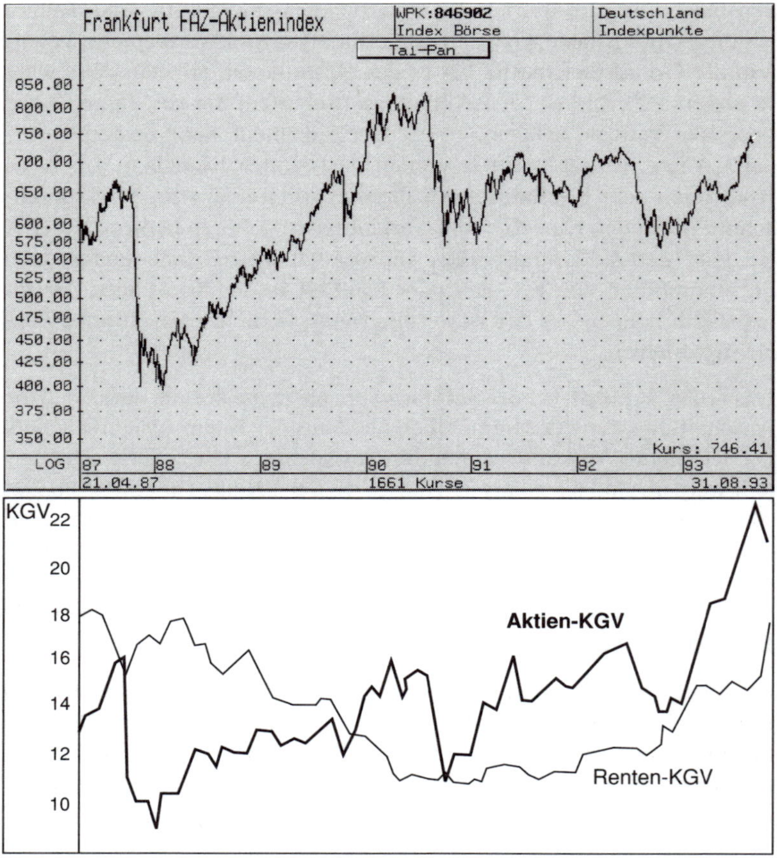

Abbildung 19: Aktien- versus Renten-KGV

Es ist naheliegend, daß ein Anleger am Aktienmarkt eine höhere Rendite erwartet als am Rentenmarkt, da Dividendenpapiere eher risikobehaftet sind. Um die Bewertungen der beiden Märkte relativ zueinander vergleichen zu können, wird dem Aktienmarkt-KGV ein „Rentenmarkt-KGV" gegenübergestellt. Das Rentenmarkt-KGV ist nichts anderes als der Kehrwert der Rendite.

In der Abbildung 19 ist deutlich zu erkennen, daß der deutsche Aktienmarkt bis 1990 tatsächlich niedriger bewertet war als der Rentenmarkt.

Das Aktienmarkt-KGV lag unter dem Rentenmarkt-KGV. Ähnlich verhielt es sich übrigens auch in den Jahrzehnten davor. Im Zuge der Wiedervereinigung und der aufkommenden Ostphantasie änderte sich dies jedoch. Obwohl Aktien mehr Risiko beinhalten als Renten, wurde der Aktienmarkt in der Folge höher bewertet. Sie sehen aber auch noch etwas anderes: Immer dann, wenn sich das Aktienmarkt-KGV zu weit vom Rentenmarkt-KGV entfernte, geriet der Aktienmarkt in Schwierigkeiten. In der Grafik sind die beiden Schwächephasen im III. Quartal 1990 (Kuwait-Krise) sowie in der Jahresmitte 1992 deutlich an dem sich zurückbildenden Aktienmarkt-KGV zu erkennen. Daß sich die Differenz zwischen den beiden Märkten im Jahresverlauf '93 extrem stark ausweitete, hat folgenden Grund: Die Marktteilnehmer nahmen allgemein an, daß das nahe Ende der Rezession in Deutschland zu deutlich steigenden Unternehmensgewinnen und als Folge davon automatisch fallenden Kurs-Gewinn-Verhältnissen führen würden.

Aus der Abbildung 19 können wir noch eine weitere wichtige Erkenntnis gewinnen: Steigen die Zinsen, so fällt das Renten-KGV (reziproke Umlaufrendite). Bleibt das Verhältnis zwischen Aktienmarkt und Rentenmarkt konstant, so müssen die Aktienkurse zwangsläufig fallen. Doch das ist ja eine altbekannte Börsenregel. Steigen die Zinsen, fallen die Aktien – fallen die Zinsen, steigen die Aktien. Für den Spekulanten ist es also neben der Auswahl der richtigen Aktien von großer Wichtigkeit, den zukünftigen Zinstrend richtig einzuschätzen. Dieses Erfordernis leitet uns über zur Globalanalyse.

6.3 Globalanalyse

Nachdem wir uns ausführlich mit der mikroökonomischen Ebene der Fundamentalanalyse auseinandergesetzt und auch die verschiedenen Ansätze der Bewertungsanalyse kennengelernt haben, wenden wir uns nun der makroökonomischen Ebene zu.

Es gibt zahlreiche Wirtschaftsfaktoren, die nicht branchen- oder unternehmensspezifischer Art sind, und die dennoch den Aktienmarkt als Gesamtheit beeinflussen. Die wichtigsten sind:

- Konjunktur
- Zinstrend
- Inflation

- Währungstrends
- Bruttosozialprodukt
- Arbeitsmarkt
- Handelsbilanz
- Bundesbankpolitik
- Tarifabschlüsse
- Finanzpolitik

Bevor wir uns mit der Auswirkung der einzelnen Faktoren beschäftigen, ist es sinnvoll, sich in einem kurzen Abriß über die Grundzüge der Wirtschaftspolitik zu informieren. Um erfolgreich am Kapitalmarkt operieren zu können, sollten Sie die grundlegenden Zusammenhänge unserer Wirtschaft verstehen!

6.3.1 Grundzüge der Wirtschaftspolitik

Die grundlegenden Zielsetzungen unserer sozialen Marktwirtschaft sind im sogenannten **Stabilitätsgesetz** niedergelegt:

- stetiges und angemessenes Wirtschaftswachstum,
- stabiler Geldwert / stabiles Preisniveau,
- außenwirtschaftliches Gleichgewicht und
- hoher Beschäftigungsstand.

Da es sich um vier grundlegende Größen handelt, spricht man auch vom **magischen Viereck.**

Das stetige **Wirtschaftswachstum** ist das Hauptziel aller Volkswirtschaften der Erde. Der Lebensstandard kann nur dann steigen, wenn die Produktion wirtschaftlicher Güter schneller als die Bevölkerung wächst. Daß die Wirtschaft überhaupt in der Lage ist zu wachsen, ist vor allem auf den technischen Fortschritt, eine ausgebaute Infrastruktur, eine gute Ausbildung der arbeitenden Bevölkerung und eine Investitionen ermöglichende, hohe Sparrate zurückzuführen. Als Maß für die Wirtschaftskraft eines Landes wird gewöhnlich das **Bruttosozialprodukt** herangezogen. Es ist der Gesamtwert aller in einer bestimmten Zeit – meistens einem Jahr – von einer Volkswirtschaft erzeugten Waren und Dienstleistungen.

Stellt man die Importe und Exporte von Gütern bzw. Dienstleistungen eines Landes einander gegenüber, so erhält man die **Handelsbilanz** bzw. **Dienstleistungsbilanz.** Die Summer beider Teilbilanzen bezeichnet man als **Leistungsbilanz.** Je nachdem, ob in der Summe die Exporte oder aber die Importe überwiegen, ist die Leistungsbilanz aktiv oder passiv. Länder mit einer aktiven (positiven) Leistungsbilanz erwirtschaften also Überschüsse, während Länder mit einer passiven (negativen) Bilanz Defizite aufweisen. Es ist unmöglich, daß alle Länder Exportüberschüsse aufweisen, weil die Überschüsse des einen Handelspartners die Defizite des anderen sind. Im Interesse eines störungsfreien wirtschaftlichen Ablaufs ist es nötig, ein außenwirtschaftliches Gleichgewicht herbeizuführen. Sind die Ungleichgewichte nämlich zu groß, bleibt dem defizitären Partner auf die Dauer nichts anderes übrig, als Importbeschränkungen einzufahren oder die eigene Währung abzuwerten.

Eine absolute **Geldwertstabilität,** die durch ein konstantes Preisniveau gekennzeichnet ist, konnte bisher in keiner Volkswirtschaft erreicht werden. Preissteigerungsraten von zwei bis drei Prozent pro Jahr gelten als großer Erfolg der Wirtschaftspolitik und erfüllen die Forderung nach einer relativen Geldwertstabilität. Inflationsraten, die deutlich darüber liegen, benachteiligen den Kapitalanleger, weil der Realzins – das ist die Differenz zwischen Sparzinsen und der Geldentwertungsrate – kleiner wird. Auf der anderen Seite werden die Kapitalschuldner und die Besitzer von Sachwerten begünstigt. Es findet also eine Umverteilung der Kaufkraft statt.

Während bei stabilem Geldwert das Güterangebot der nachfragewirksamen Geldmenge entspricht, wächst bei einer Inflation die Geldmenge schneller als die Gütermenge. Das Überangebot an Geld führt dann zu seiner Entwertung. Die Ursachen hierfür können sowohl von der Geldseite als auch von der Güterseite kommen. Ein übermäßiger Anstieg der Personalkosten, knapper werdende Rohstoffe oder Arbeitszeitverkürzungen, die nicht durch entsprechende Produktivitätssteigerungen aufgefangen werden können, sind Beispiele für Ursachen von der Güterseite her. Auf der Geldseite sind die Geldschöpfung durch die Notenbank (z. B. zur Deckung von Staatsdefiziten), die Kreditschöpfung der Kreditinstitute (Vermehrung von Buchgeld) oder ein Nettozufluß von Geldern aus dem Ausland zu nennen.

Das vierte Ziel der Wirtschaftspolitik ist ein möglichst hoher Beschäftigungsstand. **Arbeitslosenquoten** zwischen zwei und sechs Prozent können auch bei Vollbeschäftigung kaum unterschritten werden, da ein vollkommener Ausgleich zwischen Arbeitssuchenden und offenen Stellen unmöglich ist. Dies ist durch die große Abhängigkeit der Arbeitslosenquoten von regionalen und sektoralen Faktoren bedingt. In ländlichen Gebieten, den neuen Bundesländern und im Norden Deutschlands ist die Arbeitslosigkeit besonders hoch. In den Großstädten und im Süden sind dagegen eher offene Stellen zu finden. Der Übergang von der Industriegesellschaft zur Dienstleistungsgesellschaft hat zur Folge, daß die Zahl der Arbeitsplätze in der Landwirtschaft oder im Bergbau immer mehr abnehmen und beispielsweise in der Computerbranche ständig weiter steigen wird. Als letzter Punkt sei noch die unterschiedliche Qualifikation von Arbeitskräften genannt. Auf der einen Seite werden Facharbeiter dringend gesucht, während ungelernte Hilfskräfte kaum eine Chance haben, Arbeit zu finden.

Es ist in der Praxis nahezu unmöglich, durch geeignete Maßnahmen alle wirtschaftspolitischen Ziele des magischen Vierecks gleichzeitig zu verwirklichen. Um dem einen Ziel näherzukommen, muß man sich oft von einem anderen Ziel entfernen. So kann die Bundesbank in einer Phase der Hochkonjunktur gezwungen sein, die Zinsen drastisch zu erhöhen, um inflationären Tendenzen entgegenzuwirken, auch wenn die Folge schwächeres Wachstum und steigende Arbeitslosigkeit sein kann.

Die Mechanismen, die der Wirtschaftsentwicklung zugrunde liegen, sind vielschichtig und schwer durchschaubar. Volks- und Betriebswirtschaftslehre sind daher eher heuristische als exakte Wissenschaften.

Der Verwirklichung der vier wirtschaftspolitischen Ziele dienen in erster Linie die Finanzpolitik der Bundesregierung und die Geldpolitik der Bundesbank. Außerdem spielen die Außenwirtschaftspolitik (Wechselkurssystem, Zölle) und die Rechtspolitik (Gesetze und Verordnungen) eine wichtige Rolle.

6.3.2 Finanzpolitik der Bundesregierung

Ein Staatshaushalt ist dann ausgeglichen, wenn sich Einnahmen (Steuern, Abgaben und Gebühren) und Ausgaben (laufende Ausgaben und Investitionen) ausgleichen. Übersteigen die Ausgaben die Einnahmen, was seit langem eher die Regel als die Ausnahme ist, muß sich der Staat jedes Jahr neu verschulden. Die dafür nötigen Gelder beschafft sich der Staat über Steuererhöhungen oder Aufnahme von Krediten. Im letzteren Fall sind es Bundesanleihen, -obligationen oder -schatzbriefe, die von institutionellen Anlegern und sparwilligen Bundesbürgem gekauft werden.

6.3.3 Geldpolitik der Bundesbank

Die Bundesbank ist in ihren Entscheidungen völlig autonom, die Bundesregierung kann höchstens Empfehlungen aussprechen.

Die Aufgaben der Bundesbank sind im Bundesbankgesetz folgendermaßen formuliert: „Die Bundesbank regelt mit Hilfe der währungspolitischen Befugnisse den Geldumlauf und die Kreditversorgung der Wirtschaft mit dem Ziel, die Währung zu sichern.“ Außerdem sorgt sie für die bankmäßige Abwicklung des Zahlungsverkehrs im Inland (über ihre Niederlassungen, die Landeszentralbanken) und mit dem Ausland.

Der Einsatz der währungspolitischen Befugnisse beeinflußt den Kapitalmarkt in wesentlichem Maß. Die Bundesbank entscheidet, wieviel Liquidität sie der Wirtschaft zuführt, d. h. welche Geldmenge sie zur Verfügung stellt. Zur Steuerung der Geldmenge stehen der Bundesbank mehrere geldpolitische Instrumente zur Verfügung. Die Banken nehmen Gelder von Kapitalanlegern zu niedrigen Zinsen in Form von Festgeldern, Sparkonten oder Schuldverschreibungen herein und verleihen sie zu höheren Zinsen an Kreditnehmer, wobei die Zinsdifferenz ihr Gewinn ist. Die Kreditinstitute können jedoch nicht die gesamten bei ihnen angelegten Gelder als Kredite zur Verfügung stellen, weil sie bei der Bundesbank Guthaben in einer bestimmten Mindesthöhe unterhalten müssen, die nicht verzinst werden. Je höher diese Mindestreserve angesetzt wird, um so geringer ist der Kreditschöpfungsspielraum der Banken.

Auch die **Diskontpolitik** beeinflußt das Kreditpotential der Geschäftsbanken. Eine übliche Refinanzierungsquelle der Banken ist der Weiterverkauf von Wechseln an die Bundesbank. Die Wechsel wurden zuvor von Wirtschaftsunternehmen angekauft. Der Zinssatz wird von der Bundesbank als Diskontsatz festgelegt. Erhöht die Bundesbank den Diskontsatz, so schmälert sie die Ertragslage der Kreditinstitute, da sie deren Refinanzierungskosten erhöht. Die Banken werden versuchen, den gestiegenen Zinsaufwand an ihre Kreditnehmer weiterzugehen mit dem Ergebnis, daß das Zinsniveau steigt. Dieses Ziel kann die Bundesbank auch dadurch erreichen, daß sie nicht den Diskontsatz erhöht, sondern das Ausmaß der Refinanzierungsmöglichkeit der Banken, die Rediskontkontingente, steuert.

Ein anderes geldpolitisches Mittel ist der An- und Verkauf verzinslicher Wertpapiere durch die Bundesbank zur Beeinflussung des Geldmarktes (**Offenmarktpolitik**). In den letzten Jahren ist die Bundesbank immer mehr dazu übergegangen, den Geldumlauf über die Offenmarktpolitik zu regulieren. Ein Beispiel hierfür ist das Tenderverfahren, bei dem die Bundesbank eine bestimmte Menge an kurz- und mittelfristigen Bundeswertpapieren festlegt, die sie zwecks Regulierung des Geldumlaufs abzugeben bereit ist. Die Banken geben dann Gebote ab, welche Menge an Papieren sie zu welchem Preis aufnehmen wollen. Die für die Bundesbank günstigsten Gebote werden bedient. Man unterscheidet zwei Arten dieses Ausschreibungsverfahrens, den Zinstender und den Mengentender.

Weitere Instrumente, die der Feinsteuerung dienen, sind die **Kreditpolitik** und die **Einlagenpolitik.**

Zusammengefaßt läßt sich feststellen, daß die Bundesbank ihre Hauptaufgabe, die Währung zu sichern, dadurch wahrnimmt, daß sie das Geldvolumen bewußt steuert, also zwischen wirksamer Geldmenge und dem vorhandenen Güterangebot abstimmt. Die Zusammenhänge zwischen Wirtschaftspolitik und Kapitalmarkttendenzen kann man nur bei Kenntnis der geldpolitischen Instrumente richtig verstehen.

Die Geldmengenentwicklung ist einer der wichtigsten Einflußfaktoren für die Tendenz an den Kapitalmärkten überhaupt. Expandiert die Geldmenge im gleichen Maß wie die Wirtschaft wächst, so bleibt die Liquiditätsversorgung – relativ gesehen – gleich. Expandiert sie rascher als es dem Wirtschaftswachstum entspricht, so steht zunehmend mehr Liquidität zur Verfügung: für Investitionen, für den Konsum, und – für die Kapitalanlage! Die Nachfrage des reichlich vorhandenen Kapitals nach Anlagemöglichkeiten in Renten und Aktien steigt, während das Angebot ziemlich konstant bleibt. Die Folge davon wird sein, daß erstens die Rentenkurse steigen, also die Zinsen fallen, und zweitens die Aktienkurse in die Höhe gehen. Verfolgt die Bundesbank umgekehrt eine restriktive Geldpolitik, um eine aufgeblähte Geldmenge tendenziell zu reduzieren und um inflationäre Tendenzen zu mildern (jede übermäßige Geldmengenexpansion birgt lnflationspotential!), so wird den Kapitalmärkten Liquidität entzogen, das Angebot-NachfrageVerhältnis kehrt sich um, und die Kurse werden sinken.

Es ist eine der wichtigsten Aufgaben der globalen Fundamentalanalyse, die Geldmengenentwicklung in den führenden Industrienationen sehr sorgfältig zu beobachten und frühzeitig auf Änderungen der Geldpolitik, vor allem der Deutschen Bundesbank und des Federal Reserve Board (der amerikanischen Notenbank, kurz „FED“) genannt, zu reagieren.

6.3.4 Konjunkturzyklus

Der zweite Kernpunkt der Globalanalyse besteht darin festzustellen, an welchem Punkt eines Konjunkturzyklus wir uns befinden. Erinnern wir uns an das erste Ziel des Stabilitätsgesetzes, ein stetiges und angemessens Wirtschaftswachstum anzustreben.

In der Vergangenheit verlief dieses Wachstum niemals gleichmäßig, sondern unterlag erheblichen, regelmäßig wiederkehrenden Schwankungen, den sogenannten Konjunkturen. Ist die Konjunktur „gut", so wächst die Wirtschaft, und dem Staat, den Unternehmen und den Bürgem geht es gut. Bei „schlechtem" Konjunkturverlauf dagegen wird weniger produziert, und die Unternehmensgewinne gehen zurück. Dadurch steigt die Arbeitslosigkeit, und die Staatsausgaben für Arbeitslosen- und Sozialhilfe wachsen.

Dieses Auf und Ab der Konjunktur vollzieht sich in regelmäßig wiederkehrenden Zyklen. Die durchgezogene Linie der Abbildung 20 zeigt den typischen Ablauf der verschiedenen Phasen eines Wirtschaftszyklus und eines Börsenzyklus.

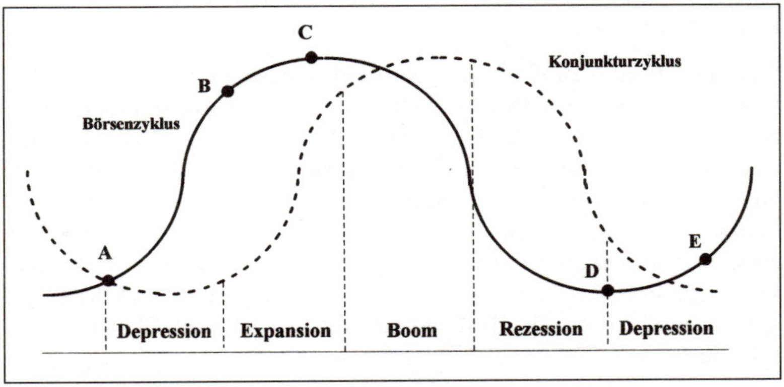

Abbildung 20: Konjunkturzyklus und Börsenzyklus

Am Beginn eines Konjunkturzyklus expandiert die Wirtschaft, das Bruttosozialprodukt steigt. Die Privathaushalte verdienen mehr und können mehr ausgeben. Damit steigt der Bedarf an Konsumgütern. Um diesen Bedarf zu decken, muß mehr produziert werden. Die Unternehmen stellen neue Leute ein, verkaufen mehr Produkte und weiten ihre Verdienstspanne aus. Ihre Gewinne (und Dividendenauschüttungen!) steigen. Die

Auftragseingänge nehmen immer mehr zu und erhöhen den Auftragsbestand der Unternehmen. Da mehr Produkte in derselben Zeit hergestellt werden müssen, steigt die Kapazitätsauslastung. Die Unternehmen haben genug Kapital, um ihre Produktionsanlagen zu modernisieren. Dies stimuliert die Nachfrage nach Investitionsgütern, z. B. Maschinen.

Die Steigerungsraten nehmen immer mehr zu. Alle Wirtschaftssektoren tragen zum Wachstum bei. Nachdem die Unternehmen ihre Kapazitätsgrenze erreicht haben, sind sie gezwungen, in neue Anlagen zu investieren, wenn sie ihre Marktanteile behalten wollen. Als Folge davon nimmt die Nachfrage der Industrieunternehmen nach Krediten zu. Das Zinsniveau beginnt zu steigen.

Die Produktion an der Kapazitätsgrenze hat noch eine andere Folge: Übersteigt die Güternachfrage das -angebot, können die Unternehmen die Preise überproportional anheben und verdienen noch mehr. Das wiederum ruft die Gewerkschaften auf den Plan, die kräftige Lohnerhöhungen durchsetzen. Die Lohn-Preis-Spirale hat sich in Bewegung gesetzt. Die Inflation ist auf dem Vormarsch. Mit dem Erreichen der Kapazitätsgrenze hat der Wirtschaftsboom seinen Zenit erreicht. Weiteres Wachstum ist nur noch schwer möglich.

Um die Inflation zu bremsen, geht die Bundesbank zu einer restriktiven Geldpolitik über. Der Diskontsatz wird schrittweise erhöht. Dies nimmt der Wirtschaft die Kraft für weiteres Wachstum. Die Verteuerung der Kredite mindert die Gewinnaussichten der Unternehmen. Die Kreditnachfrage und die Geldmenge gehen zurück. Die Aufrechterhaltung von Warenlagern, die üblicherweise mit kurzfristigen Krediten finanziert werden, wird zunehmend unrentabel. Die Lager werden teilweise geräumt, das Warenangebot am Markt nimmt zu, und die Preise geben deutlich nach. Die Bestellungen aus dem Ausland nehmen gleichfalls ab.

Die Unternehmensgewinne sinken. In der Boomphase ist teilweise zu stark expandiert worden. Man hatte die Rekordsteigerungsraten in die Zukunft fortgerechnet und muß nun mit hohen Fixkosten leben. Die Beschäftigungsmöglichkeiten nehmen ab, die Arbeitslosigkeit steigt. Die öffentlichen Haushalte werden in dreifacher Hinsicht belastet: durch steigende Preise infolge der zunehmenden Inflation, durch geringer werdende Steuereinnahmen und wegen der zunehmenden Arbeitslosigkeit bedingte Mehrausgaben im sozialen Bereich. Das Bruttosozialprodukt beginnt zu sinken, die Wirtschaftsentwicklung hat einen eindeutig rezessiven Charakter angenommen.

Die Rezession hat mittlerweile in eine tiefe Depression geführt. Die Kapazitätsauslastung ist nur noch gering. Durch den hohen Fixkostenanteil verdienen die Unternehmen nur noch wenig oder gar nichts. Viele Firmen, die schon in der Expansionsphase zu kämpfen gehabt hatten, schreiben nun rote Zahlen. Die Zahl der Konkurse von Unternehmen und Privathaushalten hat ein hohes Niveau erreicht. Auch die Arbeitslosigkeit hat ein besorgniserregendes Maß angenommen. Die Unternehmen haben infolge des immer geringer gewordenen Absatzes ihre Läger füllen müssen. Die Kostenbelastung hat, auch wegen der hohen Zinsen, enorm zugenommen. Die Wirtschaftsperspektiven sind düster. Eine Besserung ist vorerst nicht abzusehen.

Um die Wirtschaft zu beleben, lockert die Bundesbank ihre Geldpolitik und versorgt die Unternehmen mit reichlich Liquidität zu günstigeren Konditionen. Die Fixkostenbelastung der Unternehmen nimmt ab, die Kredite werden billiger. Anreize zum Investieren werden geschaffen. Der erste Schritt von der Depression zum nächsten Wirtschaftsaufschwung ist erfolgt.

Natürlich verhält sich kein Konjunkturzyklus wie die in der Skizze dargestellte ideale Sinuskurve. Vielmehr herrscht an jeder Stelle der Kurve Unsicherheit über den zukünftigen Wirtschaftsverlauf. Handelt es sich beispielsweise bei einer „Delle“ nur um eine kurzfristige Wachstumsschwäche, oder ist der Zenit schon überschritten? Ist die Depression bereits beendet, oder wird sich eine beobachtete leichte Belebung als Strohfeuer erweisen? Eine Antwort auf diese Fragen kann nur spekulativ und damit richtig oder falsch sein.

Das beste Beispiel einer globalen Fehleinschätzung bietet der Börsencrash von 1987. Nach dem Kurssturz sahen die meisten Fachleute die Wirtschaft im Jahre 1988 auf eine scharfe Rezession zusteuern. Die kollabierenden Aktienkurse wurden als Vorankündigung einer kurz bevorstehenden Abschwungphase verstanden. Das genaue Gegenteil erwies sich als richtig! Die Wirtschaft wuchs wesentlich kräftiger als erwartet, die Dynamik war ungebrochen. Erst jetzt wurde die Boomphase erreicht, was sich auch in den stark steigenden Aktienkursen in den Folgejahren niederschlug.

Wie reagieren die Aktienkurse auf die Schwankungen im Wirtschaftswachstum?

6.3.5 Börsenzyklus

Man könnte annehmen, daß die Kurse mit dem Bruttosozialprodukt steigen und fallen. Im Prinzip ist diese Annahme richtig, doch korrelieren die Kurvenverläufe zeitlich nicht miteinander, wie aus Abbildung 20 ebenfalls ersichtlich wird.

Die Aktienkurse nehmen die folgende Wirtschaftsentwicklung vorweg. Sie antizipieren die verschiedenen Phasen eines Konjunkturzyklus einige Zeit im voraus. Ist die entsprechende Phase dann eingetreten, so haben die Aktienkurse diese Entwicklung bereits eskomptiert, d. h. sie „ist in den Kursen schon drin".

Beginnen wir mit der Depression. Noch bevor sich die Wirtschaft anfängt zu beleben, fangen die Aktienkurse an zu steigen (Punkt A). Wenn man an der Entwicklung des Bruttosozialprodukts erkennen kann, daß die Expansionsphase begonnen hat, haben die Kurse meist schon ein gutes Stück ihrer Aufwärtsbewegung hinter sich (Punkt B). Sie erreichen ihren Gipfel (Punkt C), bevor die Wirtschaft richtig boomt. Da die Unsicherheiten über die weitere Entwicklung mit zunehmender Dauer des Aufschwungs zunehmen, ist die Gipfelregion durch ein stärkeres Auf und Ab der Kurse gekennzeichnet; die „Volatilität" der Notierungen erhöht sich. Noch in der Boomphase fangen die Kurse an zu fallen, da die Kreditnachfrage steigt und die Unternehmen zur Finanzierung ihrer Investitionsvorhaben Liquidität aus ihren Wertpapieranlagen abziehen. Außerdem wirken sich die nun stärker steigenden Zinsen nachteilig auf die Aktienkurse aus. Viele Anleger schichten ihr Kapital von Aktien in die nun höher rentierenden festverzinslichen Wertpapiere um. In der folgenden Rezession sinken die Aktienkurse zunächst weiter. Doch noch bevor die Wirtschaft ihren Tiefpunkt erreicht hat, wird der Abwärtstrend gestoppt (Punkt D). Im letzten Abschnitt der Rezession, noch bevor sie in die Depression übergeht, haben die Kurse den Boden erreicht. In dem Moment, in dem die Wirtschaftsnachrichten in den Medien am schlechtesten sind und die Prognosen am düstersten, ist die Baisse beendet, und die Kurse fangen an, sich von ihrem Boden, der im letzten Abschnitt der Rezession seinen Anfang nahm, zu lösen (Punkt E). Der nächste Börsenzyklus beginnt bereits, obwohl der nächste Konjunkturzyklus noch nicht angefangen hat. Beim ersten Zeichen einer sich belebenden Wirtschaft steigen die Kurse dann sprunghaft an.

Sie werden bemerkt haben, daß der Börsenzyklus, das ständige Wechselspiel zwischen Hausse und Baisse, durch die Brille der Fundamentalisten eine ganz andere Erklärung hat als aus der Sicht der Psychologen (vgl. Kapitel 2). Beide Bilder dienen einem besseren Verständnis für die Zusammenhänge. Die Wahrheit liegt weder bei dem einen oder anderen Extrem, sondern irgendwo dazwischen.

6.4 Der Spekulant und die Fundamentalanalyse

Nachdem wir alle Teilgebiete der Fundamentalanalyse besprochen haben, müssen wir uns nun fragen, welche davon für den kurzfristigen Spekulanten nützlich und welche entbehrlich sind.

Fundierte Unternehmensanalysen zu erstellen, ist für den Privatanleger nicht praktikabel. Bei der Auswahl der richtigen Aktien bzw. Branchen sind Sie also auf das Studium von Sekundärmaterial angewiesen; das bedeutet die Lektüre von Tageszeitungen, Wirtschaftsmagazinen und Unternehmensstudien von Banken. Interessante Informationen erreichen Sie damit immer mit einer gewissen Zeitverzögerung. Doch dieser prinzipielle Nachteil wird in Zukunft an Bedeutung verlieren, denn der Informationsvorsprung der Bankanalysten wird deutlich schrumpfen. Der Grund dafür ist das neue Insider-Gesetz, das sehr strenge Publizitätsvorschriften der Unternehmen vorsieht. Jede Unternehmensnachricht, die möglicherweise Einfluß auf die Kursbildung an der Börse haben könnte, muß vom Unternehmen sofort veröffentlicht werden. Das heißt im Klartext, daß die Bedeutung des guten Kontaktes einzelner Bankanalysten zu den Vorständen und Finanzabteilungen der Unternehmen stark abnehmen dürfte. Wenn aber schon für hauptberufliche Analysten die Chance des Informationsvorsprungs sehr gering ist, so dürfte es für Privatpersonen so gut wie unmöglich sein. Alles in allem lohnt es sich für den Spekulanten nicht, sich mit der Unternehmensanalyse allzu intensiv zu befassen. Der eventuelle Nutzen stünde vermutlich in keinem günstigen Verhältnis zum Aufwand.

Anders verhält es sich mit der Untersuchung einzelner Branchen. Diejenigen unter Ihnen, verehrte Leser, die die Zukunft einer Branche richtig einschätzen können, haben bereits Pluspunkte verbucht, noch bevor Sie ein Investment getätigt haben. Wenn Sie beispielsweise spüren, daß die Stahlindustrie schweren Zeiten entgegengeht, werden Sie nicht in Versuchung kommen, Thyssen oder Krupp-Hoesch oder Klöckner-Werke zu kaufen, selbst wenn es noch so schöne charttechnische Kaufsignale geben sollte. Indem Sie fundamental gefährdete oder analytisch zu hoch bewertete Branchen meiden, bleiben Sie einfach auf der sicheren Seite. Und das ist gut. Jede strategische oder taktische Entscheidung, die das Risiko getätigter Anlagen vermindern hilft, fördert eine positive Entwicklung des eingesetzten Kapitals.

Zum Schluß noch ein Wort über den *Prognosehorizont:* Die Fundamentalanalyse ist geeignet, mittel- und längerfristige Prognosen zu erstellen und Szenarien zu entwickeln. Da viele Faktoren (z. B. konjunkturelle Entwicklung, Inflationstendenzen, Zinstrend) deutliche Auswirkungen auf die Ausbildung von Aktientrends haben, bekommt der auf makroökonomischer Ebene arbeitende Fundamentalanalyst eine recht gute Idee davon, wohin sich Aktienkurse längerfristig bewegen. Die Erkenntnisse der Fundamentalanalyse haben daher bei langfristig denkenden Investoren einen Wert, der nicht wegdiskutiert werden kann.

In der kurzfristigen Betrachtung sieht das allerdings anders aus. Kurzfristige Bewegungen an der Börse, die mitunter sehr heftig sein können, werden vor allem durch das Verhalten der verschiedenen Marktteilnehmer hervorgerufen. Meinungen und Einschätzungen können sich schnell ändern und zu deutlich steigenden oder fallenden Aktienkursen führen, obwohl sich die fundamentalen Rahmendaten überhaupt nicht geändert haben.

Der nachhaltige Erfolg bzw. Mißerfolg von Spekulationsstrategien hängt weniger von dem sehr langfristigen Trend ab als vielmehr von einem guten Timing des jeweiligen Einstiegs- und Ausstiegspunktes. Zur Kultivierung und Optimierung dieses Timings kann die Fundamentalanalyse allerdings kaum beitragen.

Hierfür gibt die Technische Analyse, der wir uns im nächsten Kapitel zuwenden wollen, die entscheidenden Hinweise.

7. Die Erfolgsmethoden der Technischen Analyse

Das ganze Börsengeschehen ist nichts anderes als ein ewiges Schlachtfeld zwischen zwei Parteien, nämlich den Bullen und den Bären. Die Schlacht wogt hin und her – mal sind es nur kleine Scharmützel, mal dringt eine Armee tief in das Land des Feindes vor und durchbricht mehrere Verteidigungslinien. Ein Angriff, der beim ersten, zweiten und dritten Mal scheitert, gelingt vielleicht beim vierten Mal und beschert dem Aggressor einen überwältigenden Erfolg. Eine Verteidigungsstrategie, die sich in vielen Situationen als erfolgreich erwiesen hat, mag urplötzlich versagen, weil der Feind von einer anderen Richtung angreift oder zu einem völlig unerwarteten Zeitpunkt seine Taktik ändert. Doch so grandios die Siege und vernichtend die Niederlagen gelegentlich auch sein mögen – der Kampf wird nie endgültig entschieden.

Die Technische Analyse konzentriert sich auf die Erfassung und Interpretation der einzelnen Kampfsituationen auf dem „Börsenschlachtfeld". Die hintergründigen Motive, die die Kontrahenten zum Handeln veranlassen, bleiben unbeachtet. Vielmehr fixieren sich die technischen Analysten ganz auf die militärischen Aktionen selbst. Ein das Schlachtfeld intensiv beobachtender „Kriegsberichtserstatter" wird nach einer Weile feststellen, daß ähnliche Kampfsituationen vergleichbare Aktionen der Bullen und der Bären nach sich ziehen. Er kommt daher zu dem Schluß, daß sich die verschiedenartigen Handlungsabläufe einerseits immer wiederholen und andererseits mit einer recht hohen Wahrscheinlichkeit vorhersagbar sind.

Nichts anderes als dieser fiktive Kriegsberichtserstatter auf dem imaginären Schlachtfeld macht der technische Analyst an der Börse. Hier richtet er sein Augenmerk auf die Aktionen der Börse selbst, nicht auf die gehandelten Objekte oder die auf diese einwirkenden Faktoren. Insofern steht diese Methode ganz im Gegensatz zu der im vorhergehenden Kapitel behandelten Fundamentalanalyse.

7.1 Grundüberlegungen

Die Technische Analyse geht von folgenden Grundüberlegungen aus:

- Der Marktwert einer Aktie wird ausschließlich durch das Zusammenspiel von Angebot und Nachfrage bestimmt.
- Angebot und Nachfrage werden in jedem Augenblick des Marktgeschehens von einer Vielzahl von Einflußfaktoren bestimmt, die nur der Markt, d. h. die Gesamtheit aller Anleger kennt, aber nicht der einzelne Marktteilnehmer.
- Alle kursrelevanten Fakten schlagen sich unmittelbar in den Kursen nieder und sind somit umgekehrt aus den Kursverläufen ablesbar.
- Kursbewegungen und Umsatzverläufe sind Ausdruck menschlichen Verhaltens. Menschliche Verhaltensweisen ändern sich nur allmählich und in längeren Zeiträumen.
- Gleichartige Marktsituationen, die sich in bestimmten charttechnischen Formationen ausprägen, bedingen gleichartige menschliche Reaktionen. Deshalb sind typische, auf Chartformationen nachfolgende Kursbewegungen zu erwarten.
- Aktienkurse bewegen sich gewöhnlich in Trends, die eine gewisse Zeit anhalten. Änderungen im Trendverhalten einer Aktie (oder eines Marktes) werden durch Änderungen im Zusammenspiel von Angebot und Nachfrage ausgelöst.

Der letzte Punkt dieser Aufzählung ist der wichtigste. Aktienkurse bewegen sich nicht zufällig, sondern – zumindest zeitweise – in klar erkennbaren und abgegrenzten Trends.

Sicher wissen Sie, was ein Trend ist. Aber wissen Sie auch, wenn ein Trend zu Ende ist? Die Sache ist ganz einfach: Ein Kurstrend ist dann zu Ende, wenn er gebrochen ist! Das ist banal, mögen Sie sagen, doch das ist es keineswegs. Einem gerade beginnenden Trend an der Börse sieht man nämlich nicht an, wie lange er Bestand haben wird. Der Spekulant, der eine Aktie gekauft hat, die sich in einem Aufwärtstrend befindet, kann sich bequem zurücklehnen und die Aktie halten, solange der Trend anhält. Erst wenn dieser zu Ende geht – und das kann er auf der Kursgrafik genau erkennen – ist Handlungsbedarf angesagt, und er wird die Aktie wahrscheinlich verkaufen.

Am Chart von Holzmann (s. Abb. 21) ist dies gut zu erkennen. Wer die Aktie Anfang 1988 bei, sagen wir, 250 DM gekauft hat, ist erst im dritten Quartal 1990, also zweieinhalb Jahre später, wieder ausgestiegen. Der Bruch der Aufwärtstrendlinie erfolgte bei einem Kurs von rund 1400. Derjenige, der die Aktie während ihres Aufwärtstrends gehalten hat und allen Versuchungen von vorzeitigen Gewinnmitnahmen widerstanden hat, konnte sich über mehr als eine Vervierfachung seines ursprünglich eingesetzten Kapitals freuen.

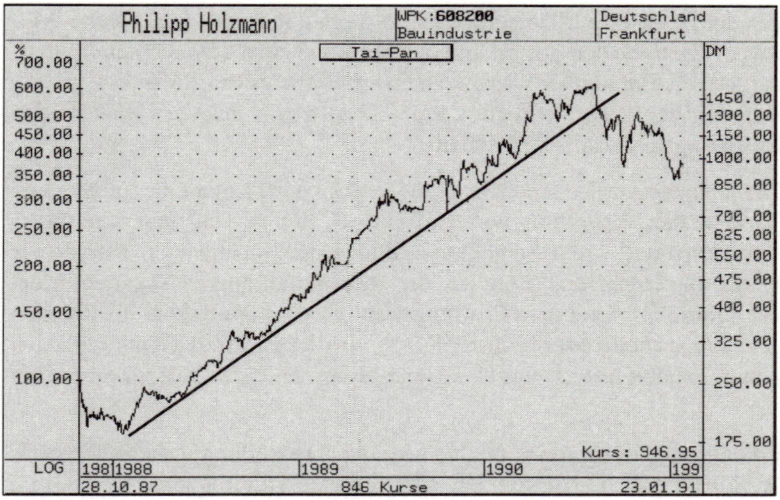

Abbildung 21: Langfristiger Aufwärtstrend

Die Stabilität von Trends kann mit dem physikalischen Gesetz der Masseträgheit verglichen werden, das besagt: „Ist eine Masse erst einmal in Bewegung, bleibt sie in Bewegung." Mit anderen Worten: Um eine solche Masse zu einer Richtungsänderung zu veranlassen, bedarf es einiger Kraft. Dementsprechend werden Aktientrends dann aus ihrer geordneten Bahn geworfen, wenn eine deutliche Verschiebung im Verhältnis zwischen Angebot und Nachfrage eintritt.

Aus dieser kurzen Darstellung können Sie die wesentlichen Ziele der Technischen Analyse entnehmen: Zunächst kommt es darauf an, gegenwärtige Trends richtig zu erkennen. Ist dies getan, so geht das Bestreben dahin, Trendänderungen möglichst frühzeitig zu erkennen. Schließlich ist es noch wichtig, zukünftige kurz-, mittel- und langfristige Trends richtig zu prognostizieren.

7.1.1 Arten von Charts

Es gibt verschiedene Arten der grafischen Abbildung von Kursen (siehe Abbildung 22). Die einfachste Art ist das Verbinden aufeinanderfolgender Kassa- oder Schlußkurse durch eine Linie (Linienchart). Das Chart läßt allerdings keine Rückschlüsse auf das Börsengeschehen innerhalb des Tages zu. Dies ist bei den Balkencharts (bar charts) anders: Hier werden der Höchst- und Tiefstkurs der gewählten Periode (Tag, Woche, Monat, usw.) durch den oberen und unteren Rand eines senkrechten Balkens dargestellt. Ein kleiner waagerechter Strich rechts des Balkens symbolisiert den Schlußkurs und ein waagerechter Strich links des Balkens den Eröffnungskurs (falls vorhanden).

Die japanischen Kerzencharts (candlestick charts) sind eine interessante Variante der Darstellung von Eröffnungs-, Hoch-, Tief- und Schlußkursen. Eröffnungs- und Schlußkurse bilden den sogenannten Körper der Kerze, die Hoch- und Tiefkurse die oberen und unteren Schatten. Liegt der Schlußkurs über dem Eröffungskurs, so wird der Körper als Rahmen gezeichnet (helle oder bullishe Kerze); ist der Eröffnungskurs hingegen höher, handelt es sich um eine bearishe Kerze, deren Körper ausgefüllt wird.

Point & Figure-Charts verzichten in ihrer Darstellung auf eine Zeitachse. Sobald sich der Kurs um einen bestimmten Mindestbetrag („boxsize“) bewegt, wird ein Kreuzchen auf einer senkrechten Säule nach oben (wenn der Kurs gestiegen ist) oder ein Kreis auf einer senkrechten Säule nach unten (wenn der Kurs gefallen ist) gemalt. Auf diese Weise werden ereignislose Perioden, in denen sich die Kurse kaum bewegen, quasi ausgeblendet. Viele Fehlsignale, die in solchen trendlosen Märkten gerne auftreten, können durch die Point-&-Figure-Methode vermieden werden. Ein weiterer Vorteil besteht darin, daß die Kauf- und Verkaufssignale (bestimmte Form und Reihenfolge von Säulen) klar definiert sind und keine Interpretationsvarianten zulassen, und deshalb auch dem Chartanalysten keinen Entscheidungsspielraum geben.

Aus Platzgründen kann auf die speziellen Regeln der Candlestick-Charts und der Point-&-Figure-Analyse nicht näher eingegangen werden. Hinweise zu weiterführender Literatur finden Sie im Anhang.

Der Umsatzverlauf, der gewöhnlich unterhalb der Kurskurve als Histogramm dargestellt ist, gibt wertvolle zusätzliche Informationen zu dem

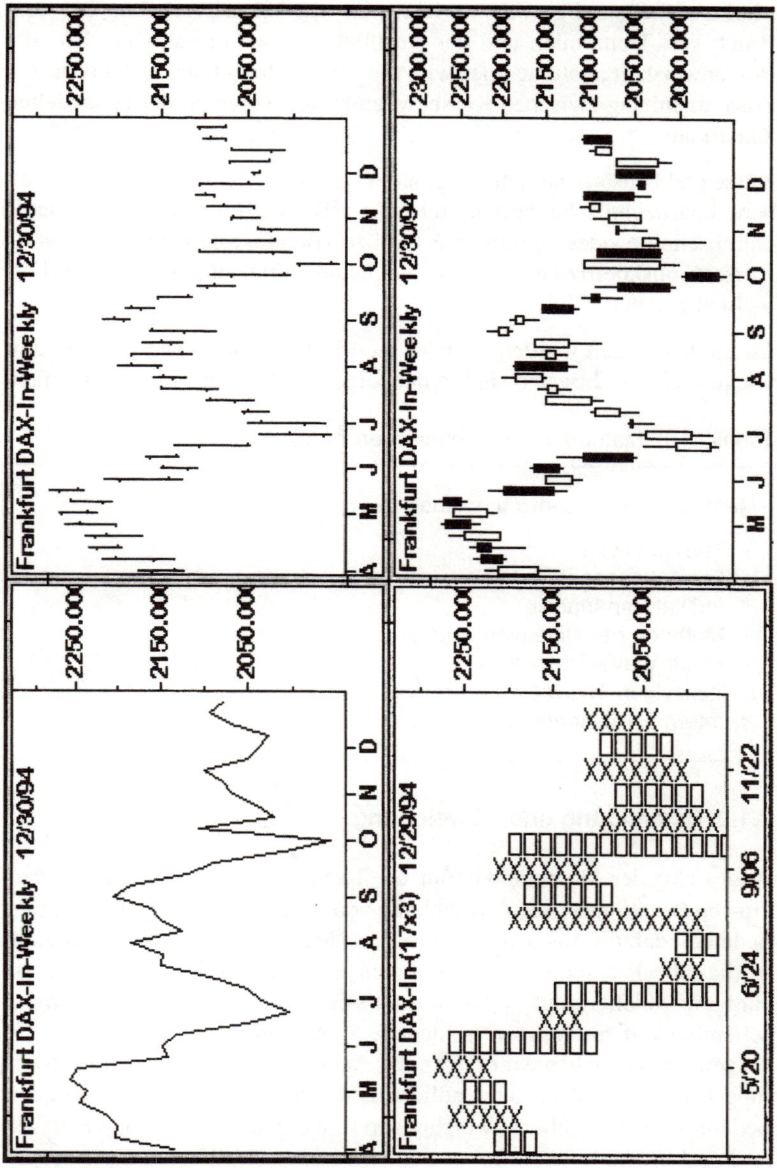

Abbildung 22: Arten von Charts

Marktgeschehen. Besonders wichtig ist das Umsatzverhalten bei dem Bruch von Trendlinien und der Ausbildung von Formationen. Die alte Börsenweisheit „Volume goes with the trend." drückt den bedeutsamsten Zusammenhang zwischen Kursbewegung und Volumen der gehandelten Aktien aus.

Kurse und Umsätze sind die originären Daten des Börsengeschehens. Andere charttechnische Hilfsmittel wie z. B. die Indikatoren, gleitende Durchschnitte oder quantitative Größen (Betafaktoren, relative Stärke, Korrelationskoeffizienten usw.) sind daraus mittels mathematischer Formeln abgeleitet.

Im Laufe der Zeit wurden viele Methoden der Technischen Analyse entwickelt. Die wichtigsten sind in der folgenden Tabelle zusammengefaßt:

Tabelle 10: Methoden der Technischen Analyse

Methoden der Technischen Analyse

- Trendanalyse
- Formationsanalyse
- Indikatorenanalyse
- Methode der Relativen Stärke
- Elliott-Wave-Theorie
- Zeitzyklen-Theorie
- Intermarket-Analyse

7.1.2 Bestätigung und Abweichung

Angesichts der Methodenvielfalt der Technischen Analyse ist das Prinzip von Bestätigung und Abweichung von großer Bedeutung. Bestätigung bedeutet, daß die aus den verschiedenen Methoden gewonnenen Signale in dieselbe Richtung weisen und sich auf diese Weise gegenseitig bestätigen. Solche Kauf- oder Verkaufssignale treffen mit hoher Wahrscheinlichkeit zu. Wenn verschiedene Signale in entgegengesetzte Richtungen weisen, haben wir es mit einer Abweichung zu tun. Nur eine Richtung kann sich jedoch letztendlich als die richtige erweisen. Besonders bedeutsam sind solche Abweichungen (Divergenzen) zwischen Kursverlauf und Indikatorverlauf.

7.1.3 Prognosequalität

Technische Analysten werden häufig nach der Treffsicherheit ihrer Prognosen gefragt. Oft weisen Mathematiker als Vertreter einer exakten Wissenschaft, die nichts von den Grundüberlegungen der Technischen Analyse verstanden haben, darauf hin, daß eine Methode, die Fehlsignale liefert, eigentlich keine Berechtigung hätte. Dabei mißverstehen sie – bewußt oder unbewußt -, daß sämtliche Prognosen auf Wahrscheinlichkeiten basieren. Wir stellten bereits fest, daß man unter Wahrscheinlichkeit das Maß für die Häufigkeit, mit der ein Ereignis oder Ergebnis relativ zu möglichen Alternativen eintritt, versteht. Daraus folgt:

- Typische Chart-Formationen funktionieren meistens, aber nicht immer.
- In manchen Märkten funktionieren bestimmte Methoden besser, andere schlechter. Die spezifischen Charakteristika eines Marktes zu erkennen, erhöht die Treffsicherheit von Prognosen.
- Ausnahmen bestätigen die Regel, sie widerlegen sie nicht.
- Keine Methode der Technischen Analyse ist unfehlbar.

7.2 Trendlinien und Trendkanäle

Trendlinien sind gewissermaßen das Basiskonzept der Technischen Analyse. Sie können nach ihrer Richtung, ihrem Zeithorizont und ihrem Steigungswinkel unterschieden werden (siehe Tabelle 11).

Wie wir später noch sehen werden, ist es wichtig, Marktphasen mit einem deutlichen Trend nach oben oder unten von anderen Marktphasen, in denen sich die Kurse seitwärts bewegen, zu unterscheiden. Aus diesem Grunde spricht man auch von „Trendmärkten" (trending markets) einerseits und „Tradingmärkten" (trading markets) bzw. „trendlosen Märkten" (non-trending markets) andererseits.

Bestimmte technische Indikatoren (Trendfolge-Indikatoren) funktionieren nur in Trendmärkten und versagen in Seitwärtsbewegungen. Andere Indikatoren (Oszillatoren) spielen dagegen ihre Stärken eher in trendlosen Märkten aus, während sie in dynamischen Auf- und Abwärtstrends häufig Fehlsignale produzieren.

Bezüglich des Zeithorizontes unterscheidet man langfristige (primäre), mittelfristige (sekundäre) und kurzfristige (tertiäre) Trends. Im Chart von Veba (siehe Abbildung 23) sind die unterschiedlichen Trends gut zu lokalisieren.

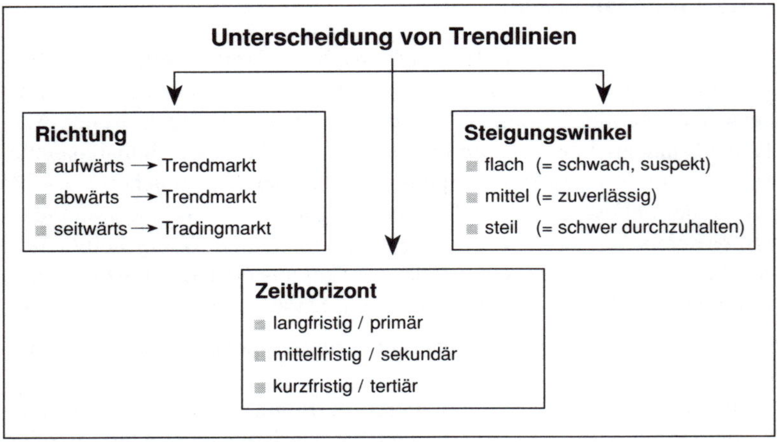

Tabelle 11: Unterscheidung von Trendlinien

Die verschiedenen Trends werden je nach Anlagestrategie unterschiedlich genutzt. Langfristig denkende Investoren, die ihr Aktienportefeuille selten umschichten, richten sich vor allem nach primären Trends. Flexiblere Anleger oder ausgesprochene Trader nutzen in erster Linie sekundäre Trends. Diese können, wie man am Veba-Chart leicht ablesen kann, innerhalb des Primärtrends erhebliche Ausmaße annehmen. Kursgewinne von 50 Prozent oder Verluste von 30 Prozent sind dabei keine Seltenheit. Tertiäre Trends, also kurzfristige Gegenbewegungen innerhalb mittelfristiger Trends, lohnen hingegen in ihrem Ausmaß in der Regel nicht: Die Provisionen beim An- und Verkauf fressen einen möglichen Kursgewinn meistens auf. Durch Anwendung derivativer Instrumente wie Optionen und Terminkontrakte können sogar die Schwankungen tertiärer Trends ausgelotet werden, doch das sollte denjenigen Spekulanten vorbehalten bleiben, die sich in dieser Materie wirklich zuhause fühlen.

7.2.1 Bedeutung einer Trendlinie

Eine Trendlinie ist um so signifikanter bzw. verläßlicher, je länger sie besteht, je öfter sie getestet wurde (Zahl der Auflagepunkte) und je mehr der Steigungswinkel mittlere oder „aktientypische“ Werte aufweist. Zu steile Trends können im allgemeinen nur kurze Zeit durchgehalten werden, und zu schwache Steigungen kann man kaum als Trend bezeichnen.

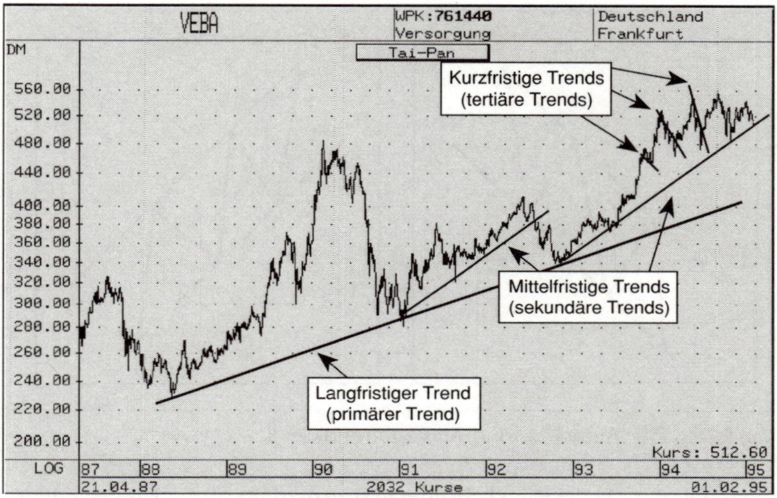

Abbildung 23: Lang-, mittel- und kurzfristige Trends

Die Steigung von Trends kann man gut mit der Geschwindigkeit eines Motorradfahrers vergleichen. Beim Versuch, möglichst langsam zu fahren, ist die Straßenlage des Motorrads wackelig und seitenwindempfindlich, und die Maschine ist leicht umzuwerfen. Fährt es mit mittleren Geschwindigkeiten, so liegt das Zweirad stabil auf der Straße und ist nicht so leicht aus der Bahn zu werfen. Bei zu hoher Geschwindigkeit muß der Motorradfahrer damit rechnen, im Straßengraben zu landen, sobald eine zu scharfe Kurve kommt.

7.2.2 Das Arbeiten mit Trendkanälen

Zum Zeichnen eines Aufwärtstrendkanals wird die (Haupt-)Trendlinie an (mindestens zwei) Tiefpunkten angelegt. Die Rückkehrlinie wird – vom ersten Hochpunkt ausgehend – parallel zur Trendlinie gezogen. Käufe sollten Sie am unteren, Verkäufe am oberen Rand des Trendkanals tätigen (siehe Abbildung 24 links).

Bei einem Abwärtstrend (siehe Abbildung 24 rechts) verfahren Sie umgekehrt. Die Trendlinie wird an (mindestens zwei) Hochpunkten angelegt und die Rückkehrlinie – vom ersten Tiefpunkt ausgehend – parallel zur Trendlinie gezogen. Verkäufe sollten Sie am oberen Rand des Trend-

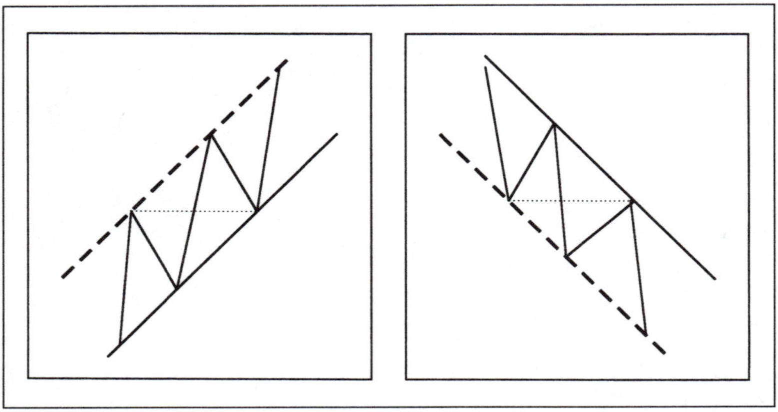

Abbildung 24: Aufwärts- und Abwärtstrendkanal

kanals tätigen. Da die Rückkehrlinie in Bearmarkets oft nach unten durchbrochen wird, sind Käufe an der unteren Trendlinie tabu!

Angenommen, Sie wollen eine Aktie am unteren Rand ihres Aufwärtstrendkanals kaufen. Sie werden dies natürlich nur dann tun, wenn Sie von dem Fortbestand des Aufwärtstrends überzeugt sind. Geht der Trend nach Ihrem Kauf unerwarteterweise doch kaputt, so müssen Sie natürlich schnell die Reißlinie ziehen, um größere Verluste erst gar nicht eintreten zu lassen.

Bei einem zu Ende gehenden Abwärts- oder Seitwärtstrend sehen die Verhaltensmaßregeln anders aus: Kommt es hier zu einem Ausbruch der Kurse, so ist dies – für sich allein genommen – noch kein Kaufsignal. Sie warten besser, bis die Kurse noch einmal auf die Ausbruchslinie oder in deren Nähe zurückfallen und kaufen erst dann, wenn die Aktie mindestens 40 % reagiert hat, und zwar gemessen an der Entfernung zwischen dem letzten tertiären Tiefpunkt und der obersten Spitze der Ausbruchsbewegung. Ergänzend sollten Sie in einer solchen Situation die 200-Tage-Linie beobachten. Fällt dieser gleitende Durchschnitt nämlich noch, wenn die Kurse ihn von unten nach oben durchbrechen, können Sie sich mit dem Kauf noch Zeit lassen. Ich komme darauf zurück.

Wie sieht nun der Bruch einer Aufwärtstrendlinie im Detail aus? Häufig erreichen die Kurse in der vorhergehenden kleineren Aufwärtsbewegung die obere Trendlinie nicht mehr. Dies ist ein Zeichen dafür, daß der Trend an Kraft verliert und kann als frühzeitiges Warnzeichen interpretiert werden. Der eigentliche Bruch der Trendlinie tritt oft gemeinsam mit einer Trendumkehrformation auf (Prinzip der Bestätigung!).

Ob es im Anschluß an den Durchbruch einer Trendlinie noch einmal zu einer Rückkehrbewegung der Kurse an die gebrochene Trendlinie kommt, ist nicht vorhersehbar. Wenn der Trend nicht zu steil war oder die allgemeine Börsenstimmung noch in Richtung des alten Trends geht, ist die Wahrscheinlichkeit dafür allerdings recht groß.

7.2.3 Wann gilt eine Trendlinie als gebrochen?

Oft werden Trendlinien nur sehr knapp durchbrochen, und die Kurse finden unmittelbar danach in den alten Trendkanal zurück. Wer auf die geringste Trendverletzung sofort reagiert, wird nach einiger Zeit enttäuscht feststellen, daß er häufig zu den ungünstigsten Zeitpunkten verkauft hat. Um die Zahl der Fehlsignale deutlich zu reduzieren, ist es sinnvoll, sich einige Regeln einzuprägen, die Ihnen sagen, wann Sie es mit einem signifikanten Durchbruch zu tun haben und handeln müssen:

- Ein Schlußkurs jenseits der Trendlinie ist bedeutsamer als eine Intraday-Verletzung.
- Der Schlußkurs sollte mindestens 3 % von der Trendlinie entfernt sein, bevor ein Durchbruch als signifikant gilt *(3-Prozent-Regel).*
- 2-Tages-Regel: Wenn die Schlußkurse mindestens zweier Tage die Trendlinie durchbrochen haben (auch weniger als 3 %), so gilt der Trend als gebrochen.
- Ein deutlicher Umsatzanstieg beim Verlassen des Trends ist zwar nicht zwingend erforderlich, bestätigt jedoch den Durchbruch.

Erkennen Sie in einem Chart immer flacher werdende Trendlinien, die nacheinander durchbrochen werden, so haben Sie es mit einem **Fächer** zu tun. Gebrochene Aufwärtstrendlinien werden oft zu Widerstandszonen, gebrochene Abwärtstrendlinien zu Unterstützungszonen. Der Bruch der dritten Trendlinie signalisiert eine langfristige Trendumkehr.

7.3 Unterstützung und Widerstand (support and resistance)

In einem idealen Aufwärtstrendkanal fallen die Kurse von jedem kurzfristigen Hochpunkt („minor top“) nicht weiter als bis zum Niveau des vorangegangenen Hochpunkts zurück. Dort finden sie Unterstützung, die um so stärker ist, je höher die Umsätze an jenem Hochpunkt waren.

Jene Anleger, die die Aktie am Minor Top P1 verkauft hatten, sehen „ihre“ Aktie wider Erwarten doch weiter steigen. Während des Anstiegs von P2 auf P3 ändern sie ihre Meinung und würden die Aktie gerne wieder kaufen. Sie wollen aber nach Möglichkeit keine höheren Kurse bewilligen, als sie beim Verkauf an P1 für die Aktie erhalten hatten.

Die Anleger warten also eine kurzfristige Reaktion ab und legen Kauflimite am Niveau von P1. Dort ergibt sich eine starke Nachfrage, so daß die Kurse nicht weiter fallen können. Am Punkt P4 sind sie auf eine Unterstützungslinie gestoßen, die sich am Punkt P1 noch als Widerstand erwiesen hatte.

Je ausgeprägter und bedeutsamer ein Widerstands- oder Unterstützungsniveau ist, je höher also die Umsätze auf diesem Niveau gewesen waren, um so stärker und nachhaltiger ist seine Wirkung. Sie ist oft jahrelang zu

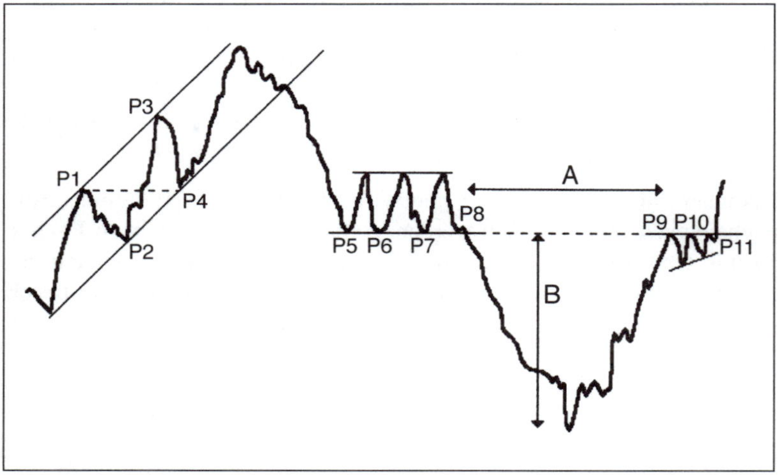

Abbildung 25: Unterstützung und Widerstand

verspüren. Werfen Sie einen weiteren Blick auf die Abbildung 25. Nach dem Bruch des Aufwärtstrends fielen die Kurse deutlich zurück. An der unteren Begrenzungslinie eines Rechtecks wurde die Abwärtsbewegung zunächst gestoppt. Versetzen Sie sich in einen Anleger, der auf dieser Unterstützungslinie gekauft hat, weil er vielleicht der Meinung gewesen war, das Rechteck würde sich als Umkehrformation erweisen. Die Enttäuschung war groß, als die Kurse weiter fielen. Zunächst hoffte der Anleger noch auf eine kurzfristige Reaktion an der Durchbruchslinie. Die Reaktion kam nicht, und die Verluste wurden größer: „Ich realisiere keine Verluste!" Später dann: „Jetzt kann ich unmöglich verkaufen!" Noch später: „Hilfe, das ist ja ein Faß ohne Boden!" Am Tiefstpunkt hielt sich der imaginäre Anleger gerade noch zurück, wie viele andere die Aktien in einer Panik um jeden Preis auf den Markt zu schmeißen. Dann stiegen die Kurse wieder: „Gott sei Dank!" Und sie stiegen weiter: „Hurra! Bald bin ich wieder am Einstandskurs!" Als die Kurse die ehemalige Unterstützungslinie wieder erreichten, verkauft der Anleger: „Noch einmal mache ich das nicht mit! Darum weg mit den Aktien, bevor sie wieder zu fallen beginnen!"

Den Widerstand an dieser Linie kann man ungefähr abschätzen, indem man die Umsätze an den Punkten P5 bis P8 addiert. Erst wenn sich an den Punkten P9, P10, P11, usw. Umsätze in dieser Größenordnung entwickelt haben, wird die dortige Widerstandslinie gebrochen. Der Widerstand ist außerdem um so wirksamer, je kleiner der Abstand A und je größer der Abstand B ist.

Eine weitere wichtige Unterstützungsszone sind die historischen Tiefstkurse einer Aktie, weil man davon ausgeht, daß die Kurse mit hoher Wahrscheinlichkeit in der bisherigen Bandbreite bleiben werden, anstatt neue Tiefststände zu etablieren. Umgekehrt erweisen sich historische Höchststände der Vergangenheit als starke Widerstände, die einem weiteren Kursanstieg im Weg stehen. Werden trotzdem neue Kursregionen erschlossen, so ist „der Weg nach oben frei". Es gibt keine Widerstandslinien aus vergangenen Zeiten mehr. In diesen Fällen erweisen sich oft „runde" Zahlen als psychologische Widerstände, die nicht zu unterschätzen sind.

In der Abbildung 26 sind einige Langfristcharts abgebildet. Sie erkennen, daß viele „runde" Zahlen (z. B. 50, 100, 1000 oder Vielfache davon) als psychologische Schwellen wirkten und markante Hoch- und Tiefpunkte festschrieben.

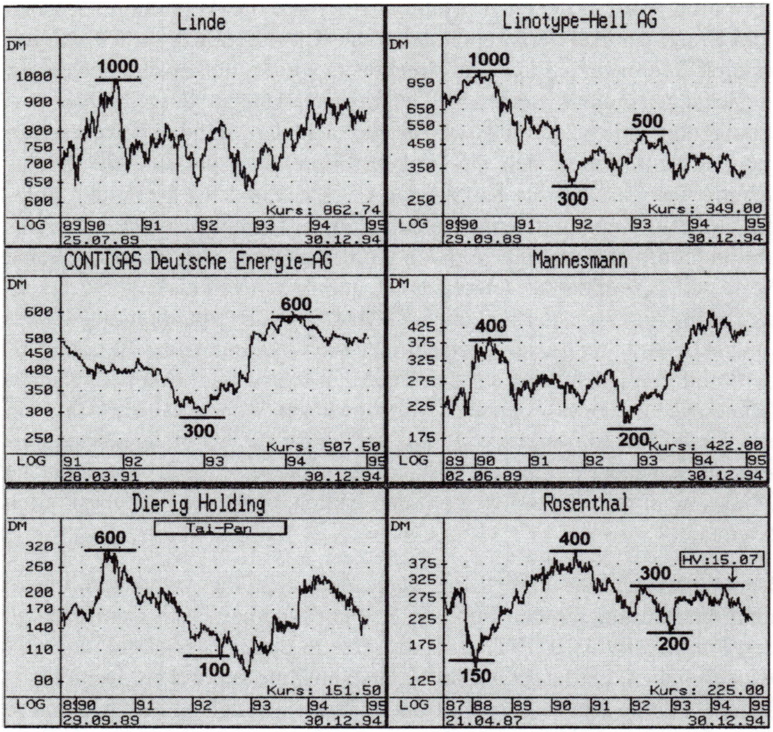

Abbildung 26: „Runde" Zahlen als Unterstützung und Widerstand

Viele Gegenbewegungen entsprechen in ihrem Ausmaß recht häufig einem Drittel, der Hälfte oder zwei Dritteln der vorangegangenen Kursbewegung. Viele Analysten betrachten auch die leicht abgewandelten **Fibonacci-Retracements** von 38,2 %, 50 % und 61,8 % als Unterstützung und Widerstand.

Die folgende Tabelle zeigt die möglichen Unterstützungs- und Widerstandslinien im Überblick. Auf einige kommen wir in späteren Abschnitten zu sprechen:

Tabelle 12: Unterstützungs- und Widerstandslinien

Mögliche Unterstützungs- und Widerstandslinien:

- Trendlinien und Rückkehrlinien
- Formationsgrenzen
- frühere Kurshochs und Kurstiefs
- gleitende Durchschnittslinien (z.B. 200-Tage-Linie)
- runde Zahlen (vor allem dann, wenn Kurse in neue, vorher nicht erreichte Regionen vorstoßen)
- Fibonacci-Retracements

7.4 Trendumkehrformationen

Eines der wesentlichen Ziele der Technischen Analyse ist es, Trendwechsel frühzeitig zu erkennen. Es gibt bestimmte **Formationen,** d. h. Figuren mit spezifischen Kurs- und Umsatzverläufen, die einen Wechsel des vorherrschenden Auf- oder Abwärtstrends recht zuverlässig anzeigen.

Zu diesen Trendumkehrformationen gehören:

- Kopf-Schulter-Formation („head-and-shoulders-top“)
- Umgekehrte Kopf-Schulter-Formation („head-and-shoulders-bottom“)
- Dreifache Spitze („triple top“) und dreifacher Boden („triple bottom“)
- M-Formation (Doppeltop, „double top“)
- W-Formation (doppelter Boden, „double bottom“)
- Untertassen-Formation („saucer“; „rounding bottom“)
- Umgekehrte Untertassen-Formation („inverted saucer“; „rounding top“)
- Umgekehrtes Dreieck („broadening top“)
- Diamant („diamond“)
- V-Formationen
- Umkehrtage („reversal days“)

Bevor wir auf die einzelnen Formationen eingehen, werfen wir einen Blick auf einige allgemeine Regeln, die für alle Trendumkehrformationen gelten:

- Das erste Signal einer drohenden Trendumkehr ist häufig der Bruch einer wichtigen Trendlinie.
- Je größer eine Formation ist, um so größer ist das Ausmaß der nachfolgenden Bewegung.
- Top-Formationen sind in der Regel kürzer und volatiler als Bodenformationen; diese brauchen länger für ihre Ausbildung und weisen geringere Preisfluktuationen auf.
- Da die Umsätze generell in Richtung des vorherrschenden Trends steigen, ist die Betrachtung der Umsatzentwicklung sehr wichtig für die Beurteilung aller Formationen (Bestätigungsprinzip).
- Die Umsatzentwicklung ist bei der Vollendung von Bodenformationen wichtiger als bei der Vollendung von Top-Formationen: „Es braucht Volumen, um die Kurse nach oben zu bringen; doch fallen tun sie allein durch ihr Gewicht."

7.4.1 Kopf-Schulter-Formation („head-and-shoulders-top")

Das auffälligste Merkmal der Kopf-Schulter-Formation, die als besonders zuverlässige Formation gilt, ist ihre ausgeprägte Symmetrie: Beide Schultern sind etwa gleich hoch und liegen etwa gleich weit vom Kopf entfernt. Die Nackenlinie verläuft waagerecht oder leicht aufwärtsgerichtet; ist sie abwärtsgerichtet, so deutet dies auf eine besondere Marktschwäche hin (siehe Abbildung 27).

Zunächst steigen die Kurse zur linken Schulter mit sehr hohem Volumen (meistens höher als in jeder früheren Phase des vorangegangenen Aufwärtstrends) an. Nach einer Korrekturbewegung mit niedrigem Umsatz erreicht die Aktie neue Höchstkurse. Das Volumen ist niedriger als während des Anstiegs zur linken Schulter. Anschließend fallen die Kurse auf das vorherige Tief zurück, was oft mit dem Bruch wichtiger Trendlinien und/oder gleitender Durchschnitte verbunden ist. Der nachfolgende Anstieg zur rechten Schulter wird nur von dünnen Umsätzen begleitet. Mit dem Unterschreiten der Nackenlinie, das oft von anziehenden Umsätzen begleitet ist, wird die Kopf-Schulter-Formation vollendet.

Als hinreichendes Kriterium für einen Durchbruch gilt die **3-Prozent-Regel** oder zwei aufeinanderfolgende Schlußkurse jenseits der Nackenlinie. In der Hälfte aller Fälle gibt es eine Rückkehrbewegung zur Nackenlinie (vorher Unterstützung, jetzt Widerstand), bevor die Abwärtsbewegung fortgesetzt wird.

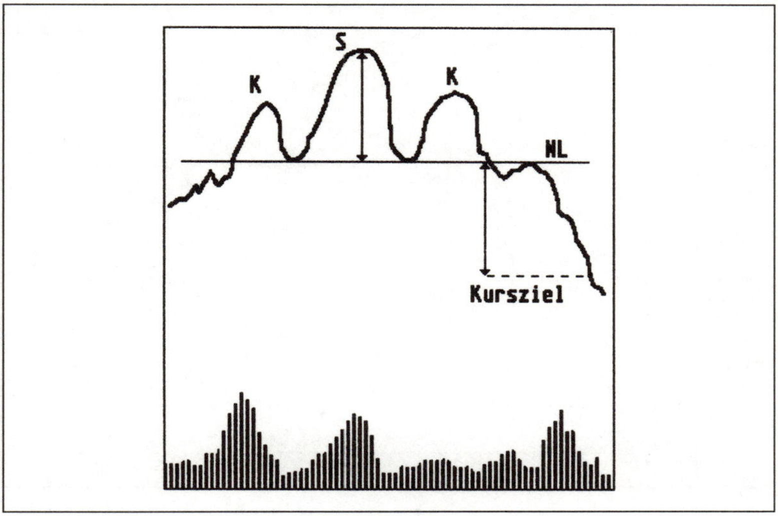

Abbildung 27: Kopf-Schulter-Formation (schematisch)

Verlängert man den Abstand vom Kopf zur Nackenlinie von der Durchbruchsstelle der Nackenlinie nach unten, so erhält man das **Kursziel,** das mindestens erreicht wird. Häufig fallen die Kurse aber noch weiter nach unten. Wenn die Nackenlinie nach erfolgtem Durchbruch nach unten von den Kursen erneut nach oben gekreuzt wird, haben Sie es mit einem der relativ seltenen Fehlsignale zu tun.

Das Chart von Homestake Mining (siehe Abbildung 28) beendete einen kurzfristigen dynamischen Aufwärtstrend mit einer Kopf-Schulter-Formation. Ein hohes Volumen war nur im Anstieg zur linken Schulter zu erkennen; im Anstieg zum Kopf und zur rechten Schulter fehlte es. Dafür war der Durchbruch durch die Nackenlinie mit einem deutlichen Umsatzanstieg verbunden. Das Mindestkursziel wurde im ersten Anlauf erreicht, etwas tiefer wirkte die 200-Tage-Linie als Unterstützung, und die Kurse stiegen in den folgenden Monaten über das vorherige Top-Niveau.

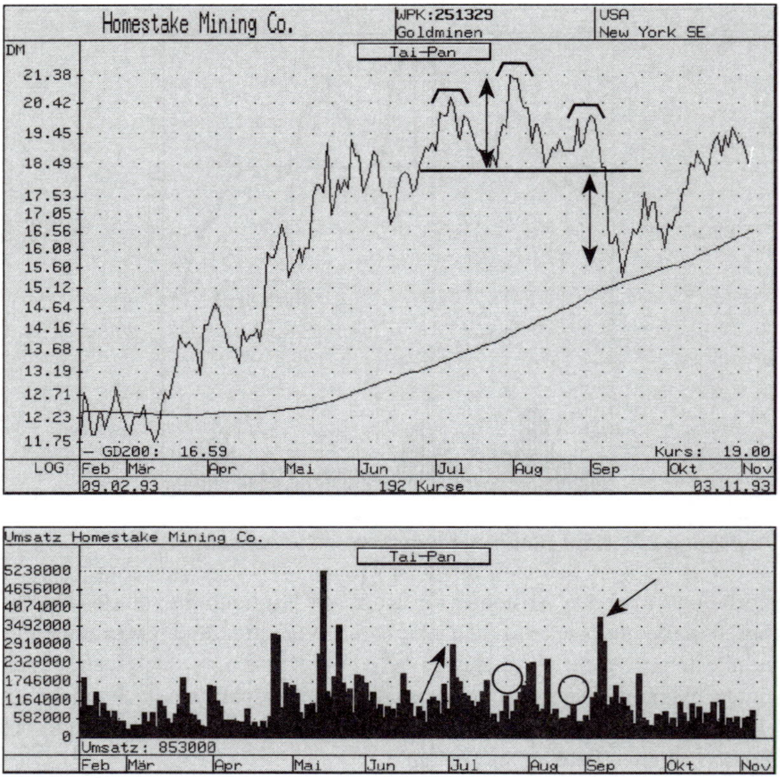

Abbildung 28: Kopf-Schulter-Formation

7.4.2 Umgekehrte Kopf-Schulter-Formation („head-and-shoulders-bottom“)

Die umgekehrte Kopf-Schulter-Formation kehrt einen Abwärtstrend in einen Aufwärtstrend um. Sie ist das Spiegelbild zur Kopf-Schulter-Formation mit analogen Kennzeichen und Regeln (siehe Abbildung 29).

Die Betrachtung des Volumens ist – wie bei allen Bodenformationen – besonders wichtig: Der Ausbruch über die Nackenlinie muß von einem deutlichen Umsatzanstieg begleitet sein. Die Wahrscheinlichkeit einer Rückkehrbewegung zur Nackenlinie nach dem Durchbruch ist größer als beim Head-and-shoulders-top. Ein taktischer Ersteinstieg ist bereits im

Anstieg von der rechten Schulter zur Nackenlinie möglich; die Positionsaufstockung sollte dann nach der Vollendung der Formation erfolgen.

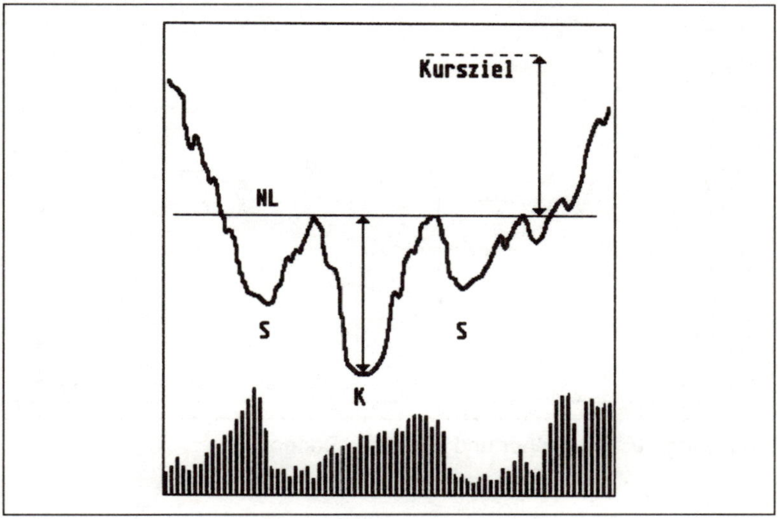

Abbildung 29: Umgekehrte Kopf-Schulter-Formation

7.4.3 Dreifache Spitze („triple top") und dreifacher Boden („triple bottom")

Diese Formationen sind den Kopf-Schulter-Formationen sehr ähnlich, tauchen allerdings viel seltener auf. Im Gegensatz zur Kopf-Schulter-Formation liegen die drei Spitzen bzw. Böden auf dem gleichen Niveau; ansonsten sind die Merkmale und Regeln (inkl. Umsatzverhalten und Kurszielformel) identisch.

Beachten Sie, wie die Kurse von McDonald's (siehe Abbildung 30) aus dem Triple-Bottom (links) noch einmal auf die Ausbruchslinie zurückfielen und dann die Kurszielformel erfüllten.

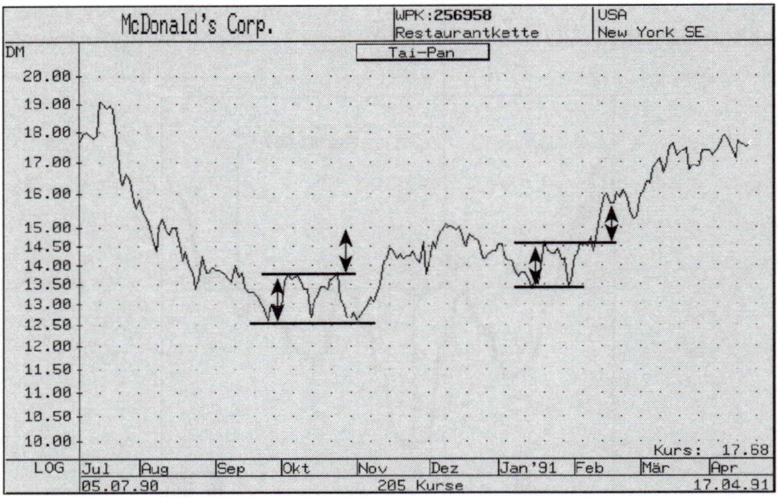

Abbildung 30: Dreifacher und doppelter Boden

7.4.4 M-Formation (Doppeltop, „double top")

Das Doppeltop gehört zu den am häufigsten auftretenden Trendumkehrformationen (siehe Abbildung 31).

Der Anstieg zur linken Spitze erfolgt mit sehr hohem Volumen, das meistens höher ist als in jeder früheren Phase des vorangegangenen Aufwärtstrends. Nach einer Korrekturbewegung bei abnehmendem Umsatz kommt es zu einem erneuten Kursanstieg, wobei das Volumen erkennbar niedriger ist als während des Anstiegs zur ersten Spitze. Das Niveau der ersten Spitze wirkt als Widerstand, der nicht durchbrochen wird und so zur Ausbildung der zweiten Spitze führt. Anschließend fallen die Kurse auf das vorherige Tief zurück, was oft mit dem Bruch wichtiger Trendlinien und/oder gleitender Durchschnitte verbunden ist. Mit dem deutlichen Unterschreiten des als Unterstützung wirkenden Niveaus des Tiefs zwischen den beiden Spitzen (3-Prozent-Regel; 2-Tages-Regel), oft begleitet von anziehenden Umsätzen, ist die Formation vollendet. Etwa in der Hälfte aller Fälle kann man mit einer Rückkehrbewegung zur Durchbruchslinie rechnen. Diese frühere Unterstützungslinie wirkt jetzt als Widerstand, von dem die Kurse abprallen und ihre Abwärtsbewegung fortsetzen.

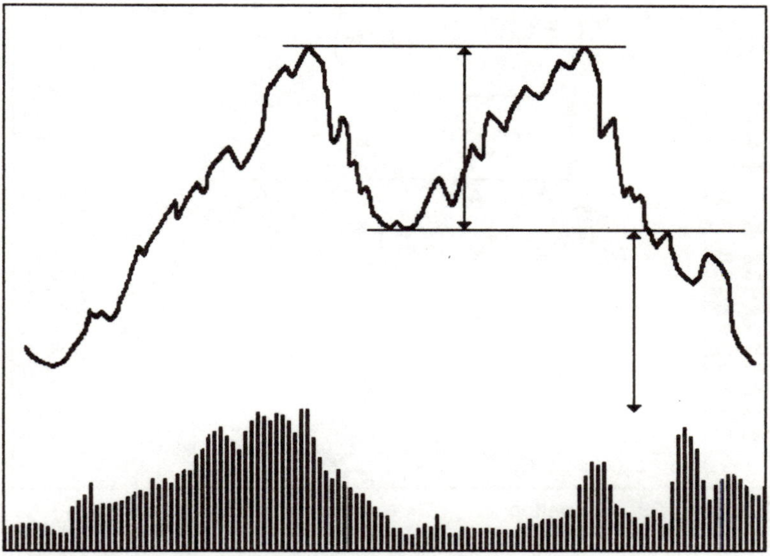

Abbildung 31: Doppeltop (schematisch)

Das Kursziel erhält man, indem man den Abstand von den Spitzen und dem dazwischen liegenden Tief mißt und von der Durchbruchslinie nach unten abträgt.

Die M-Formation ist leicht zu erkennen. Einige Analysten begehen aber häufig den Fehler, schon von einem Doppeltop zu sprechen, wenn die Kurse noch oberhalb des Niveaus des Tiefs zwischen den beiden Hochs liegen. Die Formation ist jedoch erst nach einem signifikanten Durchbruch unter die Unterstützungslinie vollendet. Der zeitliche Abstand zwischen den beiden Spitzen sollte außerdem mindestens vier Wochen betragen.

Der Hongkonger Aktienmarkt beendete seinen fulminanten langfristigen Aufwärtstrend mit einem eindrucksvollen Doppeltop (siehe Abbildung 32). Der Einbruch zwischen den beiden Spitzen führte die Kurse des Hang Seng Indexes von 12000 auf 10000 zurück. Nach dem Durchbruch durch die Unterstützungslinie kam es zu einer Gegenbewegung, bevor ein Bearmarket begann, der die Kurse bis weit unter das Mindestkursziel zurückführte.

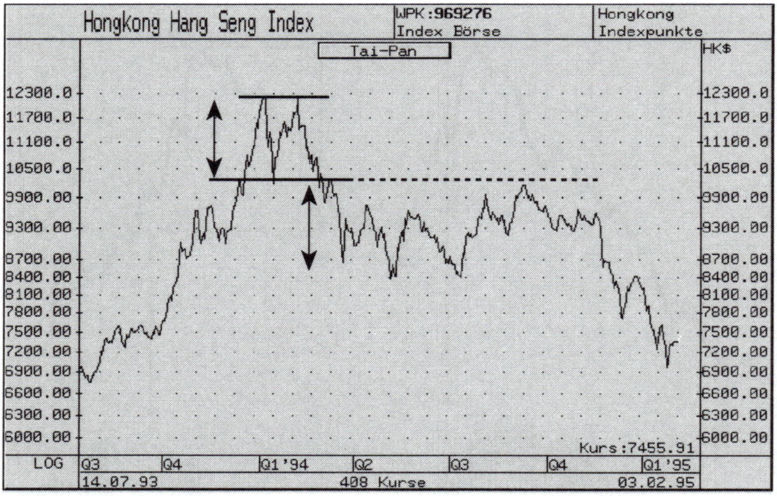

Abbildung 32: Doppeltop

7.4.5 W-Formation (doppelter Boden, „double bottom“)

Die W-Formation ist ebenso wie die M-Formation recht zuverlässig. Sie ist das Spiegelbild zum Doppeltop, mit analogen Kennzeichen und Regeln.

Im Unterschied zur Top-Formation ist die Betrachtung des Volumens besonders wichtig: Der Ausbruch über die Ausbruchslinie (vorher Widerstand, jetzt Unterstützung) muß von einem deutlichen Umsatzanstieg begleitet sein.

Im Chart von McDonald's (siehe Abbildung 30) ist im rechten Teil der Grafik ein gut ausgeprägter doppelter Boden zu erkennen. Nach dem Ausbruch wurde das Mindestkursziel innerhalb weniger Tage erreicht, doch der Kursanstieg war damit noch nicht beendet.

7.4.6 Untertassen-Formation („saucer“; „rounding bottom“)

Die Untertassen-Formation kommt viel seltener vor als Kopf-Schulter-Formationen oder Doppeltops bzw. -bottoms. Nach einem längeren Abwärtstrend bilden die Kurse einen abgerundeten, untertassenförmigen

Boden. Die Dauer kann mehrere Wochen bis zu mehreren Monaten umfassen. Generell gilt: Je länger die Bodenbildung dauert, um so weiter steigen nach der Trendwende die Kurse.

In der Mitte der Formation kommt es manchmal zu einem vorzeitigen Ausbruch(sversuch) der Kurse bei ungewöhnlich hohem Volumen (in der Abbildung 33 durch Pfeile dargestellt) und einem erneuten Rückfall auf den Untertassenboden. Dies ist noch kein Kaufsignal. Danach steigen die Kurse allmählich bei stetig wachsendem Umsatz an. Auf der rechten Seite der Untertasse bildet sich häufig eine Plattform bei deutlich nachlassendem Volumen aus. Fehlt die Plattform, so ist der Zeitpunkt der Voll-

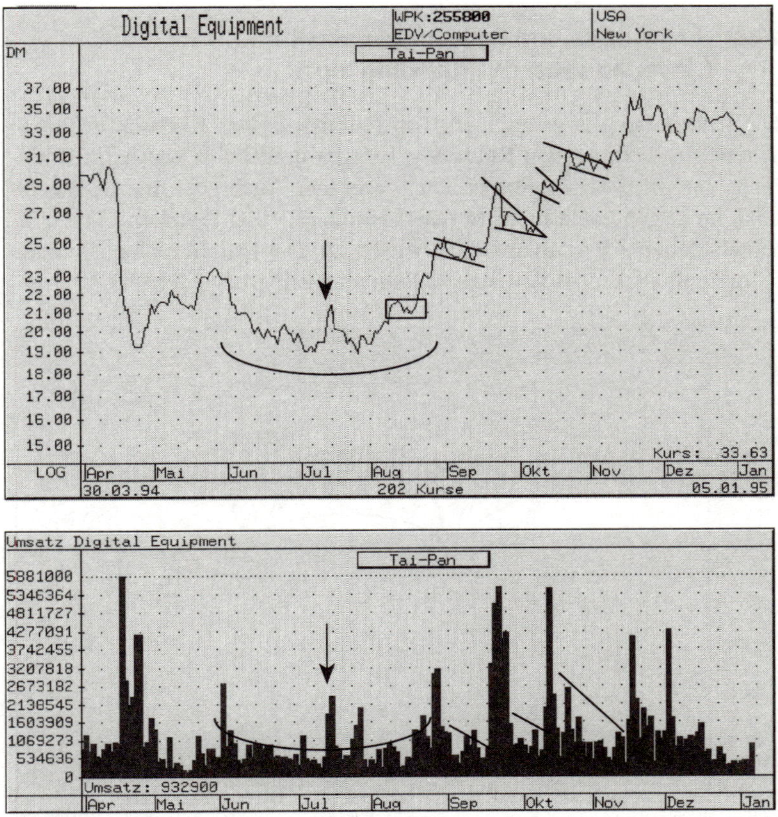

Abbildung 33: Untertasse

endung der Formation oft schwer zu bestimmen. Der Ausbruch von der Plattform nach oben bei hohem Volumen oder der Anstieg über das Niveau des vorzeitigen Ausbruchsversuchs vollendet die Formation.

Im Chart von Digital Equipment (Abbildung 33) wurde ein mehrjähriger Abwärtstrend von einer Untertasse umgekehrt. Die leicht nach unten geneigte Plattform bei nachgebendem Volumen ist gut zu erkennen. Die anschließende kräftige Ausbruchsbewegung erfolgte bei hohen Um sätzen.

Bei den Konsolidierungs-Formationen im rechten Teil der Abbildung handelt es sich um Flaggen.

7.4.7 Umgekehrte Untertassen-Formation („inverted saucer"; „rounding top")

Die Untertasse gibt es auch als Top-Formation. Das Kursbild des noch seltener vorkommenden Rounding-Tops ist umgekehrt wie beim Rounding-bottom, doch es gibt keinen vorzeitiger Ausbruch, und es kommt auch im allgemeinen nicht zu der Ausbildung einer Plattform. Die Umsätze nehmen zuerst ab und dann wieder zu. Der Durchbruch nach unten kann, muß aber nicht von einem Volumenanstieg begleitet sein.

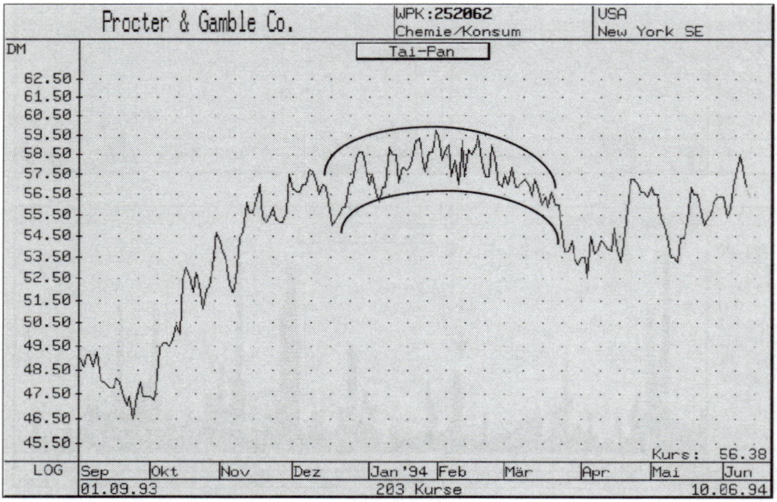

Abbildung 34: Umgekehrte Untertassen-Formation

Procter & Gamble zeigte Anfang 1994 ein Rounding-top (Abbildung 34), das zu einer Trendumkehr führte. Insgesamt war die Formation sehr flach und führte deshalb auch nur zu geringen Kurseinbußen von rund 10 %.

7.4.8 Umgekehrtes Dreieck („broadening top")

Das Broadening-top wird durch zwei auseinanderstrebende Trendlinien mit drei steigenden Hoch- und zwei fallenden Tiefpunkten gebildet. Dabei steigt das Volumen tendenziell an. Sobald die Kurse den zweiten Tiefpunkt unterbieten, ist die Formation vollendet. Das umgekehrte Dreieck kommt relativ selten vor und markiert in der Regel bedeutende Kursgipfel.

Das Chart von CS Holding (Abbildung 35) zeigt ein Broadening-top, das eine eindrucksvolle Trendumkehr einleitete.

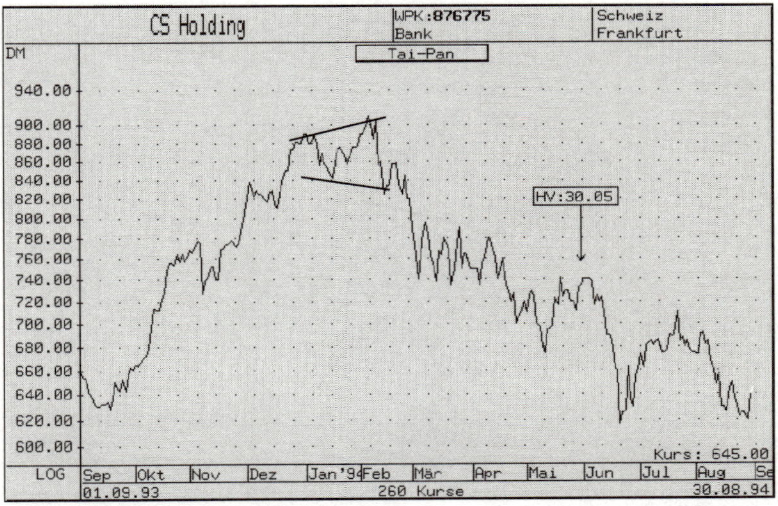

Abbildung 35: Umgekehrtes Dreieck

7.4.9 Diamant („diamond")

Auch der Diamant ist relativ selten zu finden und markiert meistens die Umkehr eines Aufwärtstrends in einen Abwärtstrend.

Die Begrenzungslinien streben zuerst auseinander (wie beim Broadening-top), dann wieder zusammen (wie beim Dreieck). Die Umsätze sind zuerst steigend, dann fallend. Der Durchbruch nach unten ist meistens von einem Umsatzanstieg begleitet.

Ein Kursziel kann bestimmt werden, indem man die Höhe der breitesten Stelle mißt und die gemessene Strecke vom Ausbruchspunkt in Ausbruchsrichtung anlegt.

Die Kursentwicklung der US-Supermarktkette Albertson's (Abbildung 36) zeigt einen Diamanten, der den mittelfristigen Aufwärtstrend umkehrte.

Manchmal kommt der Diamant auch als Konsolidierungs-Formation vor, d. h. nach Beendigung der Formation wird der ursprüngliche Trend fortgesetzt.

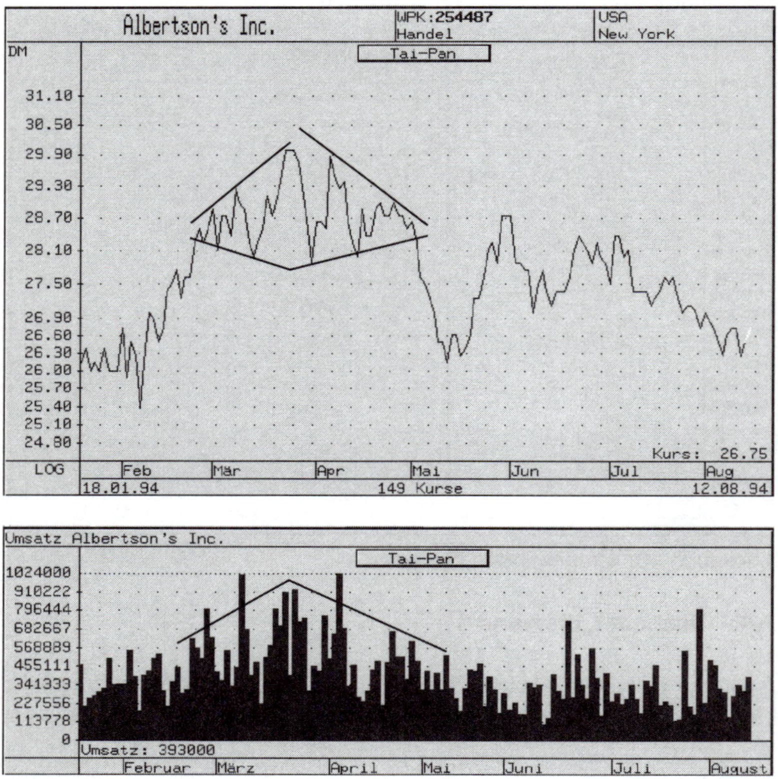

Abbildung 36: Diamant

7.4.10 V-Formationen und Umkehrtage („reversal days")

V-Formationen tauchen nach steilen Auf- oder Abwärtstrends auf. Im Gegensatz zu den übrigen Umkehrformationen wird der vorherrschende Trend nicht allmählich gestoppt, sondern abrupt und ohne Vorwarnung, gefolgt von einer plötzlichen Bewegung in die entgegengesetzte Richtung.

Einfache V-Formationen sind im Zeitpunkt ihres Entstehens äußerst schwer zu identifizieren und daher für den Spekulanten kaum zu nutzen. An welchem Punkt kaufen Sie? Wenn Sie zu früh zugreifen, verlieren Sie vielleicht schon am nächsten Handelstag fünf Prozent. Deshalb ist es besser, sich zurückzuhalten, getreu dem Motto: „Ein fallendes Messer fängt man nicht auf".

Bei der erweiterten V-Formation, die sowohl als Top- als auch als Bottom-Formation vorkommt, bildet sich nach dem Drehpunkt eine schmale Plattform in Richtung des alten Trends. Der Durchbruch durch die Plattform komplettiert den Trendwechsel.

Der Drehpunkt der Formation wird in den allermeisten Fällen von Umkehrtagen („reversal days") gebildet.

Eine obere Eintagesumkehr („top reversal day") ist dadurch gekennzeichnet, daß Eröffnungskurs und Tageshoch höher liegen als am Vortag, Tagestief und Schlußkurs jedoch tiefer. Bei der unteren Eintagesumkehr („bottom reversal day") verhält es sich umgekehrt.

Das Chart von Bethlehem Steel (Abbildung 37) zeigt eine solche untere Umkehr, die ihrerseits ein Teil einer erweiterten V-Formation darstellt. Da es ein Wochenchart ist, handelt es sich hier um eine „bottom reversal week".

Je höher das Volumen und die Spannweite der Trading-Range sind, um so bedeutender wird der Umkehrtag. Ist bei Bodenformationen das Volumen besonders hoch, so spricht man oft von einem Ausverkauf („sellout" oder „selling climax").

Eine Zweitagesumkehr („two day top"/„bottom reversal") besteht aus zwei aufeinanderfolgenden Tagen, an denen sich Hoch- und Tiefkurse ungefähr entsprechen. Am ersten Tag schließt die Aktie nahe ihres Hochs, am zweiten Tag nahe ihres Tiefs (beim „two day top reversal") bzw. umgekehrt (beim „two day bottom reversal").

Abbildung 37: Umkehrwoche und erweiterte V-Formation

Umkehrtage sind – für sich allein betrachtet – von untergeordneter Bedeutung. Im Zusammenhang mit dem Ort ihres Auftretens und anderen charttechnischen Informationen können sie allerdings sehr wichtig sein.

Dabei sind Umkehrtage in Wochencharts (Umkehrwoche) und besonders in Monatscharts (Umkehrmonat) signifikanter als Umkehrtage in Tagescharts.

7.5 Kurslücken („gaps")

Kurslücken sind nur in Balken- oder Kerzencharts erkennbar, nicht jedoch in Linien- oder Point & Figure-Charts. Es gibt insgesamt vier Arten von Kurslücken, die sich in ihrer Bedeutung erheblich voneinander unterscheiden.

Die Gewöhnliche Lücke („common gap") tritt innerhalb von Formationen auf und ist ohne Bedeutung.

Erscheint eine Lücke bei Beendigung einer Formation oder beim Bruch einer Trendlinie, so spricht man von einer Ausbruchslücke („breakaway gap"). Sie signalisiert bzw. bestätigt den Beginn eines neuen Trends. Oft ist sie von hohen Umsätzen begleitet. Je höher das Volumen, um so geringer ist die Wahrscheinlichkeit, daß die Lücke durch eine Gegenbewegung „geschlossen" wird. Im Gegenteil – ein vollständiges Schließen läßt den Verdacht auf ein Fehlsignal zu. „Upside gaps" wirken als Unterstützung, „downside gaps" als Widerstand.

Unter Fortsetzungslücken („runaway gaps, continuation gaps, measuring gaps") versteht man eine oder mehrere Lücken, die etwa in der Mitte der Marktbewegung (Kursziel!) auftreten. In Aufwärtstrends sind sie als Zeichen von Stärke, in Abwärtstrends als Zeichen von Schwäche zu werten. Auch diese Lücken werden häufig nicht durch eine Gegenbewegung „geschlossen". Wird eine Lücke geschlossen, so hat man es möglichweise mit der vierten Art zu tun:

Eine Erschöpfungslücke („exhaustion gap") ist normalerweise zu erwarten, wenn in einer kräftigen Bewegung „breakout gap" und „runaway gap(s)" bereits aufgetreten sind. Sie veranschaulicht das letzte „Aufbäumen" eines Trends, der „in den letzten Zügen" liegt. Das Füllen der Erschöpfungslücke deutet auf einen nahen Trendwechsel hin.

Die Inselumkehr („island reversal") stellt die Kombination einer Erschöpfungslücke des zuendegehenden Trends mit der Ausbruchslücke des beginnenden entgegengesetzten Trends dar. Beide Lücken befinden sich auf gleicher Höhe und führen zur Inselbildung der zwischen ihnen liegenden Kurse.

Im Chart von Metallgesellschaft (Abbildung 38) sind alle Arten von Kurslücken vertreten.

7.6 Trendbestätigungsformationen

Neben Formationen, die den Trend umkehren, gibt es auch Kursfiguren, deren Auftreten eine Fortsetzung der bisherigen Bewegungsrichtung erwarten lassen.

Trendbestätigungsformationen sind in aller Regel kürzer als Trendumkehrformationen. Sie beziehen sich auf sekundäre und tertiäre Trends. In allen Trendbestätigungs- oder Konsolidierungsformationen nehmen die

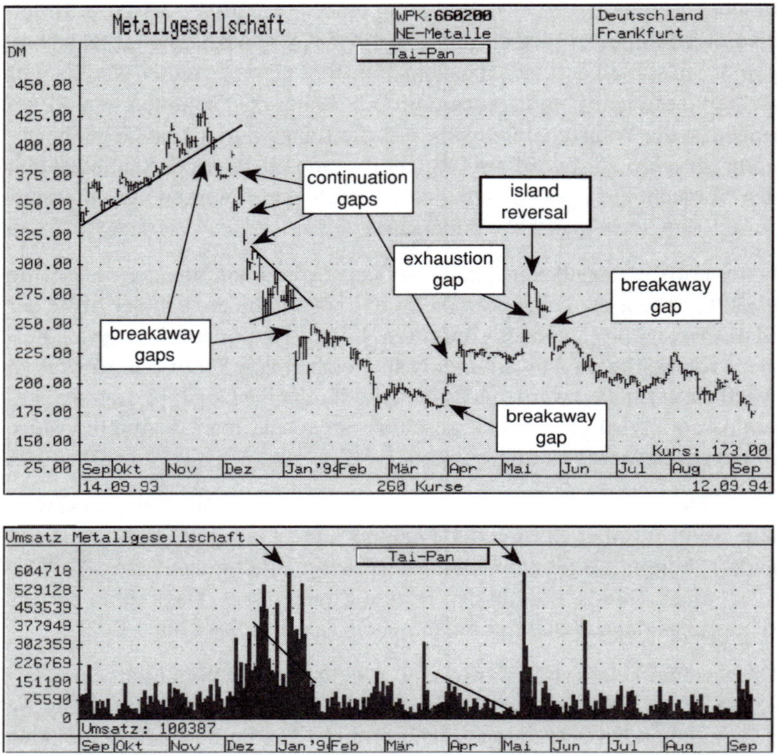

Abbildung 38: Kurslücken

Umsätze innerhalb der Formation deutlich ab, während die Ausbrüche nach oben in der Regel und nach unten häufig von starken Volumenanstiegen gekennzeichnet sind.

7.6.1 Flaggen und Wimpel („flags and pennants")

Flaggen und Wimpel kommen besonders in volatilen Märkten recht häufig vor. Sie gehören zu den zuverlässigsten Trendbestätigungsformationen und ziehen nur selten Trendwechsel nach sich. Nach einer steilen, oft beinahe senkrechten Bewegung („Fahnenstange") verharren die Kurse bei stark fallenden Volumina in einer relativ engen Bandbreite und konsolidieren abwärts (Flagge) bzw. seitwärts (Wimpel). Innerhalb dieser

„Verschnaufpausen", die etwa in der Mitte eines dynamischen Aufwärts- oder Abwärtstrends auftreten (Kursziel!), gehen die Umsätze stark zurück. Am Ende der Konsolidierung sind die Volumina ungewöhnlich niedrig. Der Ausbruch aus der Formation ist hingegen mit einem starken Umsatzanstieg verbunden. Das zeitliche Ausmaß der Flaggen und Wimpel beträgt in einem Aufwärtstrend eine bis maximal drei Wochen, im Abwärtstrend oft nur wenige Tage.

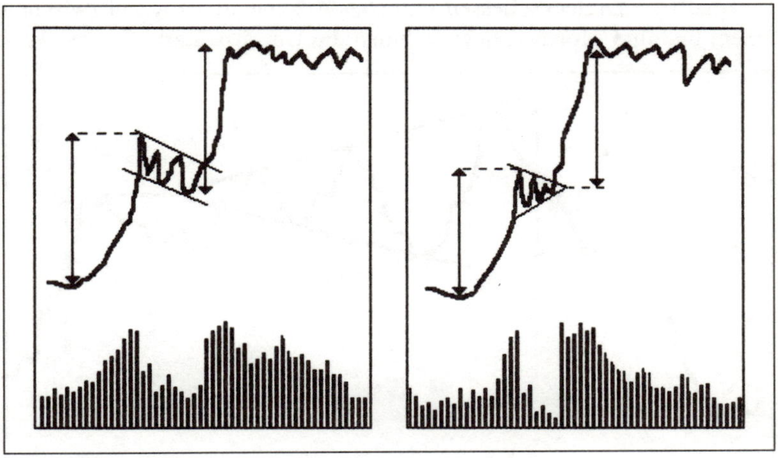

Abbildung 39: Flagge und Wimpel

Das Chart von Digital Equipment (Abbildung 34 auf Seite 180) weist in dem Anstieg nach Vollendung der Untertassenformation mehrere Flaggen hintereinander auf. Die innerhalb der Formationen nachlassenden Umsätze sind klar auszumachen. Die erste Flagge ist mit der Plattform des „rounding bottoms" identisch.

Die Bearmarket-Rallye bei Metallgesellschaft (Abbildung 38) von 180 bis 290 DM im April/Mai 1994 wurde in der Mitte von einer Flagge unterbrochen.

Mehrere Flaggen in einem Abwärtstrend zeigt das Chart von WMX Technologies (Abbildung 42 auf Seite 191).

7.6.2 Gleichseitiges (symmetrisches) Dreieck („symmetrical triangle“)

Das symmetrische Dreieck gehört zu den unzuverlässigsten Formationen überhaupt; Fehlsignale sind hier relativ häufig.

Das Dreieck wird aus zwei konvergierenden Trendlinien gebildet, von denen die eine abwärts und die andere aufwärts gerichtet ist (Abbildung 40). Innerhalb des Dreiecks, dessen zeitliches Ausmaß in der Regel zwischen einem und drei Monaten liegt, nehmen die Umsätze stark ab. Der Aus-

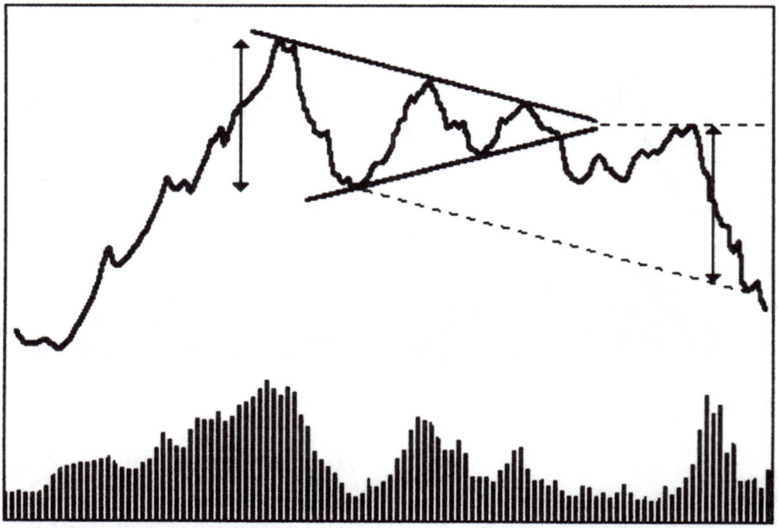

Abbildung 40: Symmetrisches Dreieck

bruch nach oben muß von einem deutlich steigenden Volumen gekennzeichnet sein, der Ausbruch nach unten nicht unbedingt. Nur wenn der Ausbruch zwischen $^{1}/_{3}$ und $^{3}/_{4}$ der Strecke Basis – Spitze stattfindet, ist die nachfolgende Bewegung lohnend. Erfolgt er nahe der Spitze, ist die anschließende Bewegung kraftlos oder mündet in einen Seitwärtstrend ein. Eine Rückkehrbewegung ist in manchen Fällen möglich; als Unterstützung bzw. Widerstand wirken einerseits die zuvor gebrochene Begrenzungslinie des Dreiecks und andererseits das nach rechts verlängerte Niveau der Dreiecksspitze.

Zur Ermittlung eines Kursziels bedient sich der Analyst wahlweise zweier Methoden: Entweder er verlängert die Basis vom Ausbruchspunkt in Trendrichtung, oder er zieht die Parallele zur in Trendrichtung verlaufenden Begrenzungslinie des Dreiecks.

Im Chart von Metallgesellschaft ist im ersten Teil des dynamischen Abwärtstrends ein gleichseitiges Dreieck zu erkennen. Innerhalb der Formation nahmen die Umsätze tendenziell ab; der Ausbruch nach unten erfolgte mit sehr hohem Volumen und einer Kurslücke („continuation gap") von beinahe 20 %. Das Mindestkursziel wurde hier bereits am Ausbruchstag erreicht.

Auch das Chart von Beiersdorf (Abbildung 43 auf Seite 192) zeigt ein symmetrisches Dreieck. Der Ausbruch erfolgte zunächst mit sehr hohem Volumen nach oben, doch schon wenig später erwies sich das als Fehlsignal, die Bewegung kehrte sich um und führte zu neuen Tiefs.

7.6.3 Rechtwinklige Dreiecke („right angel triangle")

Im Gegensatz zum gleichseitigen Dreieck ist bereits aus der Form des rechtwinkligen Dreiecks (auf- oder absteigend) in aller Regel die Richtung des bevorstehenden Ausbruchs der Kurse abzuleiten.

Beim aufsteigenden Dreieck („ascending triangle"), das normalerweise eine Trendbestätigungsformation in einem Aufwärtstrend darstellt, ist die obere Trendlinie waagerecht, die untere Trendlinie steigend. Da das Aufwärtsdreieck meistens eine bullishe Formation ist und ein Ausbruch nach oben erwarten läßt, lassen sich hier Käufe ausnahmsweise innerhalb der Formation vertreten. Ein Schlußkurs oberhalb der oberen Trendlinie (3 %-Regel!) mit einem scharfen Umsatzanstieg vollendet die Formation.

Das absteigende Dreieck („descending triangle") hat eine waagerechte untere Trendlinie und eine fallende obere Trendlinie. Da es sich um eine bearishe Formation handelt, erfolgt der Ausbruch meistens nach unten. Der Durchbruch unter die untere Trendlinie (3 %-Regel!) ist oft, aber nicht notwendigerweise mit einem Volumenanstieg verbunden. Das Abwärtsdreieck taucht normalerweise als Trendbestätigungsformation in einem Abwärtstrend auf. Gelegentlich bildet es auch eine obere Umkehrformation (top) aus und führt zu einem Wechsel des Primär- oder Sekundärtrends.

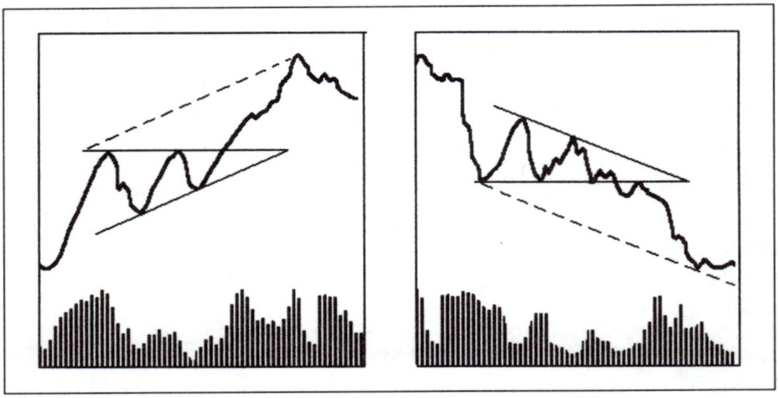

Abbildung 41: Aufsteigendes und absteigendes Dreieck

Im Chart von CS-Holding (Abbildung 35 auf Seite 181) ist ein absteigendes Dreieck als Trendbestätigungsformation zu erkennen.

7.6.4 Keil-Formation („wedge formation“)

Der Keil ist hinsichtlich Form (zwei konvergierende Trendlinien) und zeitlicher Ausdehnung (1-3 Monate) dem symmetrischen Dreieck ähnlich. Keile sind entgegen des vorherrschenden Trends geneigt (ähnlich wie die Flagge).

Steigende Keile sind bearish; die Kurse fallen nach dem Ausbruch rasch nach unten, wie das Chart von WMX Technologies (Abbildung 42) anschaulich demonstriert. In dem dynamischen Abwärtstrend sind auch mehrere Flaggen sowie ein symmetrisches Dreieck als Trendbestätigungsformationen auszumachen.

Im Gegensatz dazu sind fallende Keile bullish; nach dem Ausbruch steigen die Kurse allerdings nicht abrupt, sondern allmählich nach oben.

7.6.5 Rechteck („rectangle“; „trading range“)

Bei dem Rechteck handelt es sich um eine seitwärts verlaufende Konsolidierungsphase innerhalb eines existierenden Auf- oder Abwärtstrends mit waagerechter Ober- und Untergrenze (Abbildung 43). Es dauert meistens zwischen 1 und 3 Monaten. Der Ausbruch erfolgt meistens in Rich-

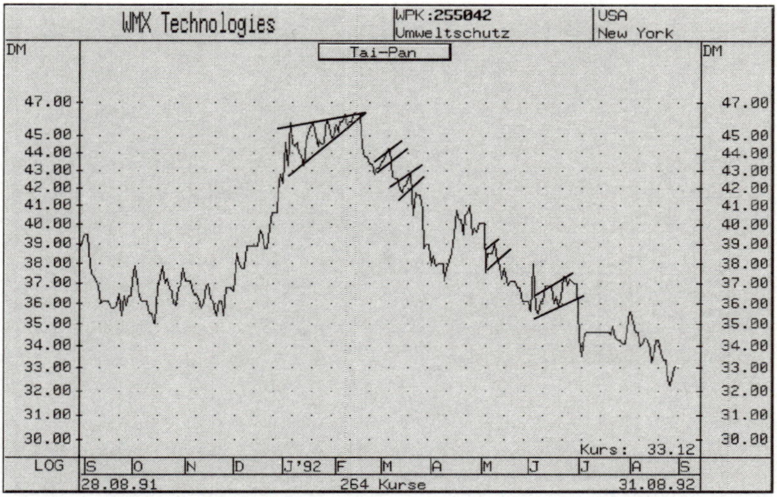

Abbildung 42: Keil-Formation

tung des vorherrschenden Trends (Trendbestätigung), manchmal auch in Gegenrichtung (Trendwechsel). Damit verbunden ist der Rollentausch von Unterstützung und Widerstand. Nach einem Ausbruch wird mindestens die Höhe der abgeschlossenen Formation zurückgelegt (Kursziel!). Der Umsatzverlauf innerhalb des Rechtecks dient als Indiz für die Richtung des bevorstehenden Ausbruchs; so deutet ein steigender Umsatz bei steigenden Kursen auf Ausbruch nach oben hin. Wenn die Trading Range weit genug ist, können sich Tradings innerhalb des Rechtecks lohnen.

Im Chart von Beiersdorf (siehe Abbildung 43) ist ein ausgedehntes Rechteck als Trendumkehr-Formation zu sehen. Die Umsätze sind zwar unregelmäßig – Beiersdorf ist eine marktenge Aktie –, doch innerhalb der Formation im Durchschnitt niedriger als in der folgenden Ausbruchsbewegung, die das Mindestkursziel innerhalb weniger Tage erreichte.

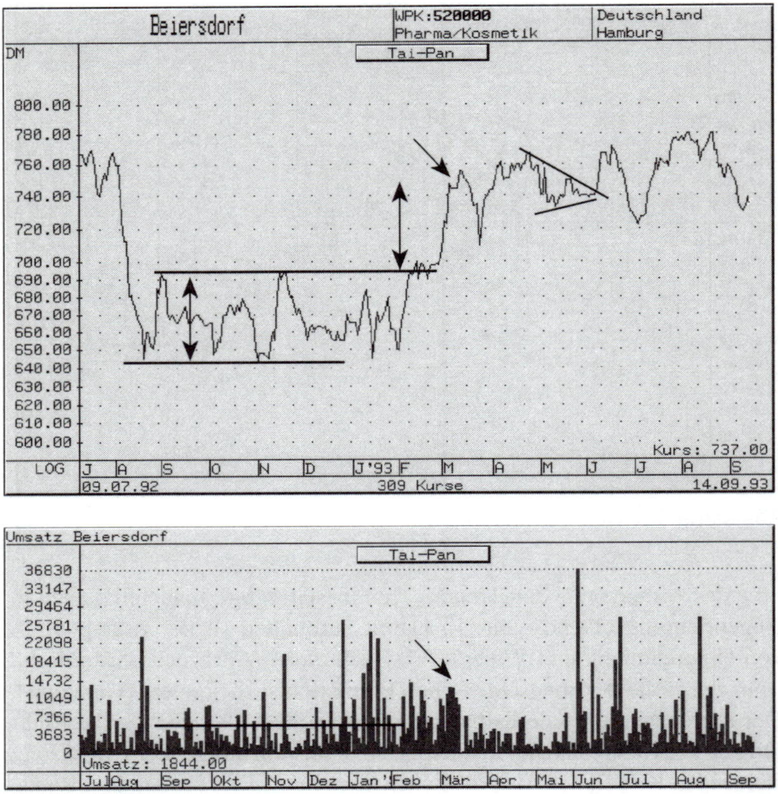

Abbildung 43: Rechteck

7.7 Indikatorenanalyse

Während man die Trendanalyse, die Bestimmung von Unterstützungs- und Widerstandszonen sowie die Formationen noch mit Bleistift und Lineal bewältigen kann, muß man zur Berechnung und Analyse von Indikatoren die Hilfe eines Computers in Anspruch nehmen.

Indikatoren werden mittels spezifischer mathematischer Formeln aus dem Kurs- (und/oder Umsatz-) Verlauf berechnet und in der Regel unterhalb des eigentlichen Charts abgebildet. Es handelt sich also nicht um originäre, sondern abgeleitete Größen.

Die Indikatoren werden in zwei große Gruppen unterteilt:

- **Trendfolge-Indikatoren** funktionieren in Trendmärkten („trending markets") und versagen in trendlosen Märkten („non-trending markets").
- **Oszillatoren** funktionieren am besten in trendlosen Märkten und in den späten Phasen von Auf- oder Abwärtstrends; sie versagen am Beginn von Trendmärkten.

Neben diesen Indikatoren, die aus den unmittelbaren Börsendaten (also Kurse und ggf. Umsätze) errechnet werden, gibt es auch sog. **Stimmungsindikatoren,** die auf andere Daten zugreifen.

Abweichungen zwischen Kurs- und Indikatorverlauf werden als **Divergenzen** bezeichnet und geben dem technischen Analysten wertvolle Hinweise. Divergenzen dienen allerdings weniger als direkte Signale denn vielmehr als Warnzeichen, die einen baldigen Trendwechsel anzeigen – dies allerdings sehr zuverlässig. Dabei ist es wichtig, daß sich der Indikator im Extrembereich aufhalten sollte, während er die allgemeine Richtung seines zugrundeliegenden Wertes nicht mehr nachvollzieht.

Wenn in einem Aufwärtstrend die Kurse weiter steigen, der Oszillator jedoch auf gleicher Höhe bleibt oder sogar fällt und somit die Preisbewegung nicht bestätigt, bezechnet man dies als negative oder bearishe Divergenz. Wenn hingegen in einem Abwärtstrend der Oszillator nicht wie die Kurse auf neue Tiefs fällt, sondern sich erkennbar stabilisiert oder nach oben tendiert, deutet diese positive oder bullishe Divergenz auf steigende Notierungen hin.

7.8 Trendfolge-Indikatoren

Zu den Trendfolge-Indikatoren zählen die gleitenden Durchschnitte, der MACD, das Parabolic-Time-Price-System und die Bollinger Bands.

7.8.1 Gleitende Durchschnitte („moving averages")

Der gleitende Durchschnitt (GD) ist der am meisten verwendete Indikator überhaupt. Er wird sowohl für die Trendbestimmung eingesetzt als auch als Signalgeber genutzt. Gleitende Durchschnitte folgen dem Trend, sie antizipieren ihn nicht. Trendwechsel zeigen sie erst an, nachdem sie eingetreten sind. Dessen muß man sich bewußt sein, will man keine Enttäuschungen erleben.

Gleitende Durchschnittslinien geben den Mittelwert der Kurse innerhalb eines bestimmten Zeitraums wieder. Die Formel lautet:

$$GD_{x\ Tage} = \frac{\Sigma\ \text{Kurse der letzten x Tage}}{x}$$

Neben diesem einfachen (= linear ungewichteten) gleitenden Durchschnitt gibt es noch einen linear gewichteten sowie einen exponentiell geglätteten gleitenden Durchschnitt. Bei den letzteren beiden fließen die aktuelleren Kurse zu einem höheren Gewicht in die Berechnung ein als die weiter zurückliegenden Kurse. Für die meisten Aufgaben ist der simple moving average am besten geeignet.

Im Zusammenwirken mit der Kurskurve generieren gleitende Durchschnittslinien drei verschiedene Arten von Kauf- und Verkaufssignalen (siehe Abbildungen 44 und 45):

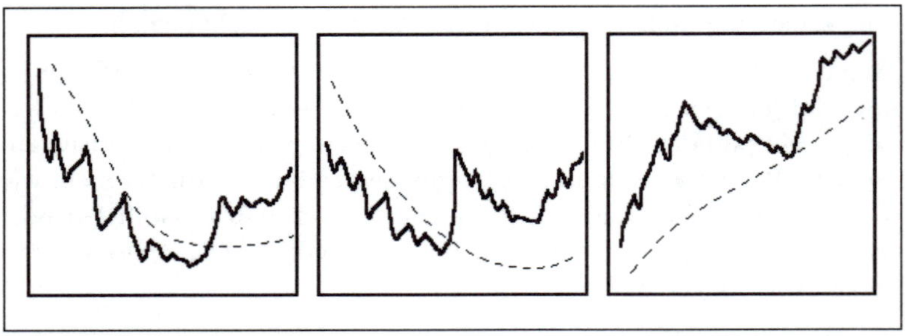

Abbildung 44: Kaufsignale bei gleitenden Durchschnittslinien

- Durchstoßen die Kurse einen annähernd waagrecht verlaufenden kurzen, mittleren bzw. langen GD von unten nach oben, so ist dies ein kurz-, mittel- oder langfristiges Kaufsignal.
- Fällt der GD an der Stelle des Durchbruchs noch, so tritt das Kaufsignal erst ein, wenn der GD annähernd waagerecht verläuft.
- Fallen die Kurse von oben auf einen steigenden GD, ohne ihn nach unten zu durchbrechen, und steigen dann wieder (d. h. der GD wirkt als Unterstützung), so ist dies ein Kaufsignal.

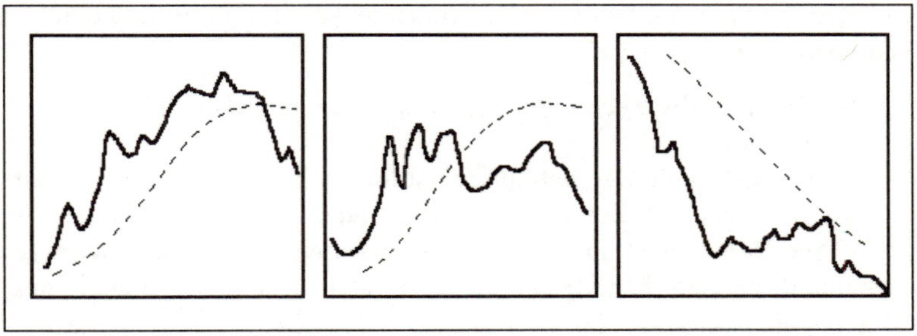

Abbildung 45: Verkaufssignale bei gleitenden Durchschnittslinien

- Durchstoßen die Kurse einen annähernd waagerecht verlaufenden kurzen, mittleren bzw. langen GD von oben nach unten, so ist dies ein kurz-, mittel- oder langfristiges Verkaufssignal.
- Steigt der GD an der Stelle des Durchbruchs noch, so tritt das Verkaufssignal erst ein, wenn der GD annähernd waagerecht verläuft.
- Nähern sich die Kurse von unten an einen steigenden GD an, ohne ihn nach oben zu durchbrechen, und fallen dann wieder (d. h. der GD wirkt als Widerstand), so ist dies ein Verkaufssignal.

Gleitende Durchschnitte sind ein einfaches Mittel zur Trendbestimmung: ein steigender GD zeigt einen Aufwärtstrend an, ein waagerechter GD einen Seitwärtstrend und ein fallender GD einen Abwärtstrend.

Je nach Anzahl der Tage, über die der Durchschnitt der Kurse ermittelt wird, unterscheidet man kurze GD (z. B. 3, 5 oder 10 Tage), mittlere GD (z. B. 20, 38 oder 50 Tage) und lange GD (z. B. 90 oder 200 Tage).

Generell zeigen kurze GD Trendwechsel früher an als längere GD, liefern aber auch häufigere Fehlsignale. Lange GD funktionieren eher in Trendmärkten, kurze GD eher in Tradingmärkten.

Empirische Untersuchungen haben gezeigt, daß jeder Markt seinen eigenen optimalen GD hat, d. h. eine bestimmte Anzahl von Tagen zur Berechnung des GD. Eine Optimierung ist also sinnvoll. Längere GD funktionieren besser als kürzere GD, und einfache GD funktionieren besser als linear gewichtete oder exponentiell geglättete GD. Selbstverständlich können GD auch in anderen Zeitzonen (Stunden, Wochen, Monate) angewendet werden.

Zur Reduzierung von Fehlsignalen kann man sich einiger Filtertechniken bedienen:

- Die gesamte **Tagesschwankung** sollte bei einem Bruch jenseits des GD liegen.
- **3-Prozent-Regel:** Der Schlußkurs sollte mehr als 3 Prozent jenseits des GD liegen (bei kürzeren GD sind 1 oder 2 % sinnvoller).
- **3-Tage-Regel:** Erst am dritten Tag nach dem Durchbruch wird gehandelt, da viele Fehlsignale nach ein oder zwei Tagen wieder „ausgebügelt" werden.
- Das GD-Signal muß von einem **weiteren Durchbruchsignal** (z. B. Trendlinie, Formation, deutlicher Umsatzanstieg) begleitet sein.
- **Hoch-Tief-Bänder („high-low-bands"):** Statt eines GD auf Schlußkurs-Basis werden zwei GD verwendet; der eine wird auf die Tageshöchstkurse berechnet („high band"), der andere auf die Tagestiefstkurse („low band"). Die Handelsregeln lauten:

– Kauf (long entry):	wenn Kurse das High-band übersteigen;
– Verkauf (long exit):	wenn Kurse das High-band nach unten durchbrechen;
– Leerverkauf (short entry):	wenn Kurse durch das Low-band fallen;
– Eindeckung (short exit):	wenn Kurse das Low-band nach oben durchbrechen.

- Anwendung von **Prozentbändern („percentage envelopes"):** Der GD wird von parallel verlaufenden, um ein bis drei Prozent nach oben und unten verschobenen Bändern ummantelt. Das Handelssystem lautet:

– Kauf (long entry):	wenn Kurse das obere Band übersteigen;
– Verkauf (long exit):	wenn Kurse den GD nach unten durchbrechen;
– Leerverkauf (short entry):	wenn Kurse durch das untere Band fallen;
– Eindeckung (short exit):	wenn Kurse den GD nach oben durchbrechen.

Bei diesem System hat man nicht ständig eine Long- oder Short-Position wie bei vielen anderen Handelssystemen, sondern es gibt Zeiten, in denen man nicht im Markt ist. Diese „Pufferzonen" reduzieren die Anzahl der Signale und eliminieren viele Fehlsignale.

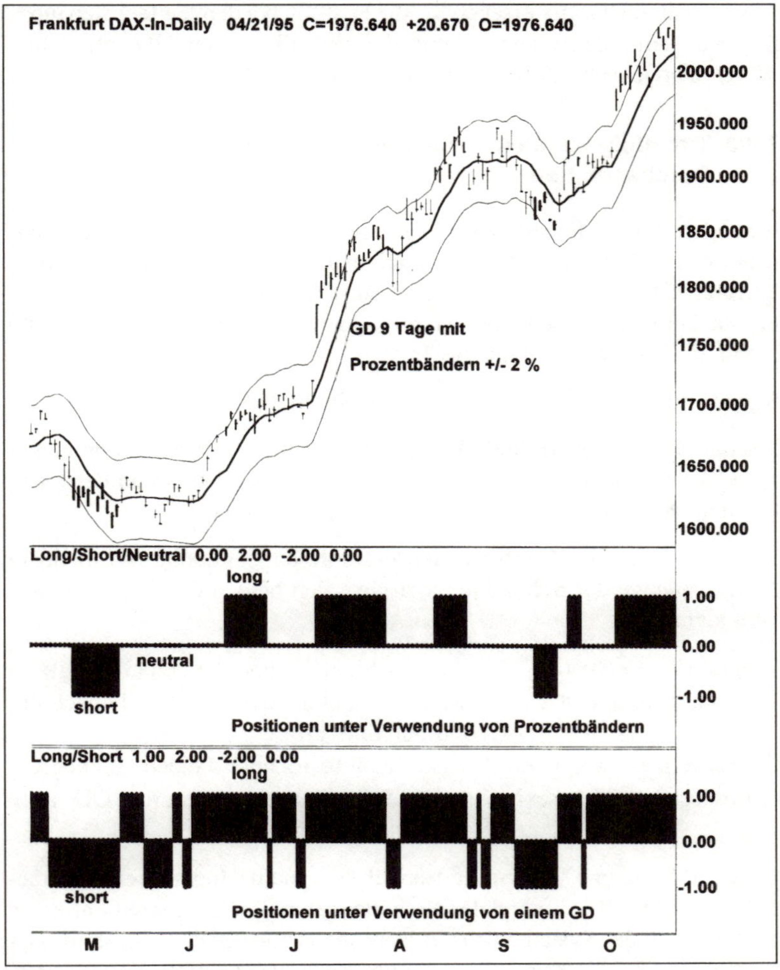

Abbildung 46: DAX – Prozentbänder

In der Abbildung 46 sehen Sie den DAX-Index mit einem 9-Tage-GD mit „percentage envelopes“, die sich um 2 Prozent über bzw. unter dem GD befinden. In der mittleren Grafik ist die Position (long, short oder neutral) nach obigem Handelssystem eingezeichnet. Dazu korrespondieren die Strichstärken der Kursbalken in der oberen Grafik (mager = neutral, halbfett = long, fett = short).

Aus der unteren Grafik ersehen Sie die Position bei dem einfachsten möglichen System: Sie ist long, solange die Aktie über ihrem GD notiert, und short, solange sich der Kurs unter dem GD befindet.

7.8.2 Trendfolge-Systeme aus mehreren gleitenden Durchschnitten

Eine alternative Methode zur Generierung von Kauf- und Verkaufssignalen ist der Einsatz einer Kombination aus einem kürzerem und einem längeren GD. Der längere GD dient zur Trendbestimmung, der kürzere nimmt Timingaufgaben wahr. Häufig angewendete Kombinationen sind 5 und 20 Tage sowie 10 und 40 Tage.

Signale erhält man mit zwei verschiedenen Methoden:

Bei der **Kreuzungsmethode** kaufen Sie, wenn der kurze GD den längeren GD von unten nach oben schneidet und verkaufen, wenn der kurze GD den längeren GD von oben nach unten schneidet.

Wenn Sie nach der **Neutralzonenmethode** handeln, sind Sie nicht im Markt, solange der Schlußkurs zwischen den beiden GD liegt. Die Regeln lauten:

- Kauf (long entry): wenn Schlußkurs über beiden GD liegt;
- Verkauf (long exit): wenn Schlußkurs den oberen GD nach unten durchbricht;
- Leerverkauf (short entry): wenn Schlußkurs unter beiden GD liegt;
- Eindeckung (short exit): wenn Schlußkurs den unteren GD nach oben durchbricht.

In der Abbildung 47 sehen Sie Handelssysteme nach der Kreuzungsmethode (mittlere Grafik) und der Neutralzonenmethode (untere Grafik). Je nachdem, ob das System nach der Neutralzonenmethode long, short oder neutral ist, sind die Kursbalken der oberen Grafik halbfett, fett oder mager gedruckt.

7.8.3 Moving Average Convergence Divergence (MACD)

Der MACD (nach *Gerald Appel*) ist die geglättete Differenz zwischen einem schnellen exponentiell geglätteten gleitenden Durchschnitt (Standardeinstellung: 12 Tage) und einem langsamen exponentiell geglätteten

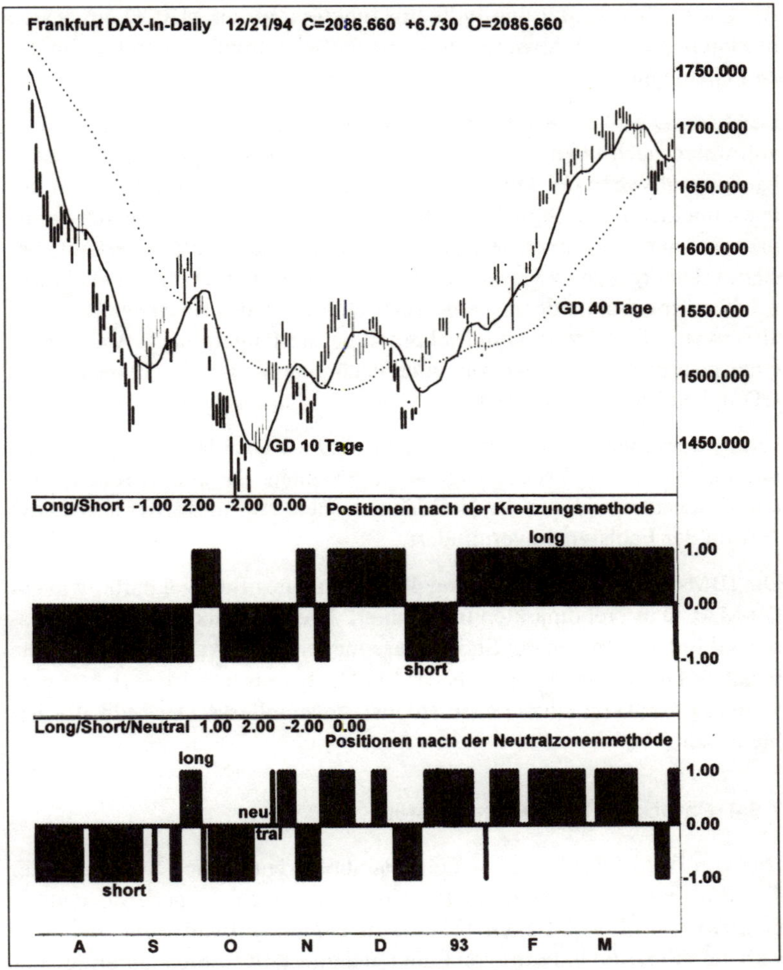

Abbildung 47: Kreuzungs- und Neutralzonenmethode

gleitenden Durchschnitt (Standardeinstellung: 26 Tage). In Aufwärtstrends steigt der kürzere GD schneller als der längere GD; in Abwärtstrends fällt der kürzere GD schneller als der längere GD. Oft wird der positive oder negative Spread zwischen den beiden gleitenden Durchschnitten als Histogramm dargestellt.

Als klassischer Trendfolge-Indikator funktioniert der MACD am besten in klaren Auf- und Abwärtstrends. In Seitwärtstrends kommt es häufig zu Fehlsignalen.

Der MACD gibt ein Kaufsignal, wenn der kürzere GD den längeren GD von unten nach oben schneidet. Dementsprechend ergibt sich ein Verkaufssignal, wenn der kürzere GD den längeren GD von oben nach unten schneidet. Diese Signale werden durch das spätere Kreuzen der Nullinie von unten nach oben (Kauf) bzw. von oben nach unten (Verkauf) bestätigt. Divergenzen zwischen Kursverlauf und MACD dienen als Warnzeichen für einen baldigen Trendwechsel. Ein ideales Kaufsignal wäre es also, wenn die kürzere Durchschnittslinie die längere nach Ausbildung einer positiven Divergenz von unten nach oben kreuzt und danach beide GD die Nullinie übersteigen.

Eine Alternative besteht darin, den MACD als Oszillator zu verwenden und nur Kauf- und Verkaufssignale zu beachten, die in einem bestimmten Mindestabstand von der Nullinie auftreten. Auf diese Weise wird die Anzahl der Fehlsignale vermindert.

Die IBM-Aktie (siehe Abbildung 48) ist ein gutes Beispiel dafür, wie gut der MACD in Trendmärkten funktioniert. Die Kursbalken der Long-Phase sind fett, diejenigen der Short-Phase mager gedruckt. Beachten Sie die negative Divergenz im Juni, als der MACD bereits abwärtsgerichtet war, während die Aktie einen neuen Höchstkurs etablierte. Der Indikator behielt recht.

7.8.4 Parabolic-Time-Price-System

Das von *Welles Wilder* entwickelte Parabolic-Time-Price-System ist ein Trendfolgesystem, dessen Ausstiegsregel auf nachgezogenen (trendfolgenden) Stop-Loss-Marken basiert. In einem Aufwärtstrend befinden sich die Stops, die in Form von Punkten dargestellt werden, unterhalb der Kurskurve, in einem Abwärtstrend oberhalb. Sobald es zu einem Schnittpunkt des Kurses mit den Stops kommt, wird das Handelssignal ausgelöst: Eine Long-Position wird zur Short-Position und umgekehrt; damit ist man immer im Markt.

Die neue Stop-Marke wird nach einem Kaufsignal auf das Niveau des tiefsten Tiefkurses des vorangegangenen Abwärtstrends gesetzt, nach einem Verkaufssignal auf das Niveau des höchsten Hochkurses des voran-

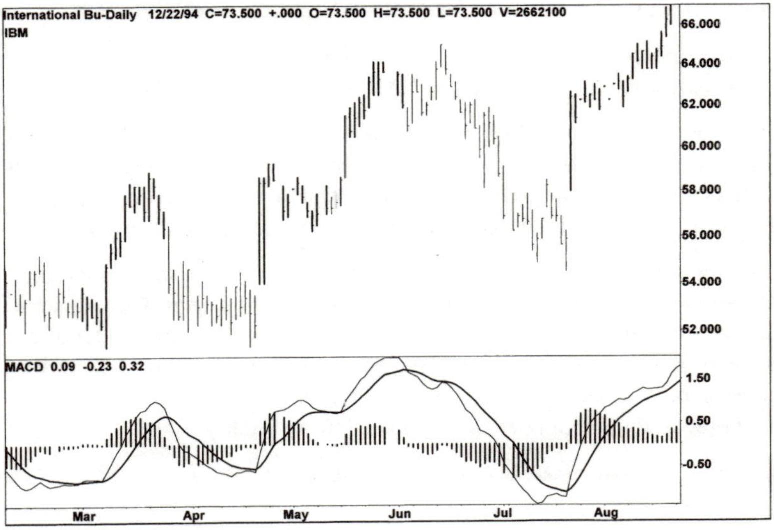

Abbildung 48: MACD

gegangenen Aufwärtstrends. Diese Punkte werden als „significant points“ (SIP) bezeichnet. Die Stop-Marke wandert täglich in Richtung des neuen Trends, zuerst langsam, mit der Zeit jedoch (aufgrund eines Beschleunigungsfaktors) immer schneller, was der Parabolic-Studie ein parabelförmiges Aussehen verleiht.

Der Beschleunigungsfaktor (BF) erhält einen Anfangswert (von Wilder vorgeschlagener Wert: 0,02) und erhöht sich um den Anfangswert, wenn während des Trends ein neuer höchster Kurs (im Aufwärtstrend) bzw. ein neuer tiefster Kurs (im Abwärtstrend) etabliert wurde. Sobald der Beschleunigungsfaktor einen Maximalwert (im allgemeinen das Zehnfache des Anfangswertes) erreicht, erhöht er sich nicht mehr.

Sobald sich der Trend abschwächt, schneiden die Kurse den immer schneller steigenden oder fallenden Parabolic Indikator und lösen das nächste Stop-and-reverse-Signal aus.

Die Formeln für den Anfangswert der Stops (stop and reverse = SAR) lauten:

- im Aufwärtstrend: $SAR_{t+1} = SIP + BF \times (High - SIP)$
- im Abwärtstrend: $SAR_{t+1} = SIP + BF \times (Low - SIP)$

Die Folgewerte der Stops werden folgendermaßen errechnet:

- im Aufwärtstrend: $SAR_{t+1} = SAR_t + BF \times (High - SAR_t)$
- im Abwärtstrend: $SAR_{t+1} = SAR_t + BF \times (Low - SAR_t)$

Dabei ist zu berücksichtigen, daß der SAR bei einer Long-Position (Short-Position) nicht den Tiefstkurs (Höchstkurs) der vorangegangenen oder aktuellen Periode schneiden darf. Passiert dies, so wird der tiefere Tiefstkurs (höhere Höchstkurs) als neuer Wert des SAR übernommen.

Das Parabolic-Time-Price-System funktioniert am besten in starken Trendmärkten. In trendlosen Märkten kommt es häufig zu Fehlsignalen. Der in Abbildung 49 dargestellte DAX-Index bewegte sich in der abgebildeten Zeit meistens in klaren Trends, weshalb das Parabolic-Time-Price-System hier sehr gut funktionierte. Die Kursbalken der Long-Phase sind mager, diejenigen der Short-Phase fett gedruckt.

Abbildung 49: Parabolic Indikator

7.8.5 Bollinger-Bänder

Bollinger-Bänder sind **Volatilitätsbänder,** die ober- und unterhalb eines gleitenden Durchschnitts errechnet werden. Der Abstand der Bänder vom GD richtet sich nach der aktuellen Volatilität der Kurse. In die Formel fließen als Variablen zum einen die Länge des GD und zum anderen die Anzahl der Standardabweichungen, um die die Bänder nach oben bzw. unten versetzt werden, ein.

Wenn man bei den Kursen eine Gauß´sche Normalverteilung unterstellt, werden bei dem Einsatz einer Standardabweichung knapp 70 %, bei zwei Standardabweichungen sogar 95 % der Kurse von den Bändern eingeschlossen.

Die Bollinger-Bänder dienen zum einen der Sichtbarmachung der Volatilität und Trendintensität, und zum anderen der Identifikation von extremen Marktsituationen. Je näher die Kurse am oberen (unteren) Band liegen, um so stärker ist der Markt überkauft (überverkauft).

Antizyklisches Handelns ist mit Hilfe der Bollinger-Bänder recht einfach: Sie kaufen, sobald der Kurs das untere Band berührt und verkaufen, sobald er das obere Band berührt. Dies gilt allerdings nicht unbedingt bei beginnenden Trends. Je länger die Kurse nämlich innerhalb einer – im historischen Vergleich derselben Zeitreihe – ungewöhnlich engen Bandbreite verharren (= niedrige Volatilität), um so heftiger und nachhaltiger wird die nachfolgende Bewegung (Ausbruch aus dem „Flaschenhals“). Die dann unmittelbar auftretenden Signale durch Berührung des Bandes in Trendrichtung müssen in einem solchen Fall ignoriert werden.

Eine extrem hohe Schwankungsbreite (stark aufgeblähte Bänder) über längere Zeit hinweg machen eine Konsolidierungsphase wahrscheinlich.

Die Abbildung 50 zeigt die Bayer-Aktie mit einem 9-Tage-GD und den dazugehörigen Bollinger-Bändern, die Standardabweichung und die Volatilität. Die Kauf- und Verkaufssignale sind durch Buchstaben symbolisiert. Als die Kurse im April 1993 nach unten ausbrachen, war die Standardabweichung seit sechs Monaten gesunken, während die Kurse stiegen. Auch die Volatilität war zuletzt extrem zurückgegangen. Nach dem Ausbruch nach unten, der mit stark zunehmender Volatilität verbunden war, mußte man das unmittelbar danach auftretende Kaufsignal ignorieren.

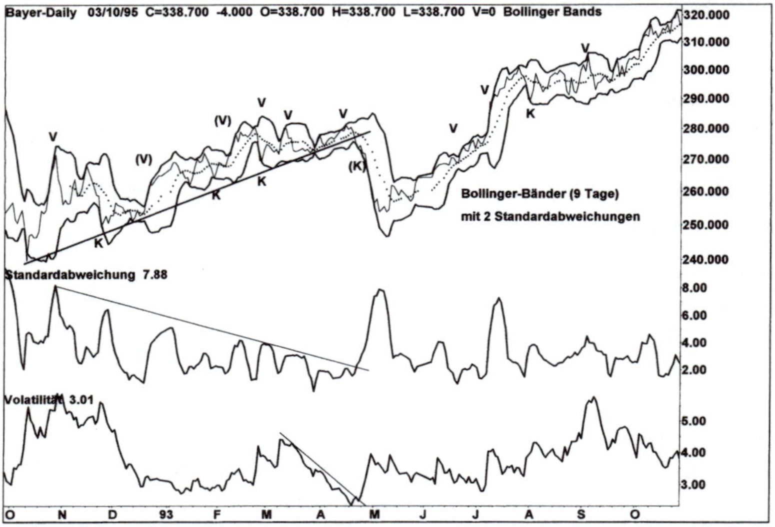

Abbildung 50: Bollinger Bands

7.9 Oszillatoren

Oszillatoren sind mathematisch so konstruiert, daß sie entweder um eine Mittellinie oszillieren (z. B. Momentum, ROC, CCI) oder Werte zwischen 0 und 100 annehmen können (z. B. RSI, Stochastik,%R). Steigende Kurse korrelieren in der Regel mit steigenden Indikatorlinien und umgekehrt. Aus der Lage extremer Spitzen oder Tiefs im Indikatorverlauf und aus dem Auftauchen bestimmter Divergenzen (Abweichungen) zwischen Kurs- und Indikatorverlauf lassen sich Kauf- und Verkaufssignale ableiten.

Oszillatoren funktionieren am besten in Seitwärtstrends und in den späten Phasen von Auf- oder Abwärtstrends. Zu Beginn jedes starken Trends erreichen die Oszillatoren jedoch recht schnell Extremzonen und geben verfrüht Anlaß zu vorzeitigen Gewinnmitnahmen (im Aufwärtstrend) bzw. vorzeitigem Markteintritt (im Abwärtstrend). In den frühen Stadien von Auf- oder Abwärtstrends müssen Oszillatorsignale deshalb ignoriert werden.

Kaufsignale funktionieren am besten in Aufwärtstrends. Man kauft also, wenn sich der Markt in einem Aufwärtstrend befindet und überverkauft ist. Umgekehrt werden in Abwärtstrends nur Verkaufssignale berücksichtigt.

Von den verschiedenen Interpretations- und Anwendungsmöglichkeiten ist die Analyse von Divergenzen am wertvollsten.

Wenn man sich intensiv mit Trendfolgesystemen und Oszillatoren beschäftigt, sollte man eine Grundregel nie außer acht lassen: Die Basistechnik (Trendlinien, Unterstützung und Widerstand, Formationen) hat Priorität vor der Indikatorenanalyse.

7.9.1 Momentum und Rate of Change (ROC)

Das Momentum mißt die Preisveränderungsrate zwischen festen Zeitintervallen. Ein 20-Tages-Momentum wird beispielsweise berechnet, indem der 20 Tage zurückliegende (Schluß-)Kurs vom aktuellen (Schluß-)Kurs subtrahiert wird:

$$\textbf{Momentum}_{\times\ \textbf{Tage}} = \text{aktueller Kurs} - \text{Kurs vor x Tagen}$$

Eine alternative Berechnungsmethode stellt die Veränderungsrate (Rate of Change) dar. Hier wird die Veränderung als prozentuales Verhältnis dargestellt:

$$\textbf{ROC}_{\textbf{x Tage}} = \frac{\text{aktueller Kurs}}{\text{Kurs vor x Tagen}} \times 100$$

Beide Indikatoren ähneln sich in ihrem Verlauf und sagen das gleiche aus. Der einzige sichtbare Unterschied besteht in der Skalierung der y-Achse.

Das Momentum bzw. die Rate of Change geben Auskunft über die Stärke oder Schwäche einer Auf- oder Abwärtsbewegung:

- Kurs > $\text{Kurs}_{\times}$ $\Rightarrow$ Momentum = positiv / ROC > 100 $\rightarrow$ Aufwärtsbewegung
- Kurs < $\text{Kurs}_{\times}$ $\Rightarrow$ Momentum = negativ / ROC < 100 $\rightarrow$ Abwärtsbewegung
- Kurs = $\text{Kurs}_{\times}$ $\Rightarrow$ Momentum = 0 / ROC = 100 $\rightarrow$ Seitwärtsbewegung

- Momentum ist positiv / ROC > 100; Tendenz steigend
  → Aufwärtstrend wird steiler
- Momentum ist positiv / ROC > 100; Tendenz fallend
  → Aufwärtstrend wird flacher
- Momentum ist negativ / ROC < 100; Tendenz fallend
  → Abwärtstrend wird steiler
- Momentum ist negativ / ROC < 100; Tendenz steigend
  → Abwärtstrend wird flacher

Momentum und Rate of Change können auf verschiedene Weise interpretiert werden:

Zunächst dienen sie zur Identifizierung von Überkauft-Zonen (Momentum / ROC am oberen Rand der historischen Bandbreite) und von Überverkauft-Zonen (Momentum / ROC am unteren Rand der historischen Bandbreite), mit dem Ziel des antizyklischen Handelns: Die „normale" Bandbreite kann allerdings je nach Volatilität des Titels und der vorherrschenden Trendrichtung variieren.

Der Bruch von signifikanten Trendlinien im Indikatorverlauf und Divergenzen zum Kursverlauf sind wichtige Hinweise zur aktuellen Marktverfassung.

Der Schnittpunkt mit der Nullinie (bzw. 100er-Linie beim ROC) dient als prozyklisches Signal; Kaufsignale dürfen nur in Aufwärtstrends, Verkaufssignale nur in Abwärtstrends beachtet werden.

Wer mit Indikatoren arbeitet, muß auch ihre Grenzen kennen. Momentum und ROC sind untauglich, wenn die Volatilität des zugrundeliegenden Wertes stark schwankt.

Abbildung 51 zeigt den Kurs der Daimler-Aktie mit ihrem 20-Tage-Momentum und ihrer 20-Tage-Rate of Change. Das Momentum ist als Histogramm, die ROC als Linienchart dargestellt. Beide sind in ihrem Verlauf praktisch identisch. Sehr wertvolle Signale gaben ausgeprägte Divergenzen: Innerhalb eines Jahres kündigten zwei positive Divergenzen (IV. Quartal 1992 und II. Quartal 1993) Kursausbrüche nach oben an und wiesen zwei negative Divergenzen (I. Quartal 1993 und III./IV. Quartal 1993) auf Trendwenden nach unten hin. Die Kauf- und Verkaufssignale des Momentums (Kreuzen der Null-Linie) sind durch senkrechte Pfeile gekennzeichnet – allerdings wurden nur die Signale in Trendrichtung (vgl. Trendlinien im oberen Teil der Abbildung) berücksichtigt.

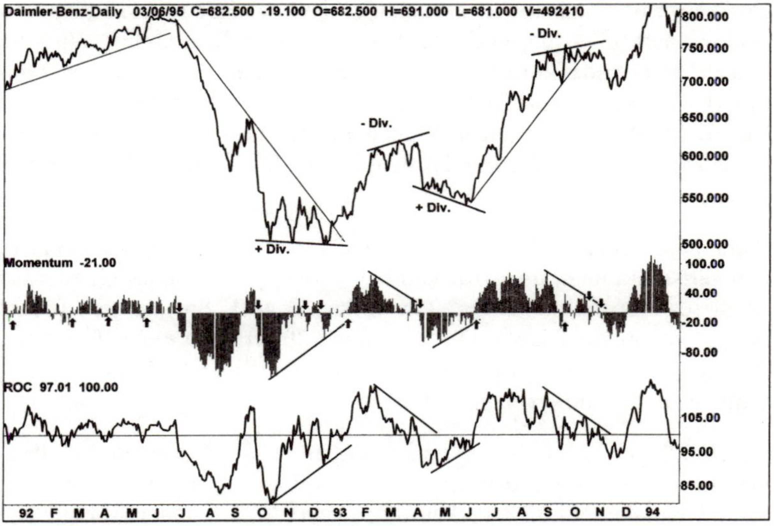

Abbildung 51: Momentum und Rate of Change

7.9.2 Relative-Stärke-Index (Relative Strength Index; RSI)

Der Relative-Stärke-Index (RSI) nach *Welles Wilder* ist eine spezielle Form des Momentums, die die spezifischen Nachteile dieses Indikators (erratische Schwankungen, fehlende obere und untere Begrenzungslinien) eliminiert. Der Begriff „Relative-Stärke-Index" ist etwas irreführend, da der Indikator nichts mit dem ebenfalls „Relative Stärke" genannten Verhältnis zwischen zwei verschiedenen Wertpapieren zu tun hat.

Der RSI ist ein Überkauft-Überverkauft-Indikator, der zwischen den Extremwerten 0 und 100 oszilliert. Er wird meistens auf einen Zeitraum von 14 Tagen kalkuliert und errechnet sich in zwei Schritten:

$$RS = \frac{\varnothing \text{ der Kurse an Tagen mit steigenden Kursen}}{\varnothing \text{ der Kurse an Tagen mit fallenden Kursen}}$$

$$RSI = 100 \times \frac{100}{1 + RS}$$

Der Markt ist überkauft (overbought), wenn der RSI über 70 liegt und überverkauft (oversold), wenn er Werte von unter 30 annimmt. Wird der RSI auf 9 Tage oder kürzer berechnet, werden die Extremzonen enger definiert: Überkauft-Zone: RSI > 80; Überverkauft-Zone: RSI < 20. Eine weitere Möglichkeit besteht darin, daß man für die Festlegung der Grenzwerte zwischen Aufwärtstrend (80; 30) und Abwärtstrend (70; 20) differenziert.

Wenn eine Spitze im RSI (über 70) eine vorhergehende Spitze in einem Aufwärtstrend nicht übertrifft und das vorherige Tief unterschreitet, so ist dieses „top failure swing" ein Verkaufssignal. Ein „bottom failure swing" ist ein Kaufsignal: Der RSI (unter 30) erreicht einen Tiefpunkt, der nicht unter dem vorhergehenden Tiefpunkt liegt, und übertrifft anschließend das vorhergehende Hoch.

Das Kaufsignal wird aber erst dann ausgelöst, wenn der RSI die Überverkauft-Zone verläßt, d. h. über 30 steigt, und das Verkaufssignal erst dann, wenn der RSI die Überkauft-Zone verläßt, d. h. unter 70 fällt. Wie beim Momentum werden nur Signale in Richtung des vorherrschenden Trends beachtet.

Achten Sie auch auf Divergenzen zwischen Kursverlauf und RSI, sofern sich dieser in Extremzonen befindet, sowie auf den Bruch von signifikanten Trendlinien im Indikatorverlauf.

Im Chart der Allianz Holding (siehe Abbildung 52) sind mehrere Abweichungen zwischen Kursverlauf und RSI zu erkennen. Die negative Divergenz hatte einen Kurseinbruch zur Folge, während die positive Divergenz einen deutlichen Kursanstieg nach sich zog. Wenn man die Signale entgegen der Richtung des intakten Trends (Buchstaben in Klammern) ignorierte, waren auch die Kauf- und Verkaufssignale des RSI beim Verlassen der Extremzonen treffsicher.

7.9.3 Prozent R („% R")

Der von *Larry Williams* entwickelte %R-Indikator ist – ähnlich wie der Stochastik-Indikator – ein „position-in-range-indicator". Er wird eingesetzt, um herauszufinden, wann man innerhalb eines Aufwärtstrends kaufen bzw. innerhalb eines Abwärtstrends verkaufen sollte. Seine Formel lautet:

Abbildung 52: RSI

$$\% R = \frac{(\text{Höchstes Hoch}_{xTage}) - \text{Schlußkurs}}{(\text{Höchstes Hoch}_{xTage}) - (\text{Tiefstes Tief}_{xTage})}$$

Die Interpretation ist derjenigen des RSI sehr ähnlich: Identifizierung von Überkauft-Zonen (%R > 80) und Überverkauft-Zonen (%R < 20)[1]*) ; Signale beim Verlassen der Extremzonen in Richtung des vorherrschenden Trends; Divergenzen; Bruch von signifikanten Trendlinien im Indikatorverlauf.

Im Siemens-Chart (siehe Abbildung 53) sind die Kauf- und Verkaufssignale des %R (nur in Trendrichtung) durch senkrechte Pfeile gekennzeichnet. Im Vergleich zum RSI ist der %R-Oszillator schwankungsfreudiger und gibt dementsprechend etwas genauere Signale.

*) Die ursprüngliche, von *Larry Williams* entwickelte Formel für den %R definierte die Überkauft-Zone (%R < 20) und die Überverkauft-Zone (%R > 80) umgekehrt. Um eine Anpassung an die übrigen Oszillatoren zu erreichen, haben viele Softwareprogramme die Formel abgewandelt.

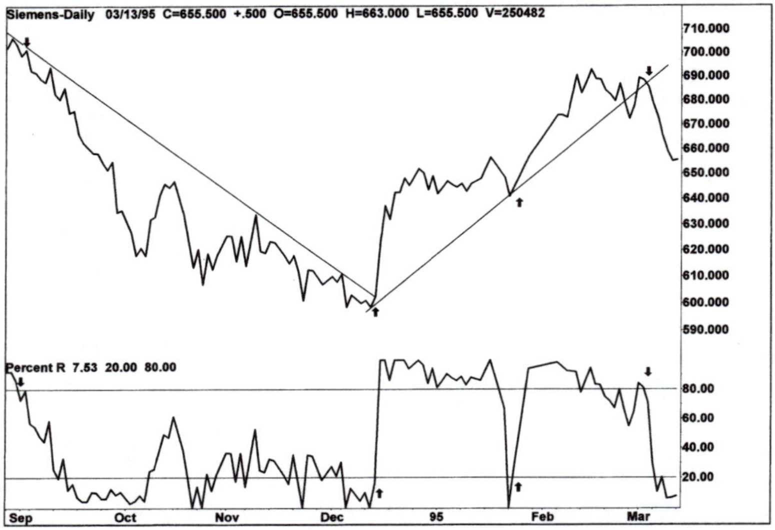

Abbildung 53: %R

7.9.4 Stochastik-Indikator („stochastics“)

Der Stochastik-Indikator basiert auf der Beobachtung, daß die Schlußkurse in einem Aufwärtstrend dazu tendieren, in der Nähe des Tageshöchststandes zu liegen; in einem Abwärtstrend befinden sie sich hingegen eher am unteren Rand der täglichen Kursschwankungsbreite.

Der von *George Lane* entwickelte Stochastik-Indikator ist ein „position-in-range-indicator“, der aussagt, ob ein Wert „oben“ oder „unten“ ist. Zu diesem Zweck definiert er eine Kursspanne über eine Anzahl von Börsentagen hintereinander als seine eigene Bezugsgröße. Im Anschluß daran wird die Position des aktuellen Kurses innerhalb dieser Spanne ermittelt.

Der Indikator setzt sich aus zwei Linien zusammen – der schnelleren“ Prozent-K-Linie“ und der langsameren „Prozent-D-Linie“. Beide Linien oszillieren auf einer Skala zwischen 0 und 100 Prozent. Die %D-Linie ist die bedeutendere von beiden und dient als Signallinie.

$$\% K = 100 \frac{C - L(x)}{H(x) - L(x)} \qquad \% D = \frac{\sum_{i=1}^{3} H(i)}{\sum_{i=1}^{3} L(i)}$$

wobei: C = Schlußkurs
L(x) = tiefster Tiefkurs der letzten x Tage
H(x) = höchster Hochkurs der letzten x Tage
L(i) = Tiefkurs am Tag i
H(i) = Hochkurs am Tag i

Dieser sog. „schnelle“ Stochastik-Indikator ist ungeglättet und weist daher erratische Schwankungen auf, die schwer zum Trading zu nutzen sind. Der „langsame“ Stochastik-Indikator ist geglättet und gibt weniger, aber zuverlässigere Signale:

$$\%K_{slow} = \%D_{fast} \qquad \%D_{slow} = \frac{\sum_{i=1}^{3} \%K(i)}{3}$$

Die %D-Linie ist nichts anderes als ein gleitender Durchschnitt über drei Tage von $\%K_{slow}$.

Der echte Stochastik-Indikator in seiner ursprünglichen Form wird auf der Basis von Hoch-, Tief- und Schlußkursen berechnet. Oft stehen jedoch nur Schluß- bzw. Kassakurse als Kursdaten zur Verfügung. Der unechte Stochastik-Indikator nimmt daher Bezug auf einen bestimmten Zeitraum von mehreren Tagen.

Der Stochastik-Indikator identifiziert Überkauft- und Überverkauft-Zonen. In trendlosen Märkten und bei Seitwärtstrends mit breiten Spannen funktioniert er sehr gut, in Trendmärkten sollten nur Signale in Richtung des vorherrschenden Trends beachtet werden.

Für kurzfristige Zwecke sind 5 oder 9 Tage, für langfristige Zwecke z. B. 90 Tage gut geeignet.

Ein Kaufsignal wird gegeben, wenn die schnellere %K-Linie die langsamere %D-Linie von unten nach oben kreuzt und der Schnittpunkt unter der 30 %-Marke (besser: unter der 20 %-Marke) liegt. Ein Verkaufssignal wird ausgelöst, wenn die schnellere %K-Linie die langsamere %D-Linie von oben nach unten kreuzt und der Schnittpunkt über der 70 %-Marke (besser: über der 80 %-Marke) liegt. Dabei ist ein „rechtsseitiges

Kreuzen" (d. h. am Schnittpunkt hat die %D-Linie ihren Wendepunkt bereits hinter sich) bedeutsamer als ein „linksseitiges Kreuzen".

Zur richtigen Interpretation des Indikators sind vier Formationen von Bedeutung: Haken, Scharnier, Schulter und Knie (siehe Abbildung 54 von links nach rechts).

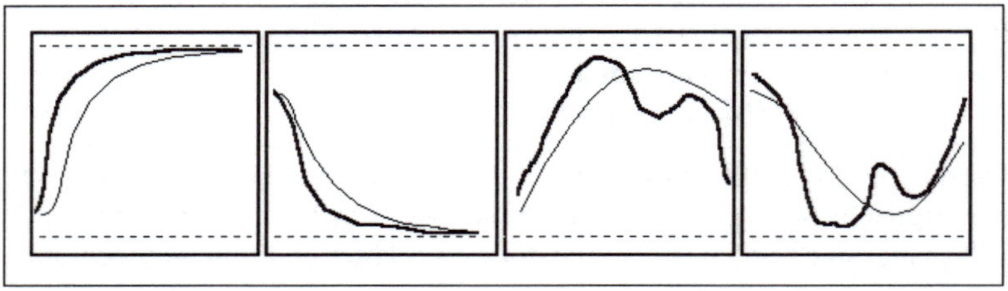

Abbildung 54: Formationen des Stochastik-Indikators

Beim **Haken** sollten Sie nicht vor dem „Dreh" nach unten verkaufen, das heißt nicht versuchen, das Signal zu antizipieren. Dasselbe gilt für das **Scharnier:** Hier sollten Sie nicht vor dem „Dreh" nach oben kaufen.

Knie und **Schulter** sind nichts anderes als positive bzw. negative Divergenzen, die bullishe bzw. bearishe Vorbedeutung haben.

In der Abbildung 55 sehen Sie oben den Kurs des Bund-Future (adjustierter Endloskontrakt), den schnellen 9-Tage-Stochastik in der Mitte und den langsamen 90-Tage-Stochastik unten. Die Kauf- und Verkaufssignale sind durch senkrechte Pfeile dargestellt. Die Signale des kurzfristigen Stochastik-Indikators korrespondierten recht gut mit den Schwankungen des tertiären Trends. Der langfristige Stochastik-Indikator gab hingegen nur Kaufsignale. Aufgrund einer kräftigen Abwärtsbewegung im Jahresverlauf 1994 war er in eine stark überverkaufte Position gerutscht.

7.9.5 Commodity Channel Index (CCI)

Der von *Donald Lambert* entwickelte Commodity Channel Index (CCI) gibt eine „normale" Schwankungsbreite eines Trends vor, innerhalb der sich ca. 70 % der Kursfluktuationen bewegen sollten. Extreme Ausschläge nach oben (über +100) oder unten (unter -100) werden als Überkauft- bzw. Überverkauft-Zonen interpretiert. Die Nullinie entspricht dem Schnitt der Kurse mit dem GD. Beim CCI bedeuten:

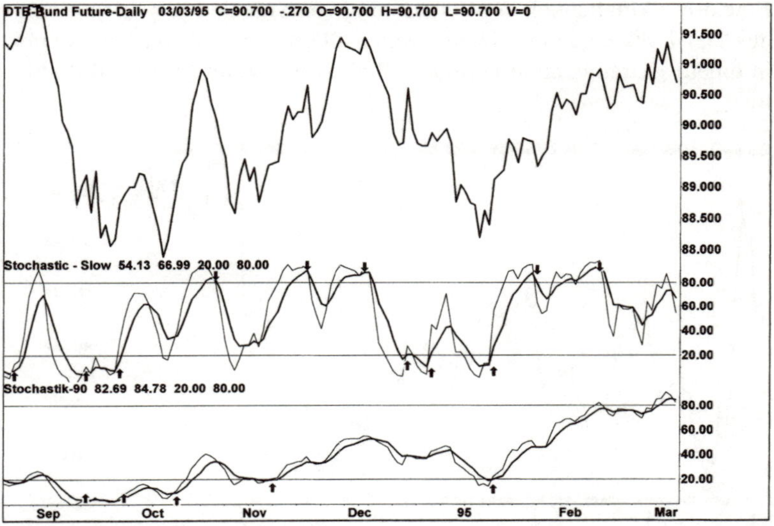

Abbildung 55: Stochastik-Indikator

- \+ 100 → Abweichung des Kurses vom GD um 1 Standardabweichung nach oben,
- \+ 200 → Abweichung des Kurses vom GD um 2 Standardabweichungen nach oben,
- – 100 → Abweichung des Kurses vom GD um 1 Standardabweichung nach unten,
- – 200 → Abweichung des Kurses vom GD um 2 Standardabweichungen nach unten.

Der CCI ist ein Zwitter, denn er kann sowohl prozyklisch als Trendfolge-System eingesetzt werden als auch antizyklisch als Überkauft-/ Überverkauft-Oszillator.

Bei der Nutzung als Trendfolge-Indikator kauft man, sobald der CCI über + 50 steigt und verkauft, sobald er unter – 50 fällt.

Als Oszillator zeigt der CCI dann die besten Kaufsignale, wenn im Bereich von unter – 200 der erste Indikatordreh nach oben erfolgt. Umgekehrt sind Verkäufe angeraten, sobald der CCI im Bereich von über + 200 nach unten dreht.

Eine dritte Möglichkeit der Generierung von Signalen besteht im Schnitt des CCI-Indikators mit seinem eigenen GD, sofern sich der Schnittpunkt in einem Extrembereich befindet (ähnlich wie beim Stochastik-Indikator).

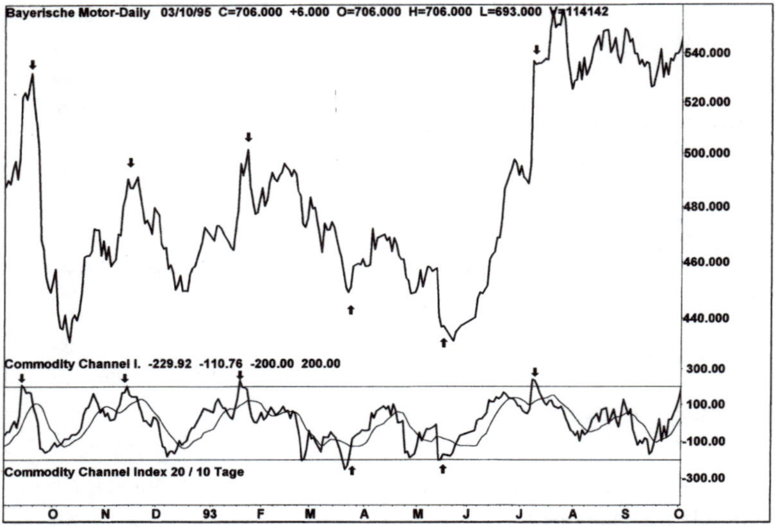

Abbildung 56: Commodity Channel Index

Das Chart von BMW (siehe Abbildung 56) zeigt den antizyklischen Einsatz des Commoditiy Channel Index als Oszillator. Die Kauf- und Verkaufsignale (durch senkrechte Pfeile dargestellt) wurden ausgelöst, sobald der CCI eine Extremzone erreichte (> + 200 bzw. < – 200) und seine Richtung wechselte.

7.10 Umsatz-Indikatoren: Das On-Balance-Volume

Das On-Balance-Volume (OBV) ist die fortlaufende Kumulierung der täglichen Umsätze. Schließt die Aktie gegenüber dem Vortag im Plus, wird der Tagesumsatz addiert, schließt sie im Minus, wird der Tagesumsatz subtrahiert.

In einem intakten Aufwärtstrend nimmt das Volumen bei steigenden Kurse zu, bei fallenden ab. In einem intakten Abwärtstrend verhält es sich umgekehrt. Erhöht sich das Volumen hingegen in einem Aufwärtstrend bei fallenden Kursen oder im Abwärtstrend bei steigenden Kursen – was durch Divergenzen zwischen Kursverlauf und OBV sichtbar wird –, so ist ein baldiger Trendwechsel wahrscheinlich.

Die Grundannahme des Erfinders *Joseph Granville* besteht darin, daß Richtungswechsel im On-Balance-Volume früher auftreten als bei dem zugrundeliegenden Wertpapier.

Divergenzen zwischen Kursverlauf und OBV dienen damit als Signale, die im allgemeinen bei einer Bodenbildung zuverlässiger als bei einer Gipfelbildung sind. Außerdem sollte man auf den Bruch von signifikanten Trendlinien im Indikatorverlauf achten.

Im Chart von Siemens (siehe Abbildung 57) ist zu erkennen, daß die Linie des OBV im September 1994 vor dem Aktienkurs ein neues Tief markiert hatte. Der Durchbruch unter die Unterstützungslinie war ein Warnzeichen, daß der Aktienkurs wahrscheinlich bald ebenfalls zur Schwäche neigen würde.

Eine Gefahr der Fehlinterpretation, speziell bei Aktien, auf die Optionen gehandelt werden, besteht in den außerordentlich hohen Handelsvolumina an den „großen" Verfallterminen an den Terminbörsen. (An der DTB sind dies die dritten Freitage der Monate März, Juni, September und Dezember.) Diese rein markttechnisch bedingten Umsätze führen zu deutlichen Sprüngen im OBV nach oben oder unten, obwohl der Schlußkurs von demjenigen des Vortages vielleicht nur um 10 oder 20 Pfennig abweicht. Beachten Sie im Siemens-Chart den extrem hohen Umsatz Mitte Juni bei fallendem Kurs und den daraus resultierenden Sprung im OBV.

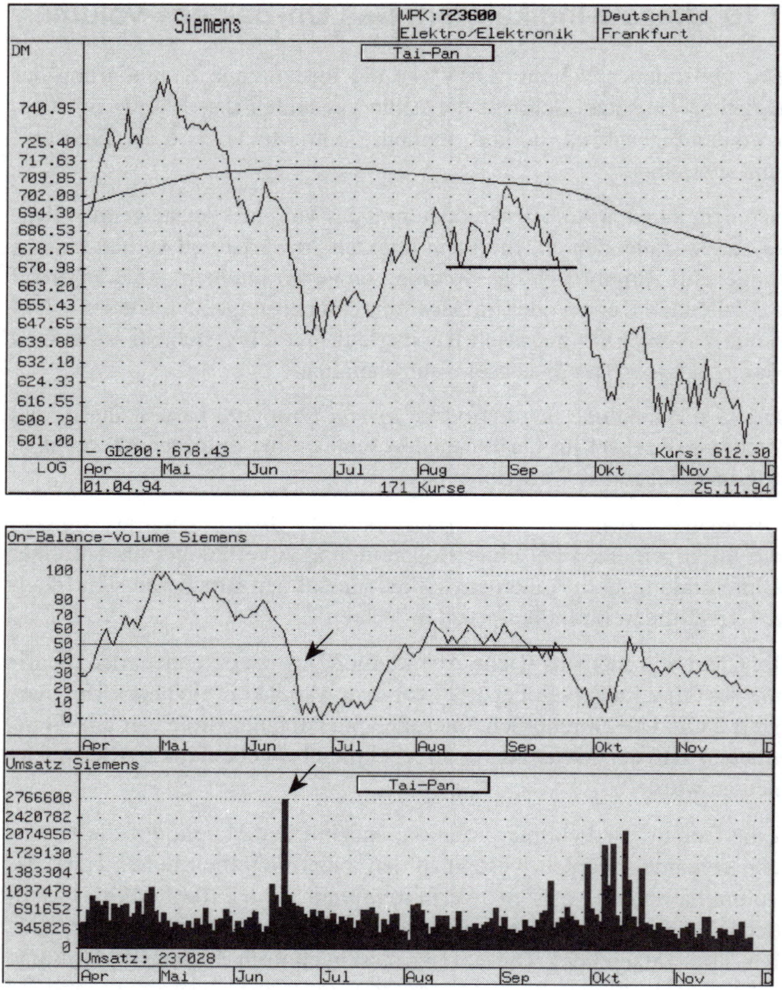

Abbildung 57: On-Balance-Volume

7.11 Directional Movement

Das von *Welles Wilder* entwickelte Directional Movement System (= „In-Trendrichtung-Bewegung“) beschreibt die Trendqualität einer Kursbewegung. Man erkennt, ob sich der Kurs in einem Trendmarkt (egal, ob aufwärts- oder abwärtsgerichtet) oder in einem Tradingmarkt befindet. Das Directional Movement ist der größere Teil der heutigen Handelsspanne, der außerhalb der gestrigen Handelsspanne liegt (siehe Abbildung 58).

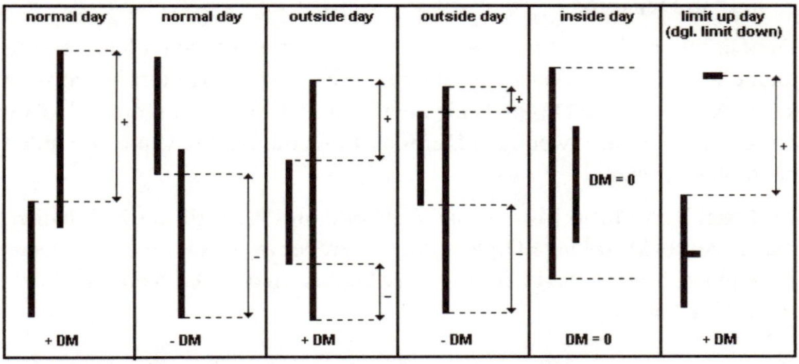

Abbildung 58: Berechnung des Directional Movements

Die **True Range TR** ist der größte Wert von folgenden Differenzen:

$$TR_{heute} = Max\ (H_{heute} - T_{heute}\ ;\ H_{heute} - C_{gestern}\ ;\ T_{heute} - C_{gestern})$$

Der **Directional Indicator DI** ist der Anteil des Directional Movement an der True Range. Da es sowohl positive (+DM) als auch negative Directional Movements (–DM) gibt, wird sowohl ein positiver (+DI) als auch ein negativer Directional Indicator (–DI) berechnet:

$$+DI = \frac{+DM}{TR} \qquad -DI = \frac{-DM}{TR}$$

Um kurzfristige Verzerrungen zu vermeiden, werden +DI und -DI über 14 Tage geglättet. Durch Multiplikation von +DI und -DI mit 100 ergeben sich die Diplus-Linie und die Diminus-Linie:

$$Diplus = +DI \times 100 \qquad Diminus = -DI \times 100$$

Die Diplus-Linie und Diminus-Linie geben jeweils das Maß der auf- bzw. abwärtsgerichteten Kursbewegungen an der True Range an. Damit gilt:

- Diplus > Diminus → Aufwärtstrend
- Diminus > Diplus → Abwärtstrend
- Diplus = Diminus → es liegt kein Trend vor
- auseinanderstrebende Diplus-Linie und Diminus-Linie → Trend gewinnt an Dynamik
- zusammenstrebende Diminus-Linie und Diplus-Linie → Trend verliert an Dynamik

Die Diplus- und die Diminus-Linie geben bereits für sich allein genommen einen guten Indikator ab. Bei einem Einsatz als Trendfolge-System kauft man, wenn die Diplus-Linie die Diminus-Linie von unten nach oben kreuzt und verkauft, wenn die Diminus-Linie die Diplus-Linie von unten nach oben kreuzt.

Im Chart von Philip Morris (siehe Abbildung 59) sind die Kursbalken mager gedruckt, solange Diplus (mager) größer ist als Diminus (fett); das System ist „long". Steigt Diminus über Diplus, so geht das System „short" (fette Kursbalken).

Abbildung 59: Indikatoren des Directional Movement Systems

Sie sehen, daß die dynamischen Trends gut erfaßt werden, während Seitwärtsbewegungen zu Fehlsignalen führen.

Wer lieber antizyklisch handelt, kann Diplus/Diminus auch als Oszillator einsetzen. Er wartet dann mit dem Kauf, bis der Abstand zwischen der Diminus-Linie (oben) und der Diplus-Linie (unten) einen Extremwert – gemessen an der eigenen Historie – erreicht. Umgekehrt ist ein Verkauf empfehlenswert, wenn sich die Diplus-Linie oben und die Diminus-Linie unten befinden und der Abstand extreme Ausmaße annimmt.

Das **Trending Movement TM** (= Trendanteil an einer Kursbewegung) erhält man durch Addition von Diplus und Diminus. Der sich daraus ergebende Wert stellt den Anteil der steigenden und fallenden Directional Movements insgesamt an der True Range dar:

$$TM = \text{Diplus} + \text{Diminus}$$

Das **True Directional Movement TDM** erhält man durch Subtraktion von Diplus und Diminus. Der sich daraus ergebende Wert ist das Maß, in dem der steigende oder fallende Anteil der Directional Movements an der True Range überwiegt. Antizyklische Signale zum Handeln lassen sich in denjenigen Bereichen finden, in denen das True Directional Movement (siehe Abbildung 59) Extremwerte erreicht.

$$TDM = \text{Diplus} - \text{Diminus}$$

Der **Directional Movement Index DX** gibt den Anteil des True Directional Movement am Trending Movement an:

$$DX = \frac{\text{Diplus} - \text{Diminus}}{\text{Diplus} + \text{Diminus}} \times 100 = \frac{TDM}{TM} \times 100$$

DX kann Werte zwischen 0 und 100 annehmen. Je größer der Wert ist, desto größer ist die Dynamik des jeweils vorherrschenden Trends. Dabei sagt der Directional Movement Index nichts über die Richtung des Trends aus, sondern nur über seine Qualität. Bei Werten von unter 20 liegt kein echter Trend vor.

Der **Average Directional Movement Index (ADX)** ist die über 14 Tage geglättete Linie des DX. Wegen des verhältnismäßig langen Zeitraums reagiert der ADX auf Änderungen des Marktgeschehens verzögert. Dies ist bei Philip Morris (siehe Abbildung 59) gut zu erkennen.

Innerhalb aller Indikatoren nimmt der ADX eine besondere Stellung ein. Man kann ihn nämlich als „Schalter“ zwischen Trendfolge-Systemen und Oszillatoren verwenden. Hierbei gibt es zwei alternative Methoden:

Wenn der ADX über 15 liegt und anzieht, so zeigt der Average Directional Movement Index einen Trendmarkt an, und als Signalgeber werden bevorzugt Trendfolge-Indikatoren verwandt. Fällt der ADX von hohen Werten zurück, so zeigt er einen trendlosen Markt an, in dem bevorzugt Oszillatoren als Signalgeber eingesetzt werden.

Die zweite Methode ist einfacher und mechanischer, liefert aber etwas schlechtere Ergebnisse als die erste Methode. Wenn der ADX über 25 liegt, handelt es sich definitionsgemäß um einen Trendmarkt. Ist der Wert des ADX kleiner als 25, handelt es sich um einen Tradingmarkt (vgl. Abbildung 59).

7.12 Marktstrukturindikatoren

Neben den Trendfolge-Indikatoren, Oszillatoren und Umsatzindikatoren, deren Werte sich auf die jeweilige Zeitreihe eines Einzelwertes beziehen, gibt es auch Marktstrukturindikatoren, die den inneren Zustand des Gesamtmarktes beschreiben. Mit Marktstrukturindikatoren läßt sich die Marktbreite der Kursentwicklung eines Aktienmarktes messen. Die Philosophie dieser Indikatoren geht davon aus, daß intakte Trends an den Aktienmärkten immer von der Mehrzahl der Einzelwerte getragen werden. In diesen Fällen entwickeln sich die Marktstrukturindikatoren parallel zum Kursverlauf des Börsenindex, und man kann eine Fortsetzung des gerade vorherrschenden Trends erwarten.

Wenn sich jedoch eine Divergenz ausprägt, bedeutet dies, daß die Kursentwicklung des Aktienindex von einer immer geringer werdenden Anzahl von Einzelwerten getragen wird. Speziell in der Endphase mittelfristiger Trends kommt es häufig vor, daß zwar der Index neue Höchst- bzw. Tiefststände erreicht, jedoch eine große Anzahl von Aktien das letzte Indexhoch bzw. -tief nicht mehr bestätigen kann. Solch eine Veränderung der strukturellen Marktverfassung stellt ein Warnsignal dar und läßt eine baldige Umkehr des gerade vorherrschenden Trends erwarten.

Der populärste Marktstrukturindikator ist die Advance-Decline-Linie (AD-Linie).

7.12.1 Advance-Decline-Linie

Bei einer Aufwärtsbewegung des Gesamtmarktes – gemessen an einem Index – steigt normalerweise die überwiegende Anzahl der Aktien, und man hat eine gute Chance, von steigenden Kursen zu profitieren. Fällt jedoch die Mehrheit der Aktien, obwohl der Index noch steigt, so sinkt die Chance, mit den gekauften Aktien Gewinne zu erzielen. Auf einen Nenner gebracht: Steigt die Mehrheit der Aktien, wird gekauft. Fällt die Mehrheit der Aktien, wird verkauft.

Die Advance-Decline-Linie *(„Fortschritt-Rückschritt-Linie")* stellt diesen Sachverhalt grafisch dar. Sie ist definiert als kumulierte Summe der Differenz der Anzahl gestiegener Aktien und der Anzahl gefallener Aktien je Börsentag. Eine Gewichtung der Einzelwerte findet dabei nicht statt. Der absolute Wert der AD-Linie ist ohne Bedeutung, weshalb auf eine Skalierung verzichtet wird. Wichtig ist allein der relative Verlauf der AD-Linie zum Aktienindex.

$$\text{AD-Linie}_{\text{aktuell}} = \text{AD-Linie}_{\text{Vortag}} + \text{Anzahl}_{\text{gestiegene Aktien}} - \text{Anzahl}_{\text{gefallene Aktien}}$$

Divergenzen zwischen Kursverlauf und AD-Linie dienen als Kauf- oder Verkaufssignal, das sich dann auf den gesamten Markt bezieht: Steigt der Index noch, während die AD-Linie schon fällt, ist dies ein Hinweis auf einen baldigen Trendwechsel nach unten. Fällt der Index noch, während die AD-Linie schon steigt, ist dies ein Hinweis auf einen baldigen Trendwechsel nach oben.

In der Abbildung 60 ist der amerikanische Aktienmarkt mit mehreren Marktstrukturindikatoren zu sehen. Unter dem Standard & Poor´s Composite Index befindet sich die AD-Linie. Der Ausbruch des Index im 2. Quartal 1990 über die Widerstandslinie bei 360 wurde von der AD-Linie nicht bestätigt; sie blieb in ihrem Abwärtstrend und kündigte den folgenden Kurseinbruch frühzeitig an.

7.12.2 Price Momentum

Zum Testen des Gesamtmarktes im Hinblick auf sein Trendverhalten mißt man den Anteil der Aktien des Marktes, deren Kurse über einer bestimmten gleitenden Duchschnittslinie liegen. Der Markt gilt dann als

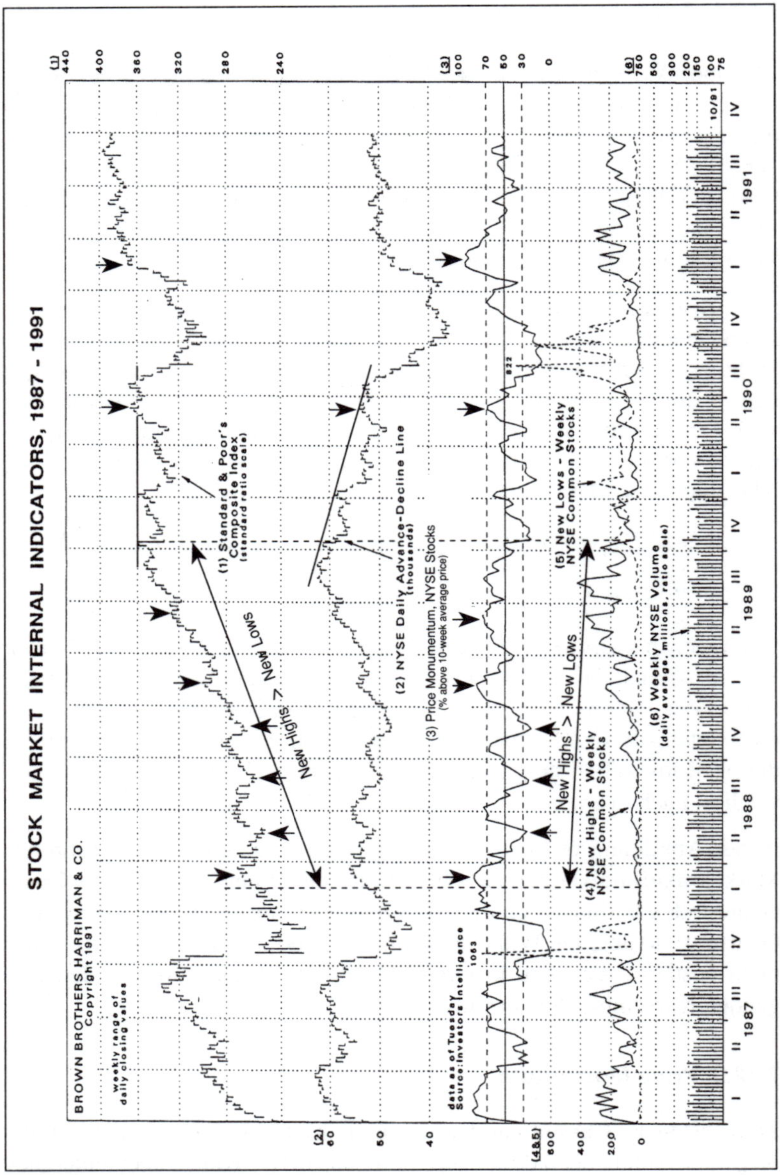

Abbildung 60: Marktstrukturindikatoren

überkauft (überverkauft), wenn mehr als 70 % der Aktienkurse über (unter) der betreffenden Linie liegen.

Die Grenzwerte des Oszillators liegen zwischen 0 (alle Aktienkurse liegen unter dem GD) und 100 (alle Aktienkurse liegen über dem GD).

Ein Kaufsignal für den Gesamtmarkt ergibt sich, sobald der Oszillator die Überverkauft-Zone verläßt, d. h. über 30 steigt. Wenn er die Überkauft-Zone verläßt, d. h. unter 70 fällt, generiert der Oszillator ein Verkaufssignal. Weiterhin geben Divergenzen zwischen Indexverlauf und Oszillator wertvolle Hinweise.

Im Wochenchart des amerikanischen Aktienmarktes (siehe Abbildung 60) wurde der gleitende 10-Wochen-Durchschnitt gewählt. Die „Ausrutscher" des Price-Momentums über die 70 %-Linie und unter die 30 %-Linie korrespondieren ziemlich gut mit tertiären Hoch- und Tiefpunkten der Kurskurve.

7.12.3 New-Highs/New-Lows-Index

Weiter ist in der Abbildung 60 der New-Highs/New-Lows-Index zu erkennen. Dieser Indikator setzt die Zahl der Aktien mit neuen Höchstkursen zu der Zahl der Aktien mit neuen Tiefstkursen in Beziehung. Wenn der Aktienindex noch aufwärts oder seitwärts strebt, während der Indikator bereits seitwärts oder abwärts tendiert, so ist dies als ein Zeichen von Marktschwäche zu werten. Verhält es sich umgekehrt, so könnte dies der Anfang einer Aufwärtsbewegung des Marktes sein.

Vom 1. Quartal 1988 bis zum 4. Quartal 1989 lag die New-Highs-Linie (durchgezogen) beinahe durchgehend über der New-Lows-Linie (gestrichelt). In diesem Zeitraum stieg der Standard & Poor´s Composite Index kontinuierlich an, von kurzen Konsolidierungsphasen abgesehen. Als dann die New-Lows die Oberhand über die New-Highs gewannen, war der Aufwärtstrend zu Ende.

7.12.4 McClellan-Oszillator

Ein ähnliches Konzept wie der New-Highs/New-Lows-Index verfolgt der McClellan-Oszillator. Dieser Marktstrukturindikator basiert auf der Differenz zwischen der Anzahl steigender und fallender Aktien an der New York Stock Exchange.

7.13 Technische Intermarket-Analyse

Ein hochinteressantes Gebiet der Technischen Analyse ist das Studium von Wechselbeziehungen zwischen verschiedenen Märkten. Jeder Aktienhändler weiß, daß die europäischen Börsen schwach zu tendieren pflegen, wenn die Wall Street einen Kurseinbruch erleidet. Rentenhändler schauen auf die Entwicklung der Rohstoffpreise, um Aufschluß über die Zinstendenz zu bekommen.

John J. Murphy hat diese empirischen Beobachtungen vertieft und in einem hochinteressanten Buch („Technische Intermarket-Analyse“) veröffentlicht. Die Grundprämissen der von ihm entwickelten Intermarket-Analyse lauten:

- Alle Märkte sind miteinander verknüpft, einzelne Märkte bewegen sich nicht isoliert von anderen Märkten. Deshalb sollte man immer auf verwandte Märkte achten, vor allem dann, wenn die Situation zweifelhaft erscheint. Das Prinzip von Bestätigung und Abweichung bewährt sich hier in hervorragender Weise.
- Die Intermarket-Methode stellt keine primären Informationen, sondern nur Hintergrundinformationen zur Verfügung.
- Bevorzugtes Instrumentarium ist die Technische Analyse.

Bestimmte Marktbeziehungen haben Schlüsselfunktionen, wobei Murphy den Ausgangspunkt bei den Rohstoffen (commodities) sucht. Hier gilt es, sowohl die Bewegungen innerhalb bestimmter Commoditygruppen (z. B. Gold/Platin; Rohöl/Heizöl) zu beachten als auch die Bewegungen zwischen aufeinander Bezug nehmenden Commoditygruppen (z. B. Edelmetalle/Energiemärkte).

Zwischen den Commoditygruppen und dem *CRB-Index* (CRB = Commodity Research Bureau), einem vielbeachteten Rohstoffindex, besteht eine positive Korrelation. Gold hat dabei üblicherweise einen Vorlauf von bis zu einem Jahr.

Auf der anderen Seite sind Commodities und Anleihen negativ korreliert: Steigende Rohstoffpreise bedeuten Inflation, anziehende Zinsen und damit sinkende Bondkurse. Der CRB-Index hat an den Umkehrpunkten gegenüber den Bondmärkten ca. 4 Monate Vorlauf. Wie eng die Beziehung zwischen Rohstoffen und Anleihen ist, zeigt eine Statistik der Jahre 1978 – 87: Der Korrelationskoeffizient zwischen CRB-Index und 10jährigen US-Treasuries lag in diesem Zeitraum bei -0,92!

- Zwischen der Kursentwicklung von Anleihen und Aktien besteht eine positive Korrelation, wobei der Bondmarkt normalerweise vorläuft.
- Der US-Dollar ist mit den Commodities, vor allem Gold, negativ korreliert, wobei der US-$ die Umkehrpunkte vor den Rohstoffen markiert.
- Die direkten Beziehungen zwischen Terminmärkten und verwandten Aktienmarktgruppen (z. B. Gold → Goldminenaktien) sind vor allem für Freunde von Rohstoffaktien interessant.
- Die außeramerikanischen Anleihemärkte hängen in ihrer Tendenz stark vom aktuellen Trend der US-Staatsanleihen ab. Die Abbildung 61 beweist dies.

Wie die Bezeichnung „Leitbörse" ausdrückt, hat die Kursentwicklung an der Wallstreet einen gravierenden Einfluß auf die außeramerikanischen Aktienmärkte.

Die Abfolge der Ereignisse läuft nach folgendem Schema ab:

Steigende Renditen ziehen den Dollar nach oben. Nach einer Gipfelbildung bei Gold folgt die Gipfelbildung beim CRB-Index. Anschließend bilden die Anleihen einen Boden, die Renditen erreichen ihren Höchststand. Etwas später folgt die Bodenbildung bei Aktien.

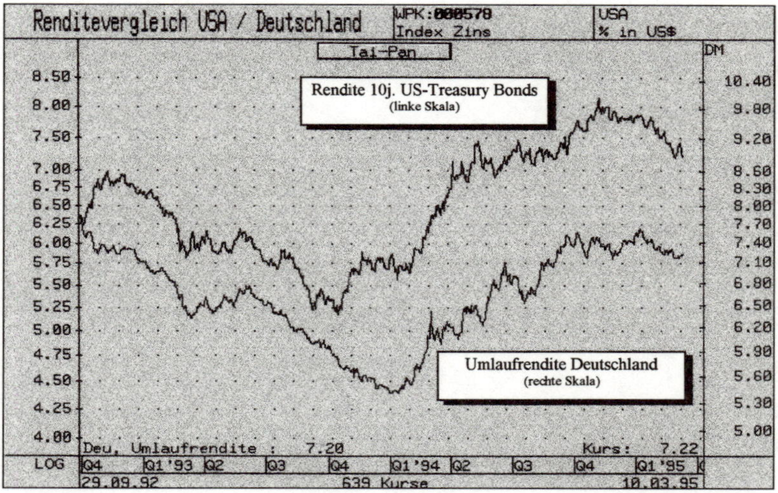

Abbildung 61: Korrelation zwischen deutschem und amerikanischem Rentenmarkt

Nun geht der Zyklus in die andere Richtung: Fallende Renditen drücken den Dollar nach unten und führen in der Folge zu einer Bodenbildung bei Gold und beim CRB-Index. Danach kommt es zu einer Gipfelbildung bei Bonds und schließlich bei Aktien.

8. Börsensoftware und Handelssysteme

Als man in den 40er Jahren anfing, sich in den USA intensiver mit technischer Analyse zu beschäftigen und *Edwards* und *Magee* ihr richtungweisendes Buch „Technische Analyse von Aktientrends" schrieben, gab es noch keine elektronische Datenverarbeitung. Die Kurse wurden nur in Zeitungen veröffentlicht, und um Charts zu erhalten, mußten die einzelnen Daten per Handarbeit gesammelt und verarbeitet werden. Technische Analysten arbeiteten mit Lineal und Bleistift und sonst nichts. Oszillatoren gab es noch nicht.

Seitdem hat sich die Welt verändert. Die dritte technische Revolution, die der Mikroelektronik, war die schnellste von allen. Die Veränderungen, die der Fortschritt in der Chiptechnologie mit sich brachte, waren gewaltig und sprengten das Vorstellungsvermögen selbst kühn denkender Zeitgenossen.

Eines der faszinierendsten Werke der Science Fiction-Literatur ist der sechsbändige „Lensmen-Zyklus" von *Edward E. Smith*. Der Amerikaner schrieb dieses Weltraumabenteuer bereits Anfang der 50er Jahre, noch bevor Juri Gargarin als erster Mensch mit einer Rakete ins Weltall vorstieß. Die Geschichte handelt von zwei rivalisierenden Sternenmächten, einer guten und einer bösen, in deren Kampf um die Vorherrschaft in der Galaxis die Erdenmenschen eine entscheidende Rolle spielen. Der Autor war mit einer sehr ausgeprägten Phantasie gesegnet: Die Helden flogen Raumschiffe verschiedenster Gattungen, die dank eines revolutionären „trägheitslosen" Antriebs Überlichtgeschwindigkeit erreichten. Die Geschichte ist ferner gewürzt mit fremden Wesen aller Art, mit unbekannten Sinnen, intergalaktischen Kommunikatoren, allen möglichen Angriffsstrahlen und Verteidigungsschirmen, fremden Raum-Zeit-Kontinua und entfesselten Gedankenkräften. In seinen Gedanken war Edward E. Smith seiner Welt weit voraus – die Landung des ersten Menschen auf dem Mond fand erst 1969 statt, und von Raumflügen mit Lichtgeschwindigkeit können wir nur träumen. Doch mit einem hatte er nicht gerechnet: Mit dem Computer. Als nämlich seinem Helden der Name eines lang gesuchten Planeten zugespielt wird, läßt er eine Bibliothekarin eine Woche lang Karteikarten durchsuchen!

8.1 Was kann der Computer leisten?

Noch vor weniger als 20 Jahren gab es keine Taschenrechner, zumindest nicht zu erschwinglichen Preisen. 1974 lernte ich als Schüler der 9. Klasse noch, mit einem Rechenschieber zu multiplizieren und zu dividieren. Rechenvorgänge, für deren Durchführung in den 60er Jahren eine riesige Maschine aus Röhren und Transistoren noch Stunden benötigte, werden heute von quadratzentimetergroßen Mikrochips in Sekunden erledigt.

Neben einem rasanten Fortschritt der Computer hinsichtlich des technisch Machbaren wuchs auch ihr Einfluß auf die Gesellschaft in atemberaubendem Tempo. Die meisten Arbeitsplätze sind inzwischen mit Bildschirmen ausgestattet, und sehr viele Haushalte besitzen ihren eigenen PC. Der Fortschritt findet in drei Bereichen statt: Bei der Hardware werden Rechengeschwindigkeit, Speicherkapazität und Bildschirmauflösung immer weiter verbessert; außerdem kommen neue Speichermedien (CD-ROM) hinzu. Die Software wird immer leistungsfähiger, vielseitiger und anwenderfreundlicher. Die Daten können in immer größeren Mengen gespeichert werden und sind immer schneller abrufbar und übertragbar. Auch die Übertragungsmedien werden immer vielseitiger und störungssicherer. Die Miniaturisierung der Chips erlaubt die Unterbringung der Elektronik auf kleinstem Raum – der Großrechner verlor an Bedeutung, und der Mikrocomputer und später der PC waren geboren.

Der Fortschritt sorgte dafür, daß die neue Technologie für breite Bevölkerungsschichten interessant und erschwinglich wurde. Er erlaubte Unternehmen ungeahnte Rationalisierungen und eine Erhöhung ihrer Produktivität – und das Ganze zu immer niedrigeren Preisen.

Was hat dies alles mit Börsenspekulation zu tun? Sehr viel! Erst die fortgeschrittene Computertechnologie ermöglichte die Entwicklung und Anwendung hochleistungsfähiger Börsensoftware. Mit ihrer Hilfe lassen sich nicht nur neue Verfahren der technischen und quantitativen Analyse realisieren, sondern auch Systeme für den Börsenhandel entwickeln, die selbständig Kauf- und Verkaufssignale generieren und unter Umständen die entsprechenden Aufträge automatisch zur Ausführung an die Börse weiterleiten.

8.2 Börsensoftware für den Spekulanten

Mit guter Börsensoftware können Sie Charts in allen erdenklichen Arten darstellen, analysieren und ausdrucken, Daten verschiedenster Formate verwalten, Aktien mit selbst definierten Suchkriterien aus einer Datenbank herausfiltern, Indikatoren und Handelssysteme entwickeln und testen, Optionsscheine und Optionen berechnen und Depots verwalten. Jedes Programm hat seine eigenen Stärken und Schwächen. Das eine Programm bietet vielleicht eine exzellente Chartanalyse, beinhaltet jedoch keine Depotverwaltung oder Tabellenkalkulation. Ein anderes greift auf Realtime-Kurse zurück, die über Videotext erhältlich sind, ist aber in seinen Möglichkeiten der Chartanalyse beschränkt. Manche Programme sind stark spezialisiert und decken nur wenige Anforderungen ab, diese aber besser als alle Konkurrenten.

Sehr wichtig ist die Anzahl der Freiheitsgrade. Je mehr Variationsmöglichkeiten eine Software in die Breite und in die Tiefe bietet, um so eher genügt sie auch hohen und höchsten Anforderungen. Auf der anderen Seite ist sie oft komplex, nicht auf den ersten Blick überschaubar und setzt voraus, daß der Anwender genau weiß, was er will. Dies ist jedoch gerade bei Anfängern nicht unbedingt der Fall.

Was mit Freiheitsgraden im einzelnen gemeint ist, soll an drei Beispielen dargestellt werden:

Indikatoren:

- Wieviele stehen zur Verfügung?
- Können die Parameter (z. B. Periodenlängen beim MACD, Beschleunigungsfaktor beim Parabolic, Überkauft-/Überverkauftzonen beim RSI) verändert werden?
- Lassen sich eigene Indikatoren editieren?
- Können verschiedene Darstellungsarten (Linie, Histogramm usw.) gewählt werden?

Druckfunktion:

- Schwarzweiß-Druck: Anzahl der Graustufen
- Farbdruck: Anzahl der Farben
- Format: Hoch-, Quer- oder beliebiges Format
- Fenstergröße der Charts: Vorgegeben oder beliebig veränderbar?

- Stärke (dünn, mittel, dick) und Art (gepunktet, gestrichelt, durchgezogen, usw.) von Charts, Trendlinien, Indikatorlinien
- Gitternetzlinien: Dicke, Art, Teilung der Zeit- und Kursachse: Beliebig veränderbar oder vordefiniert?
- Text: Schriftarten, Schriftgrößen, Schriftattribute (z. B. Kursiv- und Fettdruck)

Depotverwaltung:

Welche Geschäftsarten können erfaßt und verarbeitet werden?

- Lassen sich Wertpapiere, die nicht in der Kursdatenbank verfügbar sind, nachträglich aufnehmen?
- Kann problemlos in andere Währungen umgerechnet werden?
- Können Provisions-, Gebühren- und Spesensätze fest vorgegeben werden?
- Werden Optionen und Futures (incl. Margin-Konten) richtig erfaßt und bewertet?
- Sind Geldbuchungen möglich?
- Nach welchen Kriterien (Tagesumsätze, Gattungsumsätze, Gattungsbestände, Umsätze und Bestände nach Kundengruppen, usw.) kann aus dem Datenbestand selektiert werden?
- Welche steuerlichen Vorschriften (z. B. 6-Monats-Frist, Vermögensteuer) werden berücksichtigt?
- Können Daten durch Paßwörter geschützt werden. Ist die Depotverwaltung mandantenfähig?
- Welche Auswertungsmöglichkeiten gibt es (Assetklassen, Länder, Branchen, Währungen, Laufzeiten, Risikoparameter)?
- Wie können die Ergebnisse dargestellt und ausgedruckt werden (Listen, Tabellen, Grafiken)?
- Wie wird die Performance gemessen? Läßt sich die Meßmethode verändern?

Der folgende Überblick (siehe Tabelle 13) über einige gängige Börsenprogramme erhebt keinen Anspruch auf Vollständigkeit und stellt nur eine Momentaufnahme dar, wie die Bilanz eines Unternehmens zum Ende eines Geschäftsjahres.

Aus der Tabelle ersehen Sie, daß die verschiedenen Börsenprogramme unterschiedliche Schwerpunkte haben.

Tabelle 13: Übersicht über Technische Analyse-Software

	Market Maker	CHAR Today	Win-chart	chart-Heft 2.0	Capital Börse	Tai-Pan	Opti-ma	Meta-stock prof.	CEA Com-data	Mo-zart	b.i.s.	Parity Plus 1,5	Super-charts 2.0	World Money 1.0	chart Heft 3.0	hyper Chart	Sona-ris	Win-sider	Wall Street	Sat-chart
Depotverwaltung	X	(X)	X			X	X		X	X				X	X			X	X	Lie-
Tabellenauswertung	X	X	X		X	X			X					X			X		X	fe-
unter Windows lauffähig			?									X	X	X	X	X	X	X	X	rung
Benutzerfreundlichkeit	X		X	X		X		X		X		X	X	X					X	ferti-
Vielseitigkeit	X		X			X		X		X		X	X	X						ger
Profitabilitätstest Indikatoren	X		X					X		X		X	X							Charts
Handelssysteme incl. Test			X					X		X		X	X							(durch
Optionsscheinrechner	X		X		X	X		X		X				X			X			PC
Optionenanalyse	X		X				X	X	X					X			X			nicht
Fundamentalanalyse	X		X		X	X								X			X	X	X	ver-
Erstellung eigener Indikatoren	X							X		X		X								än-
automat. Trendüberwachung	X	X				X		X	X			X		X						der-
Optimierungsfunktion	X				(X)			X		X		X								bar)
Filter	X	X	X			X					X				X				X	
synthetische Indices	X				X															
SCHWERPUNKTE:																				
Chartanalyse	X	X	X			X		X				X	X	X	X				X	
Realtime-Kurse (Videotext)									X	ORF	vox					CNN				Pro7
Tabellenauswertung	X				X		X										X	X		

8.3 Filtern oder Optimieren?

Im großen und ganzen gibt es zwei Anwendergruppen von Börsensoftware: Die einen beobachten möglichst viele Aktien und filtern die interessanten heraus, um sich mit ihnen näher zu befassen, während sich die anderen auf wenige Werte oder einzelne Märkte konzentrieren. Vor allem in dieser zweiten Gruppe sind Extremfälle gar nicht so selten. So kenne ich Händler, die ausschließlich den Dax-Future intraday handeln oder die Dollar-/DM-Tendenz mit Hilfe der Point-and-Figure-Analyse in den Griff bekommen wollen.

Wenden wir uns aber zunächst der ersten Gruppe zu. Die typische Situation sieht so aus, daß täglich zwischen zwei- und siebentausend Kurse von Aktien, Devisen, Indices, Optionsscheinen und Fonds aktualisiert werden. Es ist nicht praktikabel, jeden Tag oder auch nur jede Woche solch eine große Datenbank auf interessante Kaufgelegenheiten durchzusehen. Deshalb ist hier die Arbeit mit automatischen Filtern unverzichtbar. Solche Datenfilter lassen sich nach fundamentalen, quantitativen oder technischen Kriterien errichten. Zu den beliebtesten fundamentalen Auswahlkriterien gehören das Kurs/Gewinn-Verhältnis, das Kurs/Cash-flow-Verhältnis, die Dividendenrendite oder das Kurs/Buchwert-Verhältnis. Unbedingte Voraussetzung hierfür ist eine gute Datenqualität, vor allem für die Schätzung zukünftiger Gewinne je Aktie. Mögliche quantitative Auswahlbedingungen sind hohe oder niedrige Beta-Faktoren, hohe Relative Stärke, Mindestabstand vom Höchstkurs einer bestimmten Periode, niedriges Aufgeld bei Optionsscheinen, Optionen mit niedriger oder hoher impliziter Volatilität. Geeignete technische Kriterien sind der Bruch von gleitenden Durchschnittslinien, vorher definierten Trendlinien, oder auftretende Kauf- bzw. Verkaufssignale von bestimmten Indikatoren.

Nachdem das Programm den gesamten Datenbestand mittels eines oder mehrerer Filter durchsucht hat, was je nach Größe des Datenbestandes und Rechengeschwindigkeit einige Zeit in Anspruch nehmen kann, werden automatisch Dateien angelegt und in Listen gespeichert bzw. ausgedruckt. Je nachdem, ob die Kriterien weit oder eng gewählt wurden, können 50 bis 100 Werte ausgewählt worden sein, oder auch nur relativ wenige. Der nächste Schritt besteht entweder darin, die Charts der ausgewählten Werte zu sichten und individuell zu beurteilen, oder aber – vor allem wenn es immer noch zu viele Werte sind – mehrere Filter miteinander zu verknüpfen und einen neuen Analysedurchgang des Programms zu starten. Die Kombination der gewünschten Kriterien kann als „und" oder „oder"-Verknüpfung realisiert werden. Wenn beispielsweise vorgegeben wird „Bruch wichtiger Trendlinie" **oder** „Oszillator in überkauften Bereich", dann wird eine Aktie ausgewählt, sobald eine der beiden Bedingungen zutrifft. Bei der Und-Verknüpfung hingegen müssen beide Bedingungen (z. B. niedriges Kurs-/Gewinn-Verhältnis **und** Kurs befindet sich über der 200 Tage-Linie) gleichzeitig erfüllt sein.

Die Trader der zweiten Gruppe beobachten wenige Werte, diese dafür aber besonders intensiv. Sie analysieren ihre Wertegruppe (z. B. bestimmte Terminkontrakte oder nur Aktien mit dazugehörigen Optionsscheinen oder ausschließlich DAX-Werte) mit allen möglichen technischen Methoden. Dabei setzen sie oft großen Wert auf die Optimierung der von Ihnen eingesetzten Indikatoren auf den jeweiligen Wert. So wird z. B. die optimale Periodenlänge eines gleitenden Durchschnittes oder der am besten funktionierende Beschleunigungsfaktor des Parabolic-Indikatores für jede einzelne Zeitreihe ermittelt.

Viele Software-Anwender, vor allem der zweiten, manchmal aber auch der ersten Gruppe, haben das Bestreben, die für ihre Zwecke besonders gut funktionierenden Hilfsmittel zu Handelssystemen zu kombinieren. Wie sieht ein solches aus?

8.4 Handelssysteme

Ein Handelssystem ist eine Summe von Regeln, die in ein Computerprogramm für Technische Analyse eingegeben werden (input) und Aufforderungen zum Kauf oder Verkauf von Wertpapieren, auf die die vorgegebenen Kriterien zutreffen, generieren (output). Es gibt vier verschiedene Möglichkeiten zum Handeln:

- Long Entry = Kauf
- Long Exit = Verkauf
- Short Entry = Leerverkauf
- Short Exit = Eindeckung

Bei Handelssystemen, die ständig im Markt sind (wie z. B. der Parabolic-Indikator oder die Kreuzungsmethode zweier gleitender Durchschnitte), fallen Long Exit und Short Entry sowie Short Exit und Long Entry zeitlich zusammen.

Die historischen (fiktiven) Resultate von Handelssystemen können auf vorhandene Zeitreihen rückwirkend untersucht und optimiert werden. Dieser Profitabilitätstest (backtesting) ist einer der größten Vorteile von Handelssystemen.

8.4.1 Einstiegs- und Ausstiegsregeln

Die im folgenden beschriebenen Wahlmöglichkeiten beziehen sich auf die amerikanische Börsensoftware „Supercharts". Bei anderen Analyseprogrammen sind Abweichungen möglich.

Der Einstieg erfolgt mit einem einfachen „Wenn-dann-Algorithmus": Wenn eine bestimmte Bedingung (oder eine von mehreren möglichen Bedingungen) eintritt, dann wird das Signal zum Kauf gegeben. Wahlweise kann gewählt werden:

- Kauf am selben Tag zum Schlußkurs.
- Kauf am nächsten Tag billigst.
- Kauf am nächsten Tag mit Limit oder Stop-Limit.

Beispiel:

	Kaufe am nächsten Tag 1 Kontrakt à 100 Aktien billigst,
wenn	
	der 14-Tage-RSI-Indikator die 30 %-Linie übersteigt
oder	
	die schnelle %K-Linie die langsame %D-Linie des 9-Tage-Slow-Stochastik von unten nach oben schneidet und der Schnittpunkt unterhalb von 20 liegt.

Hinsichtlich der **Einstiegssignale** kann weiterhin zwischen folgenden Optionen gewählt werden:

- „Keine Mehrfacheinstiege erlaubt": Das System ignoriert alle Kaufgelegenheiten, wenn bereits eine Longposition existiert und alle Verkaufgelegenheiten, wenn eine Shortposition etabliert wurde.
- „Mehrfacheinstiege in derselben Richtung durch verschiedene Einstiegssignale erlaubt": Das System ignoriert alle Kauf-/Verkaufgelegenheiten, die durch dieselbe Bedingung generiert werden wie die bereits eingegangene Position; alle Signale, die durch andere Bedingun-

gen ausgelöst werden, führen zur Eröffnung einer zweiten, dritten usw. Position.

- „Mehrfacheinstiege in derselben Richtung durch verschiedene oder gleiche Einstiegssignale erlaubt“: Jede Kauf-/Verkaufgelegenheit führt zur Eröffnung einer zweiten, dritten usw. Position.
- „Maximale Anzahl der erlaubten Positionen“: Mit diesem Parameter wird die Anzahl der aufgrund der vorgenannten Optionen möglichen Mehrfachpositionen begrenzt.

Im Gegensatz zum Einstieg gibt es beim **Ausstieg** mehrere Alternativen:

- Mit einem einfachen „Wenn-dann-Algorithmus“: Wenn eine bestimmte Bedingung (oder eine von mehreren möglichen Bedingungen) eintritt, dann wird das Signal zum Verkauf gegeben. (Ausführungsalternativen: siehe oben.)

Beispiel:

	Verkaufe am nächsten Tag 1 Kontrakt á 100 Aktien billigst,
wenn	
	der 14-Tage-RSI-Indikator die 70 %-Linie unterschreitet
oder	
	die schnelle %K-Linie die langsame %D-Linie des 9-Tage-Slow-Stochastik von oben nach unten schneidet und der Schnittpunkt oberhalb von 80 liegt.

- Aufgrund einer Stop-Bedingung, die sich auf den vorangegangenen Einstieg bezieht. Hier gibt es mehrere Optionen, die einzeln oder auch kombiniert eingesetzt werden können und sich wahlweise auf die Gesamtposition oder auf einen einzelnen Kontrakt (wichtige Unterscheidung bei erlaubtem Mehrfacheinstieg!) beziehen:

  – **Geldmanagement-Stop** (= das „klassische“ Stop-Loss): Sobald ein bestimmter Geldbetrag verloren ist, wird das Signal zum Ausstieg gegeben.
  – **Trailing Stop:** Diese Option erlaubt es dem Trader zu bestimmen, wieviel Geld oder Prozent des bisher erreichten maximalen Buchgewinns der offenen Position er bereit ist, wieder herzugeben, bevor die Position geschlossen wird. Auf diese Weise wird das Stoplimit von Long-Positionen bei steigenden Kursen allmählich nach

oben gezogen und von Short-Positionen bei fallenden Kursen allmählich nach unten.
- **Breakeven:** Bei Erreichen eines vorgegebenen Gewinnziels wird eine Stopmarke gesetzt, die mit dem Einstiegskurs identisch ist. Wird das Gewinnziel nicht erreicht, wird die Stopmarke nicht aktiviert.
- **Gewinnziel:** Ein Gewinnziel wird gesetzt, wenn die Position bei Erreichen eines vorgegebenen Mindestgewinns geschlossen werden soll.

Der Effekt einer Gewinnmitnahme kann außer durch Festlegung eines Gewinnziels auch durch die Wahl einer entsprechenden antizyklischen Ausstiegsregel erreicht werden, z. B. „Verkauf, sobald der RSI-Indikator 80 % erreicht oder übersteigt“.

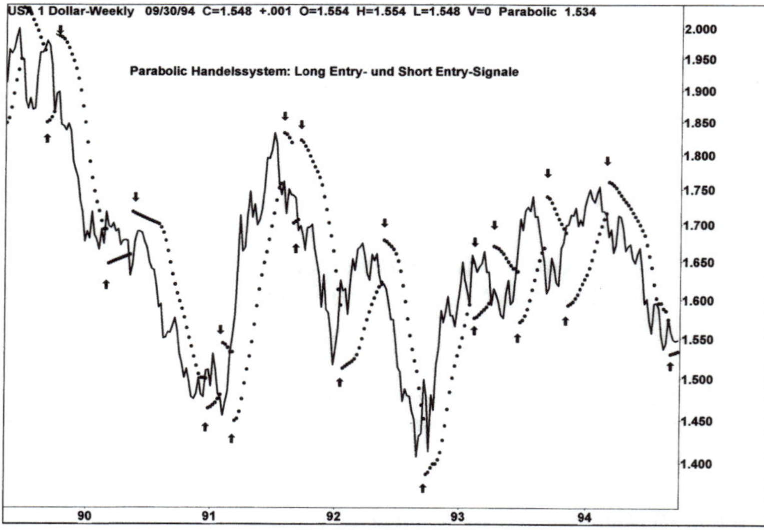

Abbildung 62: Parabolic-Handelssystem

Ein gutes Beispiel für ein sehr einfaches Handelssystem ist der Parabolic-Indikator (siehe Kapitel 7). Dieses System kennt nur Einstiegsregeln. Wenn die Einstiegsbedingung – Kurs schneidet SAR (= Stop and reverse) – zutrifft, wird mit der Eröffnung der neuen Position die alte Position automatisch geschlossen. Die Positionierung des Handelssystems wird im Wochenchart des US-Dollars durch senkrechte Pfeile angezeigt.

8.4.2 Profitabilitätstest von Handelssystemen

Aufgrund der klaren Definition von Ein- und Ausstiegsregeln lassen sich Handelssysteme vom Computer auf ihre Profitabilität testen. Dabei werden die Ergebnisse errechnet, die ein System in der Vergangenheit mit bestimmten Zeitreihen erreicht hätte. Um realistische Ergebnisse zu erhalten, sollten hierbei Transaktionskosten mit einbezogen werden.

Es gibt folgende Auswertungsparameter:

- Nettogewinn (= Bruttogewinn – Bruttoverlust),
- Gesamtzahl der Trades, Anzahl der Gewinn-Trades, Anzahl der Verlust-Trades,
- $\text{Trefferquote} = \dfrac{\text{Anzahl der GewinnTrades}}{\text{Gesamtzahl der Trades}} \times 100,$
- $\text{durchschnittlicher Gewinn pro Trade} = \dfrac{\text{Bruttogewinn}}{\text{Anzahl der GewinnTrades}},$
- $\text{durchschnittlicher Verlust pro Trade} = \dfrac{\text{Bruttoverlust}}{\text{Anzahl der VerlustTrades}},$
- $\text{Gewinn-/Verlust-Verhältnis} = \dfrac{\text{durchschnittlicher Gewinn pro Trade}}{\text{durchschnittlicher Verlust pro Trade}},$
- durchschnittliche Dauer der Gewinn-Trades (Verlust-Trades) in Perioden (z. B. Tage, Wochen),
- maximale Anzahl von Gewinn-Trades (Verlust-Trades) in Folge,
- größter Gewinn-Trade / größter Verlust-Trade,
- $\text{Gewinnfaktor} = \dfrac{\text{Bruttogewinn}}{\text{Bruttoverlust}},$
- Rendite in %, bezogen auf die gesamte Testperiode (daraus abgeleitet: Rendite in % p.a.).

Diese Auswertungsgrößen betreffen zunächst die Gesamtheit aller Trades, können aber auch nur die Ergebnisse der Long-Trades bzw. der Short-Trades herausfiltern.

Die in Tabelle14 aufgeführten Resultate des Parabolic-Handelssystems lassen sich sehen:

- Der Gewinnfaktor ist mit 2,68 recht hoch, obwohl nur 54 % aller Trades (d. h. 13 von 24) profitabel waren.

Tabelle 14: Ergebnisse des Parabolic Handelssystems, Datenbasis: US-Dollar (Wochenschlußkurse) 24.4.87 bis 30.9.94

Bruttogewinn	1,55 DM
Bruttoverlust	–0,58 DM
Nettogewinn	0,97 DM
Buchverlust der offenen Position	–0,03 DM
Gesamtzahl der Trades	24
Anzahl der Gewinn-Trades	13
Anzahl der Verlust-Trades	11
Trefferquote	54 %
größter Gewinn-Trade	0,22 DM
durchschnittlicher Gewinn-Trade	0,12 DM
größter Verlust-Trade	–0,12 DM
durchschnittlicher Verlust-Trade	–0,05 DM
Gewinn-/Verlust-Verhältnis	2,27
Durchschnittsergebnis pro Trade	–0,04 DM
maximale Anzahl von Gewinn-Trades in Folge	4
maximale Anzahl von Verlust-Trades in Folge	3
∅ Dauer der Gewinn-Trades in Wochen	20
∅ Dauer der Verlust-Trades in Wochen	6
Maximale Verluststrähne	–0,19 DM
Gewinnfaktor	2,68
Rendite (bezogen auf gesamte Testperiode)	51 %

- Der größte Gewinn lag bei 22 Pfennig, der größte Verlust hingegen nur bei 12 Pfennig.
- Ein Gewinn-Trade wurde nach durchschnittlich 20 Wochen beendet, während ein Verlust-Trade bereits nach 6 Wochen geschlossen wurde.
- Das System erwirtschaftete eine Rendite (return on account) von 51 % über ca. 7 Jahre; das bedeutet einen Wertzuwachs von ca. 7,3 % p.a. (ohne Zinseszins gerechnet).
- Eine buy-and-hold-Strategie hätte im gleichen Zeitraum einen Verlust von insgesamt 13 % erbracht. Das Handelssystem arbeitete in dem gewählten Zeitraum also sehr profitabel.

Auf welche Parameter ist nun der größte Wert zu legen? Auf den ersten Blick eignet sich dafür die Trefferquote – gibt sie doch an, wieviel Prozent aller Trades erfolgreich waren. Wenn jedoch der durchschnittliche Verlust pro Trade höher ist als der durchschnittliche Gewinn pro Trade, kann es durchaus passieren, daß das Handelssystem trotz einer Trefferquote von 75 % auf Dauer Verluste produziert.

Deshalb ist der Gewinnfaktor aussagekräftiger, der den Bruttogewinn zum Bruttoverlust in Beziehung setzt. Ist der durchschnittliche Verlust pro Trade unangemessen hoch, hilft die Einführung eines Geldmanagement-Stops.

Um die Profitabilität von Handelssystemen weiter zu verbessern, kann man bestimmte Input-Parameter einem Optimierungsprozeß unterziehen. Typische Anweisungen an den Computer könnten beispielsweise lauten:

- „Optimiere die Zyklenlänge des RSI innerhalb der Bandbreite von 6 bis 20 Tagen mit einer Schrittweite von 2“: Der Computer testet auf die vorgegebene Zeitreihe nacheinander die Profitabilität des 6-, 8-, 10-, 12-, 14-, 16-, 18- und 20-Tage-RSI und wählt anschließend die profitabelste Zyklenlänge.
- „Optimiere die Größe des Trailing-Stops zwischen 20 und 40 % mit einer Schrittweite von 5“: Der Computer probiert nacheinander ein Trailing-Stop von 20, 25, 30, 35 und 40 % aus, indem er jeweils die Profitabilität des Handelssystems auf die vorgegebene Zeitreihe testet.

Je größer die Bandbreite und je kleiner die Schrittweite gewählt wird, um so länger ist natürlich die Zeit, die der Computer zur Durchführung der Berechnung benötigt.

8.4.3 Anforderungen an gute Handelssysteme

Ist ein Handelssystem gut, wenn es nach einer bestimmten Periode ein positives Ergebnis aufweist? Nein, nicht unbedingt. Das Erreichen der Pluszone zu einem beliebigen Zeitpunkt ist noch kein hinreichendes Kriterium für die Qualität einer Kombination von Handelsregeln. Folgende Anforderungen sollte ein gutes Handelssystem erfüllen:

- Das Handelssystem sollte das zugrundeliegende Wertpapier outperformen.
- Das Handelssystem sollte nicht überkonditioniert und überoptimiert, sondern möglichst allgemeingültig, d. h. auf verschiedene Zeitreihen

mit Erfolg anwendbar sein. Vor einer Überoptimierung („curve fitting“) der Stützlängen (z. B. Anzahl der Tage bei einem gleitenden Durchschnitt) und einer Einbeziehung zu vieler Parameter in das Regelwerk muß daher gewarnt werden. Solche Handelssysteme sind gegenüber außergewöhnlichen Einflüssen auf das Kursgeschehen am Aktienmarkt zu anfällig und ihre Ergebnisse zu instabil.

- Die erzielbaren Ergebnisse sollten langfristig Bestand haben, d. h. das Handelssystem sollte dauerhaft und nicht nur phasenweise funktionieren.

Ob ein Handelssystem diesen Anforderungen entspricht, ist am einfachsten am Verlauf der Vermögenszuwachskurve (Gewinnlinie, equity line) nachzuvollziehen. Ein gutes System sollte eine möglichst gleichmäßig steigende, wenig schwankende Gewinnlinie aufweisen. Die Verlustzone sollte möglichst rasch verlassen und im späteren Verlauf nicht wieder aufgesucht werden.

Die Vermögenszuwachskurve des Parabolic-Handelssystems (siehe Abbildung 63) erfüllt diese Anforderungen. Sie steigt kontinuierlich an, ohne in die Verlustzone zu geraten. Die Komplexität, d. h. die Anzahl der Systemparameter, sollte nicht zu groß sein. Je weniger Systemparameter benötigt werden, um so besser.

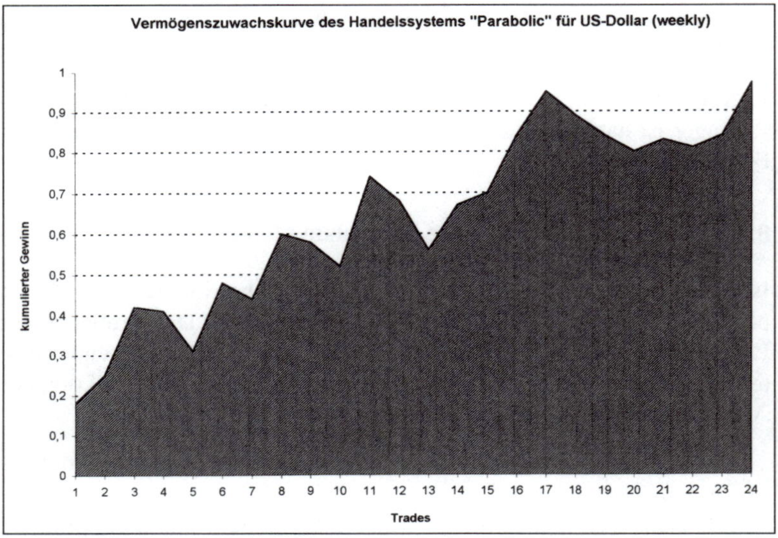

Abbildung 63: Vermögenszuwachskurve des Parabolic Handelssystems

Die Handelsfrequenz (= Anzahl von Trades pro Jahr) sollte auf die Erfordernisse des Traders/Investors abgestimmt sein. Anleger, die die sechsmonatige Spekulationsfrist beachten müssen, fahren am besten mit einem Handelssystem auf Wochenbasis, dessen Ein- und Ausstiegsregeln so konstruiert sind, daß nur 1 bis 2 Trades pro Jahr initiiert werden. Futures-Trader werden hingegen Handelssysteme anwenden, die intra-day und realtime funktionieren und mehrere Signale pro Tag geben.

Die Erfahrung lehrt, daß Handelssysteme mit Geldmanagement-Stops und Gewinnmitnahme-Bedingungen langfristig bessere Ergebnisse liefern als Systeme ohne Stops. Vor allem das klassische Stop-Loss ist für den nachhaltigen Erfolg eminent wichtig.

Handelssysteme wie Indikatoren funktionieren in der Regel entweder in Trading- oder in Trendmärkten. Ein Tradingsystem wird in Non-trending markets gute Ergebnisse erzielen, aber dauerhafte Haussen verpassen. Ein Trendfolgesystem hingegen wird in Trendmärkten Gewinn machen, in Tradingmärkten jedoch Fehlsignale produzieren, die eine Vielzahl von Verlust-Trades nach sich ziehen können.

Ein möglicher Ausweg besteht darin, das Directional Movement als „Schalter" zwischen zwei unterschiedlichen Handelssystemen einzusetzen. Zeigt die ADX-Linie einen Trendmarkt an, so werden die Ein- und Ausstiegssignale des Trendfolge-Handelssystems beachtet und diejenigen des Trading-Handelssystems ignoriert. Wird anhand des Directional Movements ein Tradingmarkt identifiziert, wird umgekehrt verfahren. Den simultanen Einsatz mehrerer Handelssysteme bezeichnet man auch als System-Trading.

8.5 Handelssysteme kaufen?

Viele Handelssysteme sind – vor allem in den USA – käuflich erwerbbar. Doch die Resultate der meisten kommerziell vertriebenen Handelssysteme sind ernüchternd, wie eine Testreihe von Futures Truth Inc. ergab. Nur eine Handvoll von Systemen war unter realistischen Simulationsbedingungen über die Jahre hinweg profitabel. Das Verhältnis von Drawdown (dem maximalen Verlust) zu Gewinn war fast immer schlecht. Für den Anleger bedeutet das, daß mit öffentlich angebotenen Systemen zumeist kein Geld zu verdienen ist.

Auch die Ergebnisse von Managed Futures lassen zu wünschen übrig. Sie erreichten nach einer Übersicht von Managed Futures Ass. von 1982 bis 1994 eine durchschnittliche Jahresperformance von 12,8 %; im Vergleich mit den Vergleichswerten von US-Aktien (+14,5 % p.a.) und Treasury Bonds (+10,8 % p.a.) ist das nicht gerade berauschend.

Zwangsläufig taucht die Frage auf: Taugen Handelssysteme überhaupt etwas? Der Trend geht – nicht zuletzt aufgrund dieser Resultate – zunehmend dahin, mechanische Handelssysteme mit fundamentalen makroökonomischen Modellen und zum Teil auch mit Erfahrung und Intuition zu einer computerisierten Strategie zu vereinigen.

Außerdem hört man von Tradern, die sich plötzlich von der Außenwelt abgeschottet haben und niemand mehr in ihren Computerbildschirm schauen lassen. Sie sitzen in ihrem stillen Kämmerlein und traden, traden, traden. Sie sollen dabei sehr erfolgreich sein ...

9. Geldmanagement

In den vergangenen Kapiteln haben Sie viel über den fundamentalen Zusammenhang zwischen Ertrag und Risiko, die Prinzipien modernen Portfoliomanagements, die Prognose-Methoden Fundamentalanalyse und Technische Analyse sowie die Kreierung technischer Handelssysteme mit den verschiedenen Einstiegs- und Ausstiegskriterien erfahren. Bisher wurde aber noch nichts über die Größe der einzelnen Position gesagt.

Beim Geldmanagement geht es darum, die optimale Größe jeder einzelnen Position zu bestimmen. Dabei spielen sowohl die Höhe des Gesamtvermögens als auch die Gesamtzahl der eingegangenen Positionen sowie die Art der eingesetzten Handelssysteme eine wichtige Rolle. Geldmanagement ist nicht, wie viele Spekulanten und Investoren meinen, nur eine lose Sammlung von Faustregeln; diese wurden bereits in dem Abschnitt über Strategie und Taktik ausführlich behandelt. Geldmanagement hat auch nichts mit Analysemethoden, Einstiegs- und Ausstiegsregeln zu tun. Geldmanagement ist vielmehr die praktische Anwendung einiger mathematischer Gleichungen auf das Positionsmanagement mit dem Ziel, den Gewinn bei einem vorgegebenen Verlustpotential zu optimieren.

Die Anwendung der erwähnten mathematischen Formeln setzt eine Grunddatenmenge voraus, die man nur über das Backtesting vorhandener Handelssysteme erhält. Insofern können nur mechanische Tradingsysteme mit fest definierten Einstiegs- und Ausstiegsregeln als Grundlage für ein professionelles Geldmanagement dienen. Man könnte auch sagen, daß Geldmanagement gewissermaßen das Herz eines guten Handelssystems darstellt.

Die Grundvoraussetzung ist das Vorhandensein einer positiven Spekulation. Das Handelssystem sollte also auf lange Sicht gesehen Gewinne ausweisen, auch wenn diese nur marginal sein sollten. Es muß eine positive Ergebniserwartung vorliegen. Auch das beste Geldmanagement kann einer negativen Spekulation – wie z. B. dem Roulette-Spiel – unter keinen Umständen zu einem dauerhaften Gewinn verhelfen.

Manche Anbieter von „Glücksspielsystemen" versprechen überdurchschnittliche Erfolge mit der Anwendung gewisser „Geldmanagementregeln". Glauben Sie solchen Werbesprüchen kein Wort. Es gibt keine legale Möglichkeit, aus gewerbsmäßig betriebenen Glücksspielen auf die

Dauer Gewinne herauszuholen. Nur beim Black Jack ist dies unter gewissen Voraussetzungen möglich. Die erfolgversprechende Methode des „Kartenzählens" verlangt aber eine wahre Gedächtnisakrobatik und ist mit einem unverhältnismäßig hohen Aufwand verbunden.

Bevor wir uns in die Tiefen der Mathematik begeben, sollten Sie sich an dieser Stelle über Gewinn und Verlust Gedanken machen, und zwar in Bezug auf Ihr Gesamtvermögen.

9.1 Vorbereitung ist alles

Napoleon berücksichtigte bei der Planung seiner Schlachten und der Aufstellung seiner Armeen ein Prinzip, welches das Fundament jeder effektiven Strategie sein sollte: Das Beste hoffen, aber für das Schlimmste gerüstet sein.

Wenn Sie an der Börse bereits aktiv sind, wissen Sie, daß das Erleiden von Verlusten eine sehr reale Möglichkeit ist. Doch selbst wenn Ihnen klar ist, daß Sie Verluste von 50 % oder mehr – und zwar des Gesamtvermögens, nicht einer einzelnen Position – in Kauf nehmen müssen, so sind Sie im Ernstfall mental nicht wirklich darauf vorbereitet.

Es ist psychologisch verständlich, daß man viel lieber und häufiger an potentielle zukünftige Gewinne als an mögliche Verluste denkt. Gerade aus diesem Grunde ist es allerdings dringend erforderlich, sich mit dem möglichen negativen oder sogar katastrophalen Ausgang einer Spekulation zu befassen. Dies führt uns zur Notwendigkeit, Worst-Case-Szenarios zu entwickeln. Das Eintreffen solcher Horrorvisionen ist zwar sehr unwahrscheinlich, weswegen man auch dazu neigt, diese Möglichkeit zu verdrängen, aber es ist nicht unmöglich. Und da es möglich ist, muß sich der Spekulant bereits jetzt darüber Gedanken machen.

Stellen Sie sich einmal vor, Ihr an der Börse eingesetztes Gesamtvermögen hätte sich von 100.000 DM auf 50.000 DM reduziert. In dem Börsencrash von 1987 dürfte es vielen Spekulanten so oder sogar noch schlimmer ergangen sein. Aber wühlen Sie nicht in der Vergangenheit, sondern gehen Sie von Ihrer heutigen Situation aus. Wie fühlen Sie sich, wenn Sie jetzt die Hälfte Ihres Vermögens verlieren? Was werden Sie tun? Werden Sie sich schwören, nie wieder Aktien oder Optionsscheine anzufassen? Werden Sie neue Mittel locker machen, oder werden Sie mit „kleineren Brötchen“ weiter machen?

Doch ein möglicher schwerer Verlust ist nicht die einzige Situation, mit der Sie sich gedanklich auseinandersetzen sollten. Was machen Sie nach einem großen Gewinn? Hören Sie auf? Wann? Stellen Sie sich vor, aus Ihren 100.000 DM würden 200.000, 300.000, 500.000 DM werden. Ab welchem Stand Ihres Gesamtvermögens reduzieren Sie den risikobehafteten Teil?

Schreiben Sie sich in beiden Fällen genau auf, wie Sie reagieren wollen. Wenn das Ereignis irgendwann tatsächlich eintritt, wissen Sie, was Sie zu tun oder zu lassen haben, und Euphorie oder Panik haben keine Chance, sich Ihrer zu bemächtigen und Sie zu falschen Entscheidungen zu verleiten.

Was für das Große gilt, gilt auch für das Kleine, das heißt für jede einzelne Position.

9.2 Zufallsexperimente mit „Entweder – oder"

Die verbindenden Elemente von Spiel und Spekulation haben Sie bereits in Kapitel 4 kennengelernt. Auch die Prinzipien des Geldmanagements sind mit Hilfe von spielverwandten Zufallsexperimenten besonders einleuchtend zu erklären. Aus diesem Grund begeben wir uns erneut in die Welt der Spiele.

Es gibt zwei Hauptunterschiede zwischen Spiel und Spekulation: Während bei der Börsenspekulation Risiko zwischen den einzelnen Marktteilnehmern weitergegeben bzw. übertragen wird, wird das Risiko beim Glücksspiel kreiert. Im Hinblick auf das Geldmanagement ist dieser Unterschied jedoch akademisch. Entscheidend ist der zweite Unterschied: Beim Spiel gibt es nur wenige Ergebnismöglichkeiten, während es an der Börse unendlich viele Alternativen gibt. Beim Münzwurf gibt es nur Kopf oder Zahl, entweder man gewinnt total, oder man verliert total. Beim Roulette ist es ähnlich: Fällt die kleine weiße Kugel in das Fach mit der richtigen Zahl, gewinnen Sie einen vorher festgelegten Betrag, ausgedrückt durch ein vielfaches des Einsatzes. Andernfalls ist der gesamte Einsatz zu 100 % verloren.

An der Börse ist dies natürlich anders. Zum einen steht der Gewinn im positiven Ausgang der Spekulation nicht fest, denn Sie können nach 1 %, 5 %, 10 %, 12,75 %, 50 % oder 100 % aussteigen, und zum anderen ist im negativen Verlauf der Spekulation natürlich nicht gleich der gesamte Einsatz verloren.

Bleiben wir aber zunächst beim Spiel. Angenommen, Ihnen bietet jemand folgende Wette an: Wenn Sie Zahl werfen, bekommen Sie 200 DM. Erscheint Kopf, verlieren Sie 100 DM. (Sie kennen dieses Beispiel bereits aus Kapitel 4.) Bei dieser Wette haben Sie eine einfache Gewinnerwartung von 2 : 1 und eine mathematische Ergebniserwartung von 50 DM. Nehmen wir weiter an, Sie hätten ein Anfangsvermögen bzw. einen Spieleinsatz von 200 DM. Dann können Sie entweder 100 % gewinnen, nämlich weitere 200 DM, oder 50 % = 100 DM verlieren.

Wir wollen diese Wette gedanklich in drei Variationen durchspielen:

1. Sie verfügen über ein unbegrenztes Spielkapital;
2. Sie haben ein Spielkapital von 100 DM;
3. Sie haben ein Spielkapital von 200 DM.

Bei der ersten Variante ist die Sache einfach: Wenn Sie das Spiel lange genug spielen, werden Sie im Durchschnitt bei jedem Spiel 50 DM gewonnen haben. Tolle Sache, werden Sie meinen, oder nicht? Nun, das hängt ganz von der Höhe des Spielkapitals ab. Bei einem Kapital von 5.000 DM sind 50 DM, die Sie pro Runde im Durchschnitt verdienen, 1 %. Das ist noch ganz vernünftig, denn – wie gesagt – es besteht kein Risiko für Sie. Wenn Sie jedoch ein Kapital von 1 Million DM zur Verfügung haben, so würde ein Gewinn von 50 DM nur eine durchschnittliche Rendite von 0,05 % pro Wurf bedeuten. Sie müßten das Spiel dann schon tausendmal hintereinander machen, bevor Sie auf eine annehmbare Rendite von 5 % kämen. Aufwand und Ertrag stünden in diesem Fall in keinem sinnvollen Zusammenhang mehr.

Wenn Sie nur 100 DM als Spielkapital zur Verfügung haben, dann müssen Sie zwangsläufig gleich beim ersten Spiel alles auf eine Karte setzen. Das Verlustrisiko (des einzelnen Spiels) entspricht gleichzeitig dem Risiko des Ruins (d. h. Verlust des Gesamtvermögens) und beträgt 50 %. Wie gehen Sie in dieser Situation am besten vor?

Wenn Sie sich entschließen, nach dem ersten Gewinn den ursprünglichen Einsatz beiseite zu legen und nur noch mit dem Gewinn weiterzuspielen, beträgt Ihr Ruinrisiko maximal 50 %. Wenn Sie auf diese Sicherungsstrategie verzichten, so steigt Ihr Ruinrisiko: Denn nach einem Gewinn und anschließendem Verlust (bei der Sicherungsstrategie würden Sie an dieser Stelle aussteigen) könnte erneut ein Verlust auftreten oder nach einem Gewinn zwei weitere Verluste. In beiden Fällen wären Sie nach einem anfänglichen Gewinn pleite, obwohl es sich um ein Spiel mit eindeutig positiver Ergebniserwartung handelt.

Der vollkommen unterschiedliche finanzielle Ausgang dieses Experiments beruht auf der unterschiedlichen Höhe des Spielkapitals, oder genauer gesagt: auf der Relation des Spieleinsatzes zum Gesamtkapital.

Wenn Sie ein Anfangskapital von 200 DM haben (Variante 3), so gelten für Sie die Wettalternativen 100 % Gewinn oder 50 % Verlust.

9.3 Wenn man alles auf einmal einsetzt

Wir wollen nun die Münzwurfwette folgendermaßen abwandeln: Wenn Sie Zahl werfen, bekommen Sie 100 % Ihres Einsatzes, erscheint Kopf, so verlieren Sie die Hälfte Ihres Spieleinsatzes. Sowohl Gewinnerwartung (2 : 1) als auch mathematische Ergebniserwartung (50 % Ihres Einsatzes) sind mit den vorigen Varianten identisch. Der Unterschied besteht darin, daß Sie die Höhe Ihres Spieleinsatzes selbst bestimmen können.

Nehmen wir einmal an, daß Sie ein Spielkapital von 1.000 DM haben und daß der erste Versuch erfolgreich ist und der zweite mißlingt: Aus den 1.000 DM werden zunächst 2.000 DM (plus 100 %), die dann wieder auf 1.000 DM (minus 50 %) reduziert werden. Wenn Sie erst verlieren und dann gewinnen, ist das Ergebnis gleich: Zunächst reduziert sich Ihr Kapital auf 500 DM, um dann wieder auf 1.000 DM zu steigen. Sie sehen, daß Sie trotz der positiven Ergebniserwartung bei dieser Spielvariante auf keinen grünen Zweig kommen, wenn Sie immer das gesamte zur Verfügung stehende Spielkapital auf einmal einsetzen.

Wenn wir die Gewinnchance bei gleichbleibendem Verlustrisiko auf 50 % reduzieren, wir es also mit einer neutralen Spekulation zu tun haben, werden Sie nach einem Gewinn und einem Verlust oder umgekehrt per Saldo 250 DM einbüßen: Kommt der Gewinn zuerst, so werden aus 1000 DM zunächst 1500 DM und dann 750 DM; verlieren Sie zuerst, so halbiert sich Ihr Kapital zunächst auf 500 DM, bevor es sich – allerdings von der niedrigeren Basis aus! – wieder auf 750 DM verdoppelt. In beiden Fällen haben Sie 25 % Ihres eingesetzten Kapitals nach den beiden Versuchen verloren.

Weit weniger dramatisch ist das Endergebnis, wenn sich 20 % Gewinn und 20 % Verlust mit gleichen Wahrscheinlichkeiten gegenüberstehen. Wenn Sie zuerst gewinnen, werden aus 1.000 DM zunächst 1.200 DM (plus 20 %), um sich dann auf 960 DM (minus 20 %) zu vermindern; im umgekehrten Fall geht das Kapital zunächst auf 800 DM zurück und erholt sich dann auf 960 DM. Der Gesamtverlust beläuft sich in beiden Fällen auf nur noch 4 %.

Was folgern wir daraus? Wenn man alles auf eine Karte setzt, hat man nur dann eine Chance zu gewinnen, wenn – gleiche Eintrittswahrscheinlichkeiten vorausgesetzt – der mögliche Gewinn deutlich mehr als doppelt so groß ist wie der mögliche Verlust. Das ist natürlich unrealistisch. Daher kommt es wesentlich darauf an, die großen Verluste zu vermeiden. Damit wären wir auch schon wieder bei der Börse und den Strategien der Diversifikation (= Risikostreuung, das heißt nicht alles auf eine Karte setzen) und Verlustbegrenzung über Stop-Loss.

Der Ruin, also der Verlust des gesamten für Spekulationszwecke zur Verfügung stehenden Vermögens, ist dem finanziellen „Tod" des Spekulanten vergleichbar. Diese Endgültigkeit muß unter allen Umständen verhindert werden. Um das Ruinrisiko noch einmal plastisch darzustellen, möge Ihnen jemand die folgende Wette anbieten: Unter der Voraussetzung, daß Sie jedesmal Ihr gesamtes Vermögen einsetzen, gewinnen Sie mit einer Eintrittswahrscheinlichkeit von 90 % Ihren geleisteten Einsatz hinzu (plus 100 %), während Sie mit einer Eintrittswahrscheinlichkeit von nur 10 % alles verlieren:

$$P_{Ruin} = 1 - \left(\frac{9}{10}\right)^1 = \left(\frac{1}{10}\right) = 0{,}1 = 10\,\%$$

Obwohl es sich hier um eine extrem positive Spekulation handelt, ist dieses Spiel wegen der enormen Verlustmöglichkeit äußerst gefährlich. Wenn Sie nur einmal spielen, beträgt das Ruinrisiko zwar nur 10 %, ist also fast zu vernachlässigen. Wenn Sie fünfmal hintereinander gewinnen, so werden aus Ihren 1.000 DM Spieleinsatz zuerst 2.000 DM, dann 4.000 DM, 8.000 DM, 16.000 DM und schließlich 32.000 DM. Eine gewaltige Summe Geld für den geringen Kapitaleinsatz! Doch das Ruinrisiko ist bereits drastisch angestiegen:

$$P_{Ruin} = 1 - \left(\frac{9}{10}\right)^5 = 1 - \left(\frac{59.049}{100.000}\right) = 0{,}41 = 41\,\%$$

Nach 10 Würfen hätten Sie die Chance, aus 1.000 DM über 1 Million DM gemacht zu haben, doch die Chancen, überhaupt noch Geld in der Tasche zu haben, stehen bereits gegen Sie:

$$P_{Ruin} = 1 - \left(\frac{9}{10}\right)^{10} = 0{,}65 = 65\,\%$$

Das Ruinrisiko bei diesem „tollen" Spiel beträgt bereits 65 %! Je öfter Sie dieses Spiel hintereinander spielen, umso sicherer ist es, daß Sie am Ende mit leeren Händen dastehen werden.

Es ist also verhängnisvoll, alles auf eine Karte zu setzen, wie überwältigend groß die Gewinnwahrscheinlichkeit im einzelnen Fall auch immer sein mag. Umgekehrt wird bei einem in Relation zum einzelnen Wetteinsatz sehr großen Gesamtvermögen die Rendite verschwindend klein und damit uninteressant werden. Der goldene Mittelweg liegt irgendwo dazwischen.

9.4 Reinvestieren oder nicht?

Wir wollen nun betrachten, wie sich bei mehreren aufeinanderfolgenden Gewinnen von jeweils 20 % bzw. mehreren aufeinanderfolgenden Verlusten von ebenfalls 20 % das Gesamtvermögen bei jeweiliger Reinvestition entwickelt. Reinvestieren bedeutet, den Gewinn jeweils dem Kapital zuzuschlagen und den Verlust nicht zu Lasten anderer Vermögensquellen auszugleichen.

In der Börsenspekulation ist dies realistisch. Wenn Sie erfolgreich spekulieren, erreichen Sie schneller eine bestimmte Zielsumme, wenn Sie die Gewinne mit investieren, als wenn Sie dies nicht tun. Im Verlustfall wird der Spekulant auch in aller Regel mit dem reduzierten Kapital weitermachen und nicht gleich nach dem ersten Verlust sein Auto oder sein Haus verkaufen, nur um mit dem ursprünglichen Kapital weiter spekulieren zu können.

Die Abbildung 64 vergleicht die Entwicklung von 100 DM Anfangsvermögen nach 5, 10, 15 und 20 positiven Versuchen sowie 5 oder 10 negativen Versuchen ohne Reinvestierung mit der Entwicklung von 100 DM mit Reinvestierung.

Aus der Tabelle am linken Rand der Abbildung erkennen Sie die immer größer werdenden Unterschiede. Nach zwei Gewinnversuchen ist der Un-

Versuch Nr.	Gewinn/Verlust mit Reinvestierung	Gewinn/Verlust ohne Reinvestierung
-10	10,8	0
-9	13,4	0
-8	16,8	0
-7	21	0
-6	26,2	0
-5	32,8	0
-4	41	20
-3	51,2	40
-2	64	60
-1	80	80
0	**100**	**100**
1	120	120
2	144	140
3	173	160
4	208	180
5	249	200
6	299	220
7	359	240
8	430	260
9	516	280
10	619	300
11	743	320
12	891	340
13	1070	360
14	1284	380
15	1540	400
16	1848	420
17	2218	440
18	2662	460
19	3194	480
20	3833	500

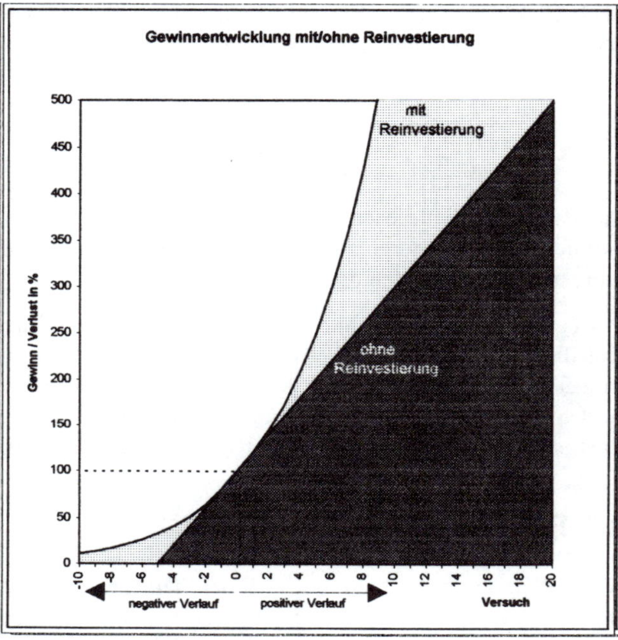

Abbildung 64: Arithmetisches und geometrisches Wachstum

terschied (plus 44 % bei Reinvestierung, plus 40 % ohne Reinvestierung) noch relativ gering. Nach 10 Versuchen sind bei Reinvestierung aus 100 DM bereits 619 DM geworden (plus 519 %), während es ohne Reinvestierung nur 300 DM (plus 200 %) geworden wären. Je länger Sie dieses Spiel fortsetzen, um so gewaltiger wird der Unterschied: Nach 20 Versuchen hätten Sie bei Reinvestierung aus 100 DM bereits 3.833 DM gegenüber lediglich 500 DM ohne Reinvestierung gemacht. Bei positivem Verlauf der Spekulation verdienen Sie ohne Reinvestierung also mit der Zeit deutlich langsamer als mit Reinvestierung.

Im Verlustfalle verhält es sich umgekehrt. Während Sie ohne Reinvestierung (das heißt Ausgleich des erlittenen Verlustes zu Lasten anderer Vermögensquellen) bereits nach 5 Versuchen das ursprünglich eingesetzte Kapital verloren haben, besitzen Sie bei Reinvestierung (das heißt Verzicht auf Ausgleich des Verlustes) selbst nach 10 fehlgeschlagenen Versuchen noch 10,75 % Ihres Anfangskapitals.

Da die y-Achse der Abbildung eine lineare Skalierung besitzt, ist die Funktion des exponentiellen Wachstums (mit Reinvestierung) eine Kurve. Der positive Effekt, der mit zunehmender Anzahl der Versuche immer größer wird, ist durch die hellgrau unterlegte Fläche dargestellt. Bei einem logarithmischen Maßstab der y-Achse wäre die exponentielle Funktion eine Gerade. Ein Aktienchart ist nichts anderes: Gleiche vertikale Abstände der Kurspunkte bedeuten auch hier gleiche prozentuale Veränderungen des Kurswertes.

An dieser Stelle können wir die ersten beiden grundlegenden Prinzipien des Geldmanagements auf den Punkt bringen:

- Reinvestieren ist sinnvoll.
- Alles auf eine Karte setzen ist verhängnisvoll.

Es bleibt die Frage bestehen, wie groß die Position im Idealfall sein sollte, um den maximalen Gewinn bei begrenztem Verlustrisiko einzufahren. An dieser Stelle wollen wir nun die Welt der Spiele wieder verlassen und uns dem „richtigen" Spekulationsforum, der Börse, zuwenden.

9.5 „Optimal f" und optimale Positionsgröße

In Kapitel 8 wurden die verschiedenen Auswertungsparameter von Handelssystemen angesprochen. Die für das Geldmanagement entscheidende Größe ist der maximale Verlust. Diese Zahl ist die Grundlage für die Berechnung der optimalen Positionsgröße. Um die folgenden Gleichungen anschaulich darzustellen, ist ein stark vereinfachtes Beispiel besser geeignet als ein ausführlich getestetes Handelssystem.

Angenommen, eine Testreihe über 4 Versuche habe folgende Ergebnisse geliefert:

Nr.	Anfangs-vermögen (DM)	End-vermögen (DM)	Vermögens-zuwachs (DM)	Vermögens-zuwachs (%)
1	1.000	1.200	+ 200	+ 20
2	1.200	900	– 300	– 25
3	900	1.350	+ 450	+ 50
4	1.350	1.485	+ 135	+ 10

Das Ergebnis jedes einzelnen Versuchs, den Vermögenszuwachs (VZ), erhält man normalerweise durch Subtraktion des Vermögens vor dem

Versuch von dem Vermögen nach dem Versuch, also z. B. 1.200 DM – 1.000 DM = 200 DM. Der absolute Geldbetrag ist allerdings für unsere Zwecke weniger geeignet. Interessanter ist die prozentuale Wertsteigerung, die als Faktor ausgedrückt wird:

$$VZ = \frac{\text{Vermögen nach dem Trade}}{\text{Vermögen vor dem Trade}}$$

In unserem Beispiel lauten die Berechnungen für die 4 Versuche:

$$VZ_1 = \frac{1200}{1000} = 1{,}2$$

$$VZ_2 = \frac{900}{1200} = 0{,}75$$

$$VZ_3 = \frac{1350}{900} = 1{,}5$$

$$VZ_4 = \frac{1485}{1350} = 1{,}1$$

Der Gesamtvermögenszuwachs (GVZ) – wiederum ausgedrückt als Faktor – errechnet sich entweder durch Division des Endvermögens (nach n Versuchen) durch das Anfangsvermögen:

$$GVZ = \frac{\text{Endvermögen}}{\text{Anfangsvermögen}}$$

oder durch das Produkt der einzelnen Vermögenszuwächse:

$$GVZ = \prod_{i=1}^{n} VZ_i$$

Schauen Sie sich die letzte Gleichung genau an. Der Gesamtvermögenszuwachs ist das Produkt, nicht die Summe aus den einzelnen Vermögenszuwachsfaktoren. Das bedeutet, daß der GVZ durch einen schweren Verlust stark beeinträchtigt wird. Geht auch nur ein einziger Trade zu 100 % „in die Binsen", so ist der Ruin die Folge, denn jede Zahl multipliziert mit Null bleibt Null. Mit anderen Worten: Beim Spekulieren sind Sie nur so klug wie Ihr dümmster Fehler!

Auf unser Beispiel angewendet ergeben die obigen Gleichungen:

$$GVZ = \frac{1485}{1000} = 1{,}485$$

$$GVZ = \prod_{i=1}^{4} VZ_i = VZ_1 \cdot VZ_2 \cdot VZ_3 \cdot VZ_4 = 1{,}2 \cdot 0{,}75 \cdot 1{,}5 \cdot 1{,}1 = 1{,}485$$

Das geometrische Mittel (GM) stellt für ein gegebenes Handelssystem die durchschnittliche Wachstumsrate des eingesetzten Kapitals dar. Je höher die Zahl ist, um so gewinnträchtiger ist das Trading mit diesem Handelssystem auf der Basis des Reinvestierens. Liegt das geometrische Mittel unter 1, so produziert das Handelssystem Verluste.

Der Schlüssel zum erfolgreichen Trading ist nicht ein möglichst raffiniertes Handelssystem, das in einem bestimmten Markt hohe Gewinne abwirft, sondern ein Handelssystem, bei dem Sie möglichst sicher sind, daß es über längere Zeit profitabel arbeitet, Sie es also mit einer Spekulation mit positiver Ergebniserwartung zu tun haben. Die Gewinne müssen nicht groß sein; es reicht durchaus, wenn marginale Profite (nach Transaktionskosten) anfallen. Die eigentliche Geldmaschine ist das Geldmanagement – dann nämlich, wenn das Handelssystem mit dem optimalen Kapitaleinsatz, bezogen auf das gesamte Spekulationskapital, „gefahren" wird.

Mathematisch wird das geometrische Mittel durch die n-te Wurzel aus dem Gesamtvermögenszuwachs ausgedrückt:

$$GM = \sqrt[n]{GVZ} = GVZ^{\frac{1}{n}}$$

"Optimal f" ist diejenige Größe, aus der sich – zusammen mit dem Auswertungsparameter „größter Verlust" – der in Relation zum Gesamtvermögen optimale Kapitaleinsatz für ein gegebenes Handelssystem ergibt. *Ralph Vince* hat sie in seinem grundlegenden und richtungsweisenden Buch „Portfolio Management Formulas" ausführlich dargestellt und erläutert.

Für das Beispiel ergibt sich:

$$GM = \sqrt[4]{GVZ} = GVZ^{\frac{1}{4}} = 1{,}104$$

Aus dem Ergebnis E_i des einzelnen Versuchs i (Gewinn oder Verlust, als Geldsumme ausgedrückt) und dem größten Verlust (gV) ergibt sich die folgende Gleichung mit der unbekannten Größe f:

$$VZ = 1 - f \times \frac{E_i}{gV}$$

Bezogen auf den Gesamtvermögenszuwachs bedeutet das:

$$GVZ = \prod_{i=1}^{n} \left(1 - f \times \frac{E_i}{gV}\right)$$

Das geometrische Mittel errechnet sich dann:

$$GM = \left(\prod_{i=1}^{n} \left(1 - f \times \frac{E_i}{gV}\right)\right)^{\frac{1}{n}}$$

Nun kommt es darauf an, herauszufinden, bei welchem f-Wert der Gesamtvermögenszuwachs bzw. das geometrische Mittel am höchsten ist. Das kann man machen, indem man eine der beiden letzten Gleichungen für alle Werte von f zwischen 0,1 und 1 löst. Unter Zuhilfenahme des Computers ist das relativ einfach, denn die f-Kurve ist geglättet und weist nur eine Spitze auf. Sobald ein Wert für GVZ oder GM niedriger ist als der vorangegangene Wert, haben Sie Optimal f gefunden und können die Rechenprozedur abbrechen.

Was bedeutet das für unser Beispiel? Zunächst müssen wir Optimal f finden:

f = 0,1 → GVZ = 1,154
f = 0,2 → GVZ = 1,285
f = 0,3 → GVZ = 1,382
f = 0,4 → GVZ = 1,435
f = 0,5 → GVZ = 1,429
f = 0,6 → GVZ = 1,351
f = 0,7 → GVZ = 1,186
f = 0,8 → GVZ = 0,918
f = 0,9 → GVZ = 0,528
f = 1,0 → GVZ = 0

Optimal f liegt also etwa zwischen 0,35 und 0,5. Perfektionisten können jetzt noch weiter rechnen, um die exakte Spitze auszuloten. Sie liegt in diesem Fall bei f = 0,44 mit einem resultierenden GVZ von 1,44, d. h. einem Gewinn von 44 %.

Die Funktion hat einen ganz klaren Scheitelpunkt. Dort, wo das Maximum von GVZ in Abhängigkeit von f liegt, befindet sich Optimal f.

Die gesuchte Geldsumme, aus der sich die optimale Positionsgröße bezogen auf das Gesamtvermögen errechnet, erhält man durch Division des größten Verlustes durch den negativen Wert von Optimal f:

$$\frac{-300}{-0,44} = 682$$

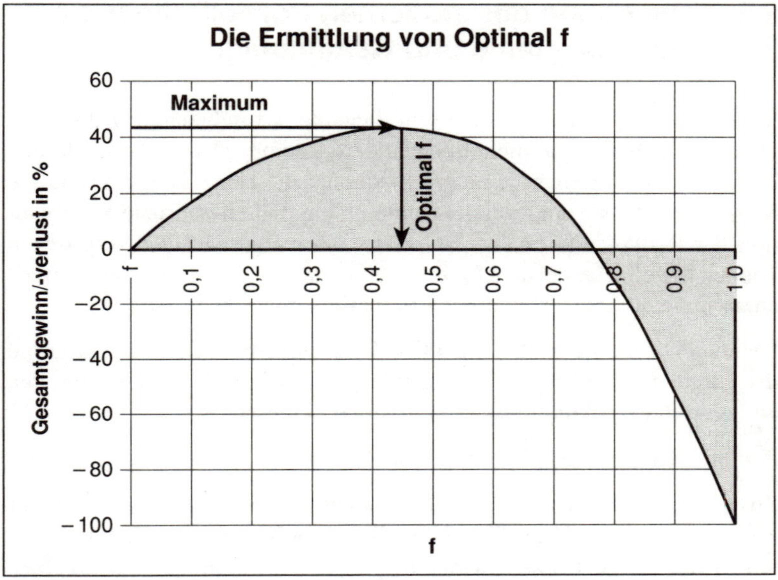

Abbildung 65: f-Kurve und Optimal f

Bei einem Anfangskapital von 1.000 DM (das war der ursprüngliche Einsatz bei unserem Beispiel) beträgt der optimale Einsatz 682 DM oder besser 68,2 % Ihres Gesamtvermögens. Der maximale Verlust, sollte er gleich am Anfang auftauchen, wäre 300 DM oder 30 % Ihres Spekulationskapitals.

Falls Ihnen das Risiko zu hoch erscheint, können Sie den Prozentsatz des Vermögenseinsatzes natürlich auf 50 oder 40 % senken; auf keinen Fall aber sollten Sie ihn erhöhen, denn dem gesteigerten Risiko stünde ein geringerer Gewinn gegenüber. Ab einem f von 0,77 würden Sie sogar letztendlich in der Verlustzone sein, und jenseits eines f von 0,9 nimmt sogar die Gefahr, ruiniert zu werden, rasch zu – und zwar mit einer um so höheren Wahrscheinlichkeit, je länger Sie mit diesem Handelssystem operieren.

9.6 Anwendung der modernen Portfoliotheorie auf Handelssysteme und Geldmanagement

Sie können Ihr Risiko auf eine sehr elegante Art reduzieren: Durch den gleichzeitigen Einsatz mehrerer Handelssysteme. Der risikomindernde Effekt ist um so größer, je unterschiedlicher die Handelsregeln (und die Märkte, auf die sie angewendet werden) sind. Durch optimale Kombination der Risiko- und Ertragsparameter von mehreren Handelssystemen können Sie ein Handelsportfolio kreieren, das auf einer ähnlichen Effizienzlinie liegt wie in Abbildung 9 beschrieben wurde.

Nehmen wir an, Sie wollen mit 4 Handelssystemen arbeiten, die aufgrund der Parameter „Optimal f" und „größter Verlust" mit folgenden Anteilen am gesamten Spekulationskapital optimal eingesetzt werden sollen:

A = 80 %, B = 60 %, C = 40 % und D = 20 %.

Zusammen ergäbe das 200 %, also doppelt so viel, wie Sie an Geld zur Verfügung haben. Wenn Sie keinen Kredit aufnehmen wollen, reduzieren Sie die Prozentsätze so lange, bis sie in der Summe 100 % ergeben. In diesem Fall führt eine Halbierung der Anteile zum Ziel:

A = 40 %, B = 30 %, C = 20 % und D = 10 %.

Die Gefahr schwerer Verluste ist bei dem gleichzeitigen Einsatz mehrerer Handelssysteme merklich geringer, denn der Verlust eines Systems kann durch einen neutralen oder positiven Verlauf eines anderen Handelssystems aufgefangen werden.

Nun taucht natürlich die Frage auf, in welchen Abständen – zeitlichen oder geldmäßigen – die Positionen adjustiert werden sollten. Was bedeutet das? Wenn ein Handelssystem einen starken Vermögenszuwachs produziert, während ein anderes schwere Verluste erleidet, entfernen sich die Ist-Anteile am Gesamtportfolio recht schnell von den Soll-Vorgaben aufgrund des Optimal f. Danach müßte man die aufgrund des Gewinnsystems gekauften Aktien zahlenmäßig durch Teilverkäufe reduzieren, während die Verlustposition aufzustocken wäre.

In der Praxis erweist sich das ständige Arrondieren aber als so lästig und kostenintensiv, daß die Nachteile größer sind als die Vorteile. Eine größenmäßige Anpassung sollte man daher erst bei neuen Positionen, die aufgrund neuer Kauf- oder Verkaufssignale der betreffenden Handelssysteme eröffnet werden, vornehmen. Wenn ein Handelssystem konstruktionsbedingt nicht ständig im Markt ist, sondern gelegentlich weder eine Long- noch eine Short-Position produziert hat, bleibt das übrige Geld natürlich als Liquiditätsposition bestehen und wird nicht in eines der anderen Handelssysteme investiert.

Aus Platzgründen konnte nur eine kurze und zum Teil lückenhafte Einführung in das hochinteressante Thema Geldmanagement gegeben werden. *Ralph Vince* hat in seinen beiden Büchern „Portfolio Management Formulas“ und „The Mathematics of Money Management“ die mathematischen Grundlagen und vielfältigen Anwendungsmöglichkeiten von Geldmanagement-Regeln ausführlich beschrieben. Leider sind die Werke nicht in deutscher Übersetzung erhältlich. Wenn Sie in die Tiefe gehen wollen und mathematisch begabt sind, empfehle ich Ihnen die Lektüre dieser Bücher, von denen das zweite auf dem ersten aufbaut.

10. Der Spekulant – Mentalität, Charakter, Persönlichkeit

Der Spekulant steht im Mittelpunkt des Geschehens. Er ist diejenige Person, die Kauf- und Verkaufsentscheidungen trifft und Börsenaufträge erteilt, die eigenes Kapital einsetzt und Gewinne kassiert oder Verluste erleidet. Der Spekulant – das sind Sie. Mit allen Ihren Gedanken und Gefühlen, Hoffnungen und Ängsten, Ideen und Perspektiven. Sie sind eine Persönlichkeit, deren Charakter und Mentalität sich auf Ihre Handlungsweise an den Kapitalmärkten auswirkt und umgekehrt vom Börsengeschehen beeinflußt wird.

In der Persönlichkeit des Spekulanten liegt der Schlüssel zum finanziellen Erfolg bzw. eine wesentliche Ursache für vermeidbare Fehlschläge. Daher lohnt es sich, die Mentalität und Persönlichkeit des Spekulanten aus verschiedenen Blickwinkeln zu beleuchten.

10.1 Mentalität und Börse

Was heißt Mentalität? Der Begriff leitet sich von dem lateinischen Wort „mens“ = Geist, Verstand ab und bedeutet eine Geisteshaltung, das heißt die Einstellung des Denkens eines Menschen oder einer Gruppe von Menschen. Diese Einstellung bestimmt das Verhältnis zur Wirklichkeit bzw. das individuelle oder kollektive Verhalten.

Was bedeutet dies in Bezug auf die Börse bzw. die Tätigkeit des Investierens und Spekulierens? Das Verhältnis zur Wirklichkeit bestimmt, wie der Spekulant die Realität seiner Positionen wahrnimmt. Ist er sich des aktuellen Buchgewinnes bzw. -verlustes ständig bewußt, oder neigt er zu Verdrängungsreaktionen? Hat er die Tendenz, gelegentlich die Lust zu verlieren, sich um seine Positionen zu kümmern und deswegen die Dinge schleifen zu lassen?

Beim kollektiven Verhalten geht es vornehmlich um den bereits mehrfach angesprochenen Herdentrieb. Bildet sich der Spekulant lieber eine eigene Meinung und geht als überzeugter Bulle oder Bär ins Rennen, oder fühlt er sich in einer anonymen Schafherde wohler?

10.1.1 Grundtypen des Temperaments

Unter Temperament versteht man die für das Individuum spezifische, relativ konstante Weise des Fühlens, Erlebens, Handelns und Reagierens. Versuche, verschiedene Grundformen des Temperaments zu beschreiben, gehen bis ins Altertum zurück: Die hippokratische Schrift „Über die Natur des Menschen" unterscheidet das cholerische, sanguinische, melancholische und phlegmatische Temperament.

Das Fühlen, Erleben, Handeln und Reagieren spielt an der Börse eine große Rolle. Was sind die Kennzeichen der vier extremen Ausprägungen der Temperamentstypen, und wie verhalten sie sich beim Spekulieren mit Aktien?

Der **Choleriker** ist der zu starken Affekten neigende, in seinen Gefühlen wechselhafte Mensch. An der Börse ist er optimistisch, sehr aktiv und trifft rasche Entscheidungen. Dabei ist er allerdings oftmals zu hektisch. Er ist ein Unternehmertyp im klassischen Sinne und bevorzugt spekulative Geschäfte, die er in kurzer oder kürzester Frist wieder glattstellt. Da der Choleriker nicht nachtragend ist, trauert er weder erlittenen Verlusten noch entgangenen Gewinnen nach.

Ein „leichtblütiger", heiterer, lebhafter, leicht ansprechbarer Mensch wird als **Sanguiniker** bezeichnet. Bei ihm muß sich immer etwas bewegen, Langeweile ist tödlich. Dementsprechend liebt er die Spannung von Optionsscheinen und exotischen Märkten. Seine redselige Natur prädestiniert ihn dazu, eine intensive Kommunikation mit anderen Marktteilnehmern zu pflegen. Die ihm eigene Sorglosigkeit und seine hohe Risikobereitschaft lassen die Beachtung von Stop-Loss-Marken als „Muß" erscheinen.

Der **Phlegmatiker** ist ein ruhiger und behäbiger Mensch mit einer nachdenklichen und kontrollierten Persönlichkeit. Er ist schnell besorgt und hält deswegen überdurchschnittlich hohe Liquiditätsreserven. Da er nicht entscheidungsfreudig ist, verfolgt er gerne eine konservative Strategie und neigt zum Aussitzen von Verlusten.

Der **Melancholiker,** ein zu Traurigkeit bzw. Schwermut neigender Mensch, hat ein hohes Maß an Geduld. Er analysiert und recherchiert gründlich, bevor er an der Börse eine Position eingeht. Seine Strategien sind eher langfristig ausgelegt, und er ist in der Lage, zu seinen Aktien immer eine emotionslose Distanz zu wahren. Seine größten Schwächen auf dem glatten

Börsenparkett sind der mangelnde Austausch mit anderen Marktteilnehmern und ein zu starres Festhalten an Aktien oder Prinzipien.

Natürlich gibt es nur sehr wenige Investoren oder Spekulanten, die einem dieser hippokratischen Temperamentstypen in Reinform entsprechen. Viele von ihnen vereinigen Charaktermerkmale von mehreren Temperamentstypen in sich. Das kann dazu führen, daß sie verschiedene Positionen oder Wertpapierdepots mit unterschiedlichen Strategien und Taktiken „fahren", oder daß ihre Entscheidungsfindungen und Dispositionen sich in gewissen zeitlichen Rhythmen ändern. An der Börse ist dies jedoch verhängnisvoll, denn häufige Strukturbrüche im Spekulationsverhalten und die Abhängigkeit von Launen führen auf die Dauer zu Verlusten.

10.1.2 Das Schreckgespenst der Angst

Einen interessanten Ansatz zu Charaktertypen und ihrem Anlageverhalten am Kapitalmarkt hat *Tony Plummer* in seinem Buch „Forecasting Financial Markets" beschrieben. Er basiert auf den Erkenntnissen des amerikanischen Neurophysiologen *Paul McLean,* der in den frühen siebziger Jahren das „dreigeteilte Gehirn" entdeckte: Jeder Mensch tendiert dazu, entweder Fühlen, Denken oder instinktives Handeln überzubetonen.

Je nach der Hirndominanz lassen sich hieraus **Charaktertypen** mit bestimmten Motivationen definieren, die bestimmte Situationen vermeiden und auf Bedrohung in einer typischen Weise reagieren (siehe Tabelle 15). Dies ermöglicht eine Prognose im Hinblick auf die Fähigkeit des einzelnen, an den volatilen Finanzmärkten erfolgreich zu operieren.

Studieren Sie die Tabelle und versuchen Sie, sich einem (oder auch mehreren) Charaktertypen zuzuordnen. Was versuchen Sie stets zu vermeiden, und wie reagieren Sie normalerweise auf Bedrohung? Stellen Sie sich diese Fragen zunächst in Bezug auf Alltagssituationen Ihres „normalen" Lebens. Überlegen Sie dann, wie Ihre spontane Reaktion auf bedrohliche Entwicklungen an der Börse üblicherweise aussieht und hinterfragen Sie kritisch, ob Ihr Verhalten zu der von Ihnen verfolgten Strategie und Taktik „paßt" oder sie durchkreuzt.

Die zwangsläufige Folge der psychologisch bedingten Reaktion auf eine als bedrohlich empfundene Situation an den Kapitalmärkten sind oft unangemessene Kauf- und Verkaufsentscheidungen. Da der Mensch danach strebt, durch Zugehörigkeit zu einer Gruppe Sicherheit zu finden, ist eine häufige Reaktion auf Angst der „Herdentrieb".

Tabelle 15: Charaktertypen und ihr Anlageverhalten am Kapitalmarkt

Charaktertypen und ihr Anlageverhalten am Kapitalmarkt				
Charaktertyp		**Was er stets zu vermeiden sucht**	**Reaktion auf Bedrohung**	
1. Priorität	**2. Priorität**		**spontan**	**verzögert**
impulsiv	emotional	als schwacher Mensch angesehen werden	Bekämpfung der Situation	Verzweiflung
träge	emotional	in Konflikte verwickelt werden	Rückzug	falsche Hoffnung
impulsiv	rational	nicht perfekt sein	Zorn (i.a. unterdrückt)	Verzweiflung
emotional	impulsiv	nicht gemocht/anerkannt/ geliebt werden	verletzter Stolz	falsches Vertrauen
emotional	träge	nur eine ganz normale Person sein	sich selbst und andere überzeugen „Alles ist o.k.“	Verzweiflung
emotional	rational	an selbstgewählten Aufgaben scheitern	den Erfolg anderer beneiden	falsche Hoffnung
rational	emotional	zu wenige Informationen vom Leben haben	Entscheidungen hinauszögern	falsche Hoffnung
rational	träge	eine falsche Entscheidung treffen	Furcht	falsches Vertrauen
rational	impulsiv	physische und psychische Schmerzen	Pläne schmieden zur Wiederherstellung der Situation	falsches Vertrauen

Am Ende eines Trends haben Trader deshalb am wenigsten Angst und identifizieren sich am meisten mit der bullishen oder bearishen Grundstimmung derjenigen Gruppe, der sie sich zugehörig fühlen. Wenn dann plötzlich zum Beispiel ein Aufwärtstrend kippt, kommt Angst auf, die zu Verkäufen verleitet. Verkäufe wiederum drücken die Kurse weiter, was nachfolgend die Angst weiter verstärkt – der Regelkreis ist komplett.

10.2 Ihr Spielverhalten sagt eine Menge aus

Der Handel mit Wertpapieren, das Spekulieren an der Börse hat viel mit dem Wesen eines Geschicklichkeitspiels gemeinsam. Wer die Regeln und besonderen Kniffe eines solchen Spiels in- und auswendig kennt, der wird bessere Chancen haben, das Spiel zu gewinnen als jemand, der über diese Kenntnisse nicht oder nur unzureichend verfügt. Doch die Beherrschung der Regeln und Kniffe allein macht noch keinen guten Spieler aus. Was noch hinzu kommen muß, ist Erfahrung. Dies gilt insbesondere für solche Spiele, bei denen man die Spielzüge des oder der Gegner in seine Überlegungen mit einbeziehen muß.

Das Spielverhalten und die Art des Spekulierens haben viele Gemeinsamkeiten. Wenn Sie gerne spielen, so fragen Sie sich doch einmal, welche Art von Spielen Sie bevorzugen, warum Sie gerne spielen und wie Sie Ihr Spiel aufbauen.

Bevorzugen Sie Strategiespiele, bei denen es in erster Linie auf Können ankommt (z. B. Schach, Skat, Stratego, Halma, Bridge, Go, Mah-jongg) oder reine Glücksspiele (Mensch-ärgere-dich-nicht, viele Würfelspiele, Roulette)?

Gehören Sie bei Strategiespielen eher zu denjenigen, die ihre Gegner mit einem schnellen Angriff überrumpeln wollen, oder bauen Sie zunächst eine gute Verteidigungsstellung auf? Wollen Sie Ihr Ziel eher langsam, dafür aber um so sicherer erreichen, oder lieben Sie schnelle Überraschungscoups? Wie hoch ist das Risiko, das Sie bereit sind, einzugehen? Gehen Sie lieber auf Nummer sicher, oder setzen Sie gerne alles auf eine Karte?

Beantworten Sie sich diese Fragen selbst! Ich nehme an, daß Sie erstaunliche Parallelen zwischen Ihrem Spielverhalten und Ihrem Handeln an der Börse feststellen werden.

Was tun Sie, wenn Sie ein Spiel verlieren? Ärgern Sie sich oder nicht? Hier kommt es ganz entscheidend auf die Motivation an. Viele Leute spielen ausschließlich um der Geselligkeit willen. Das Spiel, das Zusammensein mit Freunden oder Familienmitgliedern ist der primäre Reiz, den das Spiel ausmacht. Diesen Spielern geht es nicht so sehr darum, wer die Partie gewinnt. Auf der anderen Seite sind aber auch Spieler mit einem besonderen Ehrgeiz zu finden, denen sehr viel daran liegt, zu gewinnen. Diese ehrgeizige Einstellung macht den Spielverlauf oft spannender, aber auch konfliktbeladener.

Für eine gemütliche Spielrunde an einem verregneten Sonntagnachmittag ist sicher die Suche nach Geselligkeit und Unterhaltung die bessere Motivation. Ein zufriedenes Miteinander wird sich eher einstellen, als wenn verschiedene Mitspieler verbissen um den Gewinn ringen. An der Börse ist es umgekehrt. Nur diejenigen, die einen ausgeprägten Hang zum Gewinnenwollen haben, werden auf Dauer erfolgreich sein. Nur diese Leute werden auch den Ehrgeiz besitzen, sich darum zu bemühen, immer besser und besser und besser zu werden.

Wir kommen zurück auf die Frage, wie Sie auf eine verlorene Partie – sei es auf dem Spielbrett oder an der Börse – reagieren. Fragen Sie sich, welche Fehler Sie gemacht haben, wo und warum die anderen die Spielsituation besser eingeschätzt haben, und was Sie daraus lernen können! Wenn Sie mit diesen oder ähnlichen Fragen an die Sache herangehen, werden Sie auf Dauer zu den erfolgreichen Spielern und zu den Gewinnern an der Börse gehören. Es sind aber auch andere Reaktionen denkbar. Sehr menschlich ist der Wunsch nach einer Revanche. Sie trachten danach, die Scharte möglichst schnell wieder auszuwetzen. In diesem Fall vernebeln Rachegelüste das Denkzentrum, und Sie sind emotional zu stark gebunden. Das verleitet häufig dazu, ein zu hohes Risiko einzugehen oder etwaige Gefahrenmomente nicht rechtzeitig wahrzunehmen. Ich brauche wohl nicht zu betonen, daß dies an der Börse brandgefährlich ist. Weniger gefährlich, aber dennoch schädlich ist die Reaktion, mit den Schultern zu zucken und zu murmeln: „Neues Spiel – neues Glück“. Sie exponieren sich zwar nicht emotionell, aber Sie stehen der Niederlage zu gleichgültig gegenüber. Vor allem aber: Sie lernen nichts aus Ihren Fehlern.

Wer sich nach einem verlorenen Spiel fragt, welche strategischen oder taktischen Fehler er oder sie gemacht hat, verfügt über die richtige Einstellung. Es lohnt sich auch, der Frage nachzugehen, wo und warum die anderen Mitspieler die Spielsituation besser eingeschätzt haben. Entscheidend ist, was man aus den eigenen Fehlern und dem erfolgreichen Spiel der anderen lernt.

Wenn Sie häufig verlieren – wie reagieren Sie dann? Werfen Sie das Spiel weg, verlieren das Interesse und haben schlichtweg schnell die Nase voll? Oder aber erhöht sich der Reiz des Spiels für Sie, spüren Sie eine Herausforderung, die Probleme zu meistern, und wollen Sie bessere Spieltaktiken und elegante Schachzüge lernen?

Hier scheiden sich die Geister – hier trennen sich Gewinner und Verlierer. Zu wem wollen Sie gehören?

Obwohl an der Börse vieles dem Spiel ähnelt, ist dieses Spiel ernst. Im Gegensatz zum Gesellschaftsspiel geht es hier um Geld. Der Unterschied zwischen Gewinnen und Verlieren ist nicht nur ein „Sich-besser-“ oder „Sich-schlechter-Fühlen“, sondern läßt sich in harter Währung ausdrücken.

Für den Erfolg an der Börse ist es von essentieller Bedeutung, ob der Spekulant zu den „Verlierern“ zählt oder ob er ein „Gewinnertyp“ ist. Gewinner und Verlierer haben ganz bestimmte Charakterzüge und Persönlichkeitsmerkmale, die wir nun näher untersuchen wollen.

10.3 Das Psychogramm eines Verlierers

Ich begegnete Wolfgang 1986 in der Anlageberatung einer Großbankfiliale in Frankfurt. Da wir beide vom Börsenfieber gepackt waren, freundeten wir uns rasch an. Schon bald beneidete ich Wolfgang, da er mit seinen Spekulationen wesentlich mehr verdiente als ich. Jeder neue Optionsschein wurde von ihm „per Erscheinen" blind gekauft, das heißt vor der offiziellen Börseneinführung und damit der geldmäßigen Abrechnung. Auf diese Weise konnte er einige Wochen lang quasi ohne effektiven Kapitaleinsatz auf rasche Kursgewinne spekulieren. Schon bald erfuhr ich, warum Wolfgang eine besondere Vorliebe für diese Art von Geschäften hatte. Er besaß nämlich kein Eigenkapital, sondern hatte einen hohen Kredit auf das Grundstück seiner Eltern aufgenommen.

Seine Geschäfte gingen gut – sehr gut sogar. Da Wolfgang einen heißen Draht zu den Optionsscheinhändlern unserer Bank besaß, bekam er öfters treffsichere Tips für japanische Optionsscheine. Wolfgang setzte meistens alles auf eine Karte und gewann oft hohe Summen. Als er auf diese Weise einige zehntausend Mark erspekuliert hatte, riet ich ihm – nicht zum ersten Mal – die Kreditspekulation zu beenden oder wenigstens sein Kapital auf mehrere Werte zu streuen. Doch er schüttelte nur den Kopf. Er wolle sich nicht verzetteln, meinte er, außerdem sei er doch bis jetzt großartig damit gefahren. Das stimmte. Ich begann mich bereits zu fragen, ob ich derjenige war, der etwas falsch machte, ob meine Anlagestrategie vielleicht zu vorsichtig war.

Dann kam der Tag, an dem ein neuer heißer Tip herumgereicht wurde. „Leykam Optionsschein" hieß das Papier, das man auf einmal unbedingt haben mußte. Wolfgang verkaufte sämtliche Aktien und setzte sein gesamtes Geld auf den österreichischen Highflyer. Damit war er am Ziel seiner Träume. Er fuhr sein Engagement nun mit einem sechsfachen Hebel. Aussichten auf gigantische Gewinne in kurzer Zeit ließen Wolfgangs Augen glänzen. Wenn wir abends bei einem Glas Bier zusammensaßen gab es nur ein Thema – die Börse.

Doch es kam anders als gedacht. Der Aufwärtstrend der Leykam-Aktie brach abrupt ab, und der Optionsschein sauste nach unten. Ich beschwor meinen Freund, doch zumindest die Hälfte abzustoßen, um wenigstens den Kredit abzudecken, doch er lehnte es ab, mit Verlust zu verkaufen. Wolfgang hoffte auf eine rasche Kurserholung, die nie eintrat. Stattdessen fiel der Kurs immer tiefer in den Keller. Schließlich gab Wolfgang entnervt den Auftrag, sein gesamtes Depot, das – wie bereits erwähnt – nur aus einer einzigen Position bestand, zu verkaufen. Die Optionsscheine, die er wenige Wochen zuvor bei weit über 20 DM erworben hatte, wechselten zu 9 DM in andere Hände. Was meinem Freund blieben, waren Schulden von über 40.000 DM und Erinnerungen an bessere Zeiten. Das Thema Börse war für ihn damit beendet.

Welche Lehren Sie aus dieser Geschichte ziehen können, liegt klar auf der Hand. Sie sollten:

- vermeiden, nur heißen Tips hinterherzurennen, ohne eine fundierte Strategie zu haben,
- nie alles auf eine Karte setzen, auch wenn Sie sich noch so sicher sind,
- tollkühne Kreditspekulationen ohne eigenes Geld unter allen Umständen unterlassen. Wenn Sie kein Eigenkapital haben, dessen Verlust Sie notfalls verschmerzen können, haben Sie an der Börse nichts zu suchen,
- Verluste nicht nach dem Prinzip Hoffnung wachsen lassen,
- bei Spekulationen mit Hebel (gleich, ob durch Wahl von Optionsscheinen oder durch Kauf von Aktien auf Kredit) nie ohne Verlustbegrenzung (Stop-Loss) arbeiten.

Es gibt immer wieder Leute, die meinen, daß diese Regeln für sie nicht gelten. Es sind immer Verlierer, die dies denken.

Die Geschichte meines Freundes ist noch nicht zu Ende.

Wolfgang lebt nicht mehr. Vor zwei Jahren erhängte er sich in seinem Zimmer. Wenn es auch mehrere Gründe waren, die ihn zum Selbstmord trieben, so war doch die fehlgeschlagene Börsenspekulation die eigentliche Ursache.

Jeder Börsencrash zog bisher viele menschliche Tragödien nach sich, von denen mir einige bekannt wurden. Ein früherer enger Kollege, der ebenfalls mit Krediten operierte, verlor im Herbst 1987 sein gesamtes Vermögen. Als er seinen Verpflichtungen der Bank gegenüber nicht mehr nachkommen konnte, lieh er sich von seinem reichsten Kunden eine größere Summe Geld. Als er dieses Geld nicht vereinbarungsgemäß zurückzahlen konnte, ging der Kunde zur Filialleitung des Kreditinstituts, und das Ganze flog auf. Die Bank erstattete dem Kunden das Geld und kündigte dem Wertpapierberater fristlos. Der Mann hatte somit durch seine leichtsinnigen Spekulationen nicht nur sein Geld verloren, sondern auch seinen bis dahin tadellosen Ruf. Seine Karriere war natürlich ruiniert. Ich habe nie wieder etwas von ihm gehört.

Wir wollen versuchen, den Typus des Verlierers genauer zu charakterisieren. Gibt es bestimmte Verhaltensweisen oder Persönlichkeitsmerkmale, die Mißerfolge begünstigen oder gar hervorrufen?

10.4 Wege zum Mißerfolg

An der Börse gibt es 9 Wege, die zum Mißerfolg führen:

Ungenaue Zielsetzung

Ein Sprichwort sagt: „Wer nicht weiß, in welchen Hafen er segeln will, für den ist kein Wind der richtige." Wer sich keine klaren Ziele setzen kann, kommt nicht weiter. Das gilt für die Börsenspekulation ebenso wie für die meisten anderen Bereiche des Lebens. Viele Verlierer haben zwar Ziele, aber diese sind nur ungenau definiert, werden nicht in Form von Plänen schriftlich niedergelegt und deshalb schnell vernachlässigt oder sogar vergessen.

Verzettelung

Diese Form der Zersplitterung der eigenen Kräfte hat viel mit dem Unvermögen, sich klare Ziele zu setzen, zu tun. Ein „Hansdampf in allen Gassen" macht zwar viel Wind und beeindruckt oft seine Umgebung, aber viele „Erfolge" entpuppen sich bei genauerem Hinsehen als Scheinerfolge. Es ist wie bei der Kriegsführung: Wer seine Armee in lauter kleine und kleinste Einheiten aufteilt, der ist an keinem Frontabschnitt schlagkräftig.

Mangelnder Ehrgeiz

Wer nicht wirklich ernsthaft und dauerhaft nach dem Erreichen selbstgesteckter Ziele strebt, wird erfolglos bleiben. Zu geringer Ehrgeiz führt dazu, daß man schnell die Lust an einer Sache verliert, daß die Motivation nachläßt und man frühzeitig kapituliert. Mangelndes Interesse an der

Aneignung nötiger Fachkenntnisse gehört auch in diese Katgegorie und ist eine häufige Ursache von Fehlspekulationen.

Mangel an Selbstdisziplin

Gute Vorsätze allein reichen nicht. Wer nicht genügend Selbstdisziplin aufbringt, um seine Ziele und Pläne Schritt für Schritt zu verwirklichen, wird irgendwann auf der Strecke bleiben. Verlierer haben oft die Neigung, notwendige Entscheidungen und Schritte mit allen möglichen „Gründen", d. h. Ausflüchten, hinauszuschieben. An der Börse warten sie ewig auf den richtigen Augenblick und verpassen daher die meisten guten Chancen. Die Neigung, Dinge einfach so laufen zu lassen, mag in manchen Lebenssituationen angebracht sein, nicht aber an der Börse. Hier sind rasche Entscheidungen gefragt.

Mangelnde Ausdauer

Wer vor den Hindernissen kapituliert, die zwangsläufig vor der Erreichung eines begehrten Ziels zu überwinden sind, stempelt sich selbst zum Verlierer. Die Bereitschaft, schnell Kompromisse einzugehen, statt sich für die eigene Überzeugung oder die selbstgesteckten Ziele tatkräftig einzusetzen, hängt mit mangelnder Ausdauer zusammen.

Der Traum vom mühelosen Reichtum

Verlierer neigen zu unrealistischen Tagträumen und Phantasien. Wer sich vorstellt, an der Börse mühelos reich werden zu können, der irrt sich. „Vor den Erfolg haben die Götter den Schweiß gesetzt", sagt ein altes Sprichwort. Ein anderer, vor allem bei aufstrebenden Yuppies beliebter Spruch lautet: „Die erste Million ist die schwerste". Dabei denken diese Leute häufig schon an ihre zweite Million, bevor sie die erste erreicht haben. Doch die erste Million ist nicht nur die schwerste, sondern auch schwer zu erreichen. Auf keinen Fall gelangt man mühelos dahin. Das glauben nur die Verlierer.

Selbstzufriedenheit

Wer sich mit seiner derzeitigen Situation und dem bisher Erreichten zufrieden gibt, wird zwangsläufig auf dieser Stufe stehenbleiben und nicht in höhere Sphären vordringen. Leute, die sich mit kleinen Zielen zufrieden geben, werden in der Mittelmäßigkeit stecken bleiben. Mit Selbstzufriedenheit häufig gepaart ist die Tendenz, bei Niederlagen und Mißerfolgen anderen den „Schwarzen Peter“ zuzuschieben.

Mangel an Kapital

Wer kein Geld besitzt, der kann es auch nicht an der Börse einsetzen, um es zu vermehren. André Kostolany, der ungarische Börsen-Altmeister, prägte folgenden Spruch:

„Wer viel Geld hat, kann spekulieren;
wer wenig Geld hat, darf nicht spekulieren;
wer kein Geld hat, muß spekulieren.“

Daß der dritte Satz dieses Spruches in die Irre führt, beweist die Lebensgeschichte meines Freundes Wolfgang.

Übertriebene Furcht

Die Angst vor Armut steckt vielen Börsianern insgeheim in den Knochen. Sie äußert sich in übertriebener Vorsicht und übergroßer Besorgtheit. Man neigt dazu, nur die negativen Dinge zu sehen und mit Fehlschlägen zu rechnen. Man erwartet immer das Schlimmste und versucht nicht, es abzuwenden. Diese Einstellung ist verhängnisvoll: Denn wer negative Dinge erwartet, dem werden sie begegnen.

Die oft unbewußte und nicht eingestandene Angst ist ein ganz wesentliches Charaktermerkmal des Verlierers. Er hat Angst davor, zu versagen, Herausforderungen nicht gewachsen zu sein, sein Vermögen zu verlieren, seine Ziele nicht erreichen zu können, anderen Menschen unterlegen zu sein usw. Der Ängstliche sieht überall Schranken, Barrieren und Hindernisse.

Der Furchtlose hingegen kennt keine Grenzen. Für ihn steckt die Welt voller Chancen und Möglichkeiten. Er hat eine optimistische Einstellung zu allen Herausforderungen, die das Leben für ihn bereithält. Er ist der Prototyp des Gewinners, dem wir uns nun zuwenden wollen.

10.5 Erfolgsgrundsätze des Gewinners

Gewinner werden nicht geboren, sondern machen sich selbst dazu. Gewinner wissen, daß auf der obersten Sprosse der Erfolgsleiter immer Platz ist.

Es ist viel darüber geschrieben worden, was eine Erfolgspersönlichkeit ausmacht, und wie man sich selbst zu einem Gewinner machen kann. Autoren wie z. B. *Napoleon Hill, Dale Carnegie, Robert H. Schuller* oder *Frank Bettger* haben Erfolgsphilosophien entwickelt und über Bücher (Literaturhinweise: s. Anlage), Vorträge und Seminare verbreitet. Ich habe viele Titel dieser „Lebenshilfe-Literatur" mit großer Begeisterung gelesen und kann dies nur allen, die Erfolg haben wollen, ans Herz legen. Die meisten Erfolgsprinzipien, die diese und andere Autoren in verschiedenen Variationen herausgearbeitet haben, treffen auch auf den Erfolg von Börsenspekulationen zu. Beschäftigen Sie sich mit den 13 Erfolgsgrundsätzen des Gewinners! Tun Sie dies in regelmäßigen Abständen immer wieder. Dies ist wichtiger als alles, was in den vergangenen Kapiteln gesagt wurde.

10.5.1 Positives Denken und Handeln

Unser Leben wird viel weniger von „Schicksal", Zufällen, Glück und anderen Menschen bestimmt, als wir gemeinhin annehmen. Dies hat bereits vor 2.000 Jahren der Römer *Marc Aurel* erkannt: „Unser Leben ist das, wozu unsere Gedanken es machen." Der amerikanische Philosoph *Norman Vincent Peale* formulierte es so: „Du bist nicht das, was du denkst, das du bist; sondern was du denkst, das bist du."

Der Erfolg hängt stark von der persönlichen Einstellung, den eigenen Gedanken und Gefühlen ab. Damit ist auch klar, daß negative Gedanken, gleich welcher Art sie sein mögen, schädlich für den Erfolg sind. Umgekehrt sind positive Gedanken nicht nur förderlich, sondern geradezu unabdingbar, um Erfolge zu erzielen – an der Börse wie im sonstigen Leben.

Viele mögen jetzt einwenden, daß Gedanken und Gefühle unwillkürlich und ungeplant in unserem Bewußtsein entstehen, auf uns einwirken und sich jeder Kontrolle des Willens entziehen. Zum Glück ist das ein Irrtum. Die Gedanken und Gefühle lassen sich sehr wohl beeinflussen. Über das

Handeln, das eigene Tun, können Sie Ihre Gedanken und Gefühle bewußt steuern. Diese fundamentale Gesetzmäßigkeit hat der amerikanische Psychologe *William James* treffend formuliert: „Das Handeln scheint dem Fühlen zu folgen, in Wirklichkeit aber gehen Handeln und Fühlen zusammen; und indem man sein Handeln, das unter der unmittelbaren Kontrolle des Willens steht, reguliert, kann man mittelbar auch das Fühlen regulieren, bei dem das nicht der Fall ist."

Nicht Sie haben Ihren Gedanken, sondern Ihre Gedanken haben Ihnen zu gehorchen. Sie können sich selbst auf Erfolgskurs trimmen, indem Sie Ihre Gedanken- und Gefühlswelt und Ihre persönliche Einstellung durch positives Denken und Handeln günstig beeinflussen.

Was heißt das konkret? Sie können damit beginnen, nicht unzufrieden an das zu denken, was Sie nicht haben, sondern dankbar darauf zu schauen, was in Ihrem Leben positiv ist. Seien Sie nicht ängstlich (negative Einstellung), sondern nehmen Sie sich viel vor (positive Einstellung). Denken Sie, daß Sie schaffen, was Sie sich vorgenommen haben. Dann werden Sie es auch erreichen. Erinnern Sie sich an den Verlierertypen: Er fürchtet, daß er seine Ziele nicht erreichen wird, weshalb es ihm noch nicht einmal gelingt, ihnen näher zu kommen. Der Gewinner hingegen ist ein Optimist; er schaut grundsätzlich mit positiven Gedanken in die Zukunft.

Sehen Sie Fehlschläge nicht als Anfang vom Ende, sondern begreifen Sie sie als Chance. In jedem Fehlschlag steckt der Keim eines noch größeren Erfolges. Günstige Gelegenheiten begegnen Ihnen oft zunächst als Mißerfolg oder vorübergehende Niederlage. Doch nur, wenn Sie positiv denken, sind Sie in der Lage, solche günstigen Gelegenheiten zu erkennen – und zu nutzen!

Gedanken sind eine unvorstellbare Macht. Wer sich von negativen Gedanken bestimmen läßt, wird sein Leben nicht in den Griff bekommen und von einem Fehlschlag zum nächsten eilen. Wer jedoch positiv denkt und handelt, der wird seine eigenen Grenzen immer weiter hinausschieben und Barrieren überwinden können, die er gegenwärtig noch für unüberwindbar hält.

Werden Sie ein Gewinner, indem Sie positiv denken und handeln! Sie haben die Kraft und die Möglichkeiten, sich Ihre eigene Wirklichkeit zu schaffen: Zuerst im Kopf – und dann in der Realität.

10.5.2 Ziele setzen

Ziele sind Herausforderungen an uns selbst. Erfolgreiche Persönlichkeiten stecken sich hohe und höchste Ziele, sind aber realistisch genug zu erkennen, daß es viel Zeit, Kraft und Ausdauer kostet, sie zu erreichen. Deswegen brechen sie gerne langfristige Ziele in mittel- und kurzfristige Ziele herunter. Dadurch bleiben sie nicht ein zauberischer Rosengarten jenseits des Horizonts, sondern werden in der Praxis erreichbar – nicht in einem Sprung, aber Schritt für Schritt.

Ziele lassen sich durch zwei Kriterien bestimmen: Sie müssen meßbar und realistisch sein. Ob Ziele meßbar sind, läßt sich am einfachsten durch die bekannten **W-Fragen** überprüfen: **W**as strebe ich an? **W**elche Summe soll erzielt werden? **W**ann soll das Ziel erreicht werden?

Angenommen, Sie setzen sich zum Ziel: „Ich will in diesem Jahr an der Börse 25 % auf mein eingesetztes Kapital erreichen." Das ist ein Ziel. Es ist realistisch, denn 25 % sind auch in „schlechten" Börsenjahren drin, wenn Sie richtig liegen. Meßbar ist es auch, denn wenn Ihr Vermögen am Jahresende weniger als 25 % zugenommen hat, haben Sie Ihr Ziel verfehlt.

Damit Ziele ihren Sinn erfüllen, müssen sie überprüfbar sein. Die Angaben dürfen nicht unklar oder unbestimmt (z. B.: „In diesem Jahr möglichst viel Gewinn machen"), sondern müssen präzise sein.

Ziele haben eine unangenehme Eigenschaft: Man verliert sie leicht aus den Augen. Das beste Beispiel hierfür sind die bekannten „guten Vorsätze", die man am Silvesterabend faßt. Solche Vorsätze werden leicht vergessen. Wünsche und Träume gehen nicht in Erfüllung, weil man sie aus den Augen verliert.

Der beste Ausweg besteht darin, sich seine Ziele schriftlich zu notieren und ständig präsent zu haben. Machen Sie sich deshalb eine Liste mit Ihren Zielvorstellungen.

Versuchen Sie, sowohl effizient als auch effektiv zu arbeiten. Effektivität bedeutet, die Aufgaben zur Erreichung der Ziele richtig anzupacken. Effizienz heißt dagegen, sich die richtigen Ziele zu setzen.

Setzen Sie Ihre Ziele eher zu hoch als zu niedrig an. Betrachten Sie Überforderungen als Herausforderungen. Think big! Dieses Denken in großen

Dimensionen eignet sich – wie bereits gesagt – am ehesten für langfristige Ziele. An der Börse gelten etwas andere Regeln. Lassen Sie sich hier nicht überfordern, denn zu hohe, unrealistische Ziele verleiten Sie nur dazu, unnötig hohe Risiken einzugehen.

10.5.3 Organisation und Selbstmanagement

Um die selbstgesteckten Ziele zu erreichen, bedarf es einer guten Planung. Je mehr Zeit man zum Planen aufwendet, um so weniger Zeit wird man für die Durchführung benötigen. Per Saldo ergibt sich – auch wenn viele Leute das Gegenteil annehmen – eine Zeitersparnis. Denken Sie daran: Wenn Sie nicht Ihre Zeit planen, so werden Sie verplant.

Jeder Plan sollte grundsätzlich schriftlich niedergelegt werden. Sonst hat es keinen Sinn! Ein guter Plan sollte in etwa folgendes Schema aufweisen:

- Analysieren Sie Ihre Ausgangssituation.
- Legen Sie Ihr Ziel genau fest, beschreiben Sie es so genau wie möglich.
- Brechen Sie Ziele auf verschiedene Zeiträume herunter: Jahrzehnt – Jahr – Monat – Woche – Tag.
- Legen Sie den Zeitbedarf für die einzelnen Teilziele genau fest.
- Handeln Sie: Leiten Sie notwendige Maßnahmen, Untermaßnahmen usw. ein, führen Sie erforderliche Aktionen durch.
- Fangen Sie jetzt damit an! Schieben Sie nichts auf die lange Bank.

Eine gute Organisation beinhaltet aber mehr als eine straffe und systematische Planung zur Erreichung von Zielen. Ordnung, Zeitmanagement und Gewohnheiten gehören auch dazu.

„Ordnung ist das halbe Leben" sagt ein Sprichwort. Erfolgsmenschen haben diese Weisheit geradezu verinnerlicht. Zu ihrer Ordnung gehört ein aufgeräumter Schreibtisch, ein gutes Ablagesystem, eine sinnvolle Strukturierung von Dateien auf Disketten oder auf der Festplatte ihres Börsen-PC's.

Daß Zeit immer zu knapp ist, liegt nur selten an den Umständen oder dem hektischen Alltag unserer modernen Gesellschaft. Viel häufiger ist ein schlechtes **Zeitmanagement** die eigentliche Ursache. Die beste Methode zur Behebung dieses Problems ist die konsequente Arbeit mit einem guten Zeitplanbuch. Termine und anstehende Aufgaben werden sofort notiert; dies ermöglicht es Ihnen, daß Sie immer den Kopf frei haben und sich nicht so viele Dinge merken müssen. Vor allem längerfristige Planungen und umfangreiche, komplexe Aufgaben sind eigentlich nur mit einem Zeitplanbuch richtig in den Griff zu bekommen. Gute Zeitplanbücher haben Monats-, Wochen- und Tagesblätter, in die die jeweils anstehenden Aufgaben eingetragen und immer wieder überwacht werden. Außerdem enthält es Telefonnummern, Adressen, leere Blätter zum Anfertigen von Notizen und für Spekulanten natürlich eine Liste der aktuellen Positionen und limitierten Aufträge.

Zu einem guten Zeitmanagement gehört es auch, seine Zeit optimal zu nutzen und insbesondere Wartezeiten nicht sinnlos verstreichen zu lassen. Dies mache ich persönlich z. B. so, indem ich mir zu jedem Arztbesuch etwas zum Arbeiten mitnehme. Das Manuskript zu diesem Buch ist in weiten Teilen während der Fahrt mit der S-Bahn von und zur Arbeit entstanden. Mein Aktenkoffer diente dabei als gute Schreibunterlage. Da meine Schreibmaschinenfertigkeiten nicht über das Zwei-Finger-Suchsystem hinausgekommen sind, diktierte ich den Text anhand der in der S-Bahn angefertigten Notizen auf Band, und meine Frau schrieb den Text dann in den PC. Dabei benötigte sie nur einen Bruchteil der Zeit, die ich an der Tastatur hätte verbringen müssen.

Börsenspekulanten könnten die Prinzipien von Ordnung und Zeitmanagement auf ihre Tätigkeit beispielsweise wie folgt übertragen:

- Lassen Sie den Computer so viel wie möglich erledigen.
- Wenden Sie am Anfang viel Zeit dafür auf, Arbeitsroutinen zu schaffen und Programmabläufe zu optimieren. Der Zeitgewinn in der Zukunft wird den Zeitaufwand in der Gegenwart um ein vielfaches übertreffen.
- Automatisieren Sie Ihre Technische Analyse so weit wie möglich durch Filtertechniken, Trendlinienüberwachung, usw.
- Strukturieren Sie Ihren Tagesablauf und stimmen Sie ihn so weit wie möglich auf die Erfordernisse Ihres Spekulationsplans ab.
- Überprüfen Sie an der Börse regelmäßig Ihre Positionen. Dies gilt insbesondere für den nahenden Ablauf der sechsmonatigen Spekulationsfrist und die strikte Beachtung von Stop-Loss-Limits.

Gewohnheiten spielen beim Selbstmanagement eine wichtige Rolle. Hat man sich unangenehme Dinge (z. B. früheres Aufstehen, Verzicht auf nutzloses Herumtrödeln, sofortige Erledigung ungeliebter Aufgaben, usw.) erst einmal angewöhnt, so wird der persönliche Widerstand, den man überwinden muß, mit der Zeit immer geringer. Gewohnheiten – gute wie schlechte – bilden den Charakter eines Menschen. Gewinner setzen sich zum Ziel, schlechte Gewohnheiten aufzugeben und gute Gewohnheiten zu vertiefen oder neu in das eigene Verhaltensrepertoire aufzunehmen.

Zum Erwerb neuer Gewohnheiten gibt es drei Regeln:

- Beginnen Sie mit der neuen Gewohnheit so intensiv wie möglich.
- Fangen Sie sofort damit an. Ergreifen Sie die erstmögliche Chance.
- Seien Sie äußerst restriktiv mit Ausnahmen, solange Sie die neue Gewohnheit nicht fest in Ihrem Denken und Handeln integriert haben.

10.5.4 Prioritäten setzen

Erfolgreiche Persönlichkeiten wissen, worauf es ankommt. Sie können die anstehenden Ziele und Aufgaben nach ihrer Priorität unterscheiden: Dinge mit höchster Priorität werden sofort erledigt, alle anderen Dinge müssen warten. In diesem Zusammenhang gilt – wie in so vielen Dingen des Lebens, die 80/20-Regel: 20 % der erledigten Aufgaben machen 80 % des Erfolges aus, und umgekehrt.

Unterscheiden Sie Dringendes von Wichtigem:

- Krisen, drückende Probleme sowie Projekte unter Zeitdruck sind sowohl dringend als auch wichtig. Sie müssen sofort angegangen werden, kommen allerdings relativ selten vor.
- Dringend, aber nicht so wichtig sind Aktivitäten wie z. B. Korrespondenz, Anrufe, einige Verabredungen, Unterbrechungen oder gesellige Aktivitäten.
- Wichtig, aber nicht dringend sind die Eruierung neuer Möglichkeiten, Planungen (Zeitplanbuch), Pflege von Beziehungen und vorbeugende Maßnahmen (zur Verhinderung von Krisen).
- Für die Dinge, die weder dringend noch wichtig sind, geht erstaunlich viel Zeit verloren. Denken Sie nur an Aktivitäten wie Rumstöbern, unwichtige, aber gern gesehene Unterbrechungen, das Schreiben unwichtiger Briefe oder belanglose Gespräche mit langweiligen Leuten, die Sie Ihren Zielen keinen Millimeter näher bringen.

Setzen Sie von den Dingen dieser Aufzählung Ihre Prioritäten auf die dritte Kategorie: Je mehr Sie sich der Pflege von Beziehungen, dem Abchecken neuer Chancen, Planungen Ihrer Aktivitäten und vorbeugenden Maßnahmen widmen, um so weniger werden Krisen und ernste Probleme auftauchen, die Ihren Lebensplan durcheinanderbringen.

Setzen Sie auch Prioritäten bei der Weiterentwicklung Ihrer Fertigkeiten. Es gibt mindestens einen wichtigen Bereich, in dem Sie bereits heute die Fähigkeit haben, überdurchschnittlich gut zu sein. Bauen Sie diesen Bereich zielstrebig aus!

Umgekehrt gibt es sicher den ein oder anderen Bereich, in dem Sie überhaupt nicht weiterkommen. Sobald Sie dies erkennen, sollten Sie sich fragen, wie wichtig Ihnen überhaupt die ganze Angelegenheit ist, mit der Sie sich herumquälen. Setzen Sie sich ein zeitliches, sachliches oder finanzielles Limit. Sobald dieses überschritten wird, sollten Sie die Sache vergessen und sich neuen Aufgaben zuwenden.

10.5.5 Entschlossenheit

Sobald ein Denkprozeß abgeschlossen ist, gilt es, zu handeln. Die Fähigkeit, schnelle Entschlüsse zu fassen, zeichnet daher die meisten Erfolgspersönlichkeiten aus. Es genügt nicht, Maßnahmen zur Erreichung der Ziele zu planen; sie müssen auch durchgeführt werden.

Für Börsianer ist Entschlossenheit ganz besonders wichtig: Käufe und Verkäufe müssen, sobald die entsprechenden Signale aufgetreten sind, sofort und ohne Verzögerung durchgeführt werden. Schnelles Handeln war an der Börse schon immer gefragt.

Entscheiden Sie aber erst dann, wenn Sie ausreichend Informationen besitzen, um die Sachlage genügend zu überblicken. Entschlossenheit hat nichts mit voreiligem Handeln zu tun.

10.5.6 Begeisterung

„Lebe begeistert und gewinne!" ist der Titel eines Bestsellers des amerikanischen Verkaufsprofis *Frank Bettger*. Er gehört zu den Menschen, die erkannt haben, daß Begeisterung eine ganz wesentliche Voraussetzung für den Erfolg ist. Hier geht es in erster Linie darum, sich selbst zu begeistern – für die Ziele, für die Teilziele, für jeden einzelnen Schritt, der dorthin führt. Nur wer es schafft, sich immer wieder selbst zu motivieren, wird die Ausdauer und Durchhaltekraft besitzen, die zur Erreichung großer Ziele unabdingbar ist. Wer begeistert an die Aufgaben herangeht, wird auch vor Hindernissen und Fehlschlägen nicht kapitulieren.

Echte Spekulanten sind so angetan von dem Auf und Ab der Kurse, daß sie die Börse zu ihrem Hobby machen. Die damit verbundene starke Motivation hilft ihnen, sich wirklich in die Materie hineinzuknien und kreativer und gründlicher zu sein als die Masse der Marktteilnehmer. Aufgrund ihrer Begeisterung sind sie weit überdurchschnittlich gedanklich engagiert (oft auch gefühlsmäßig, aber das ist gefährlich!), was eine gute Voraussetzung für Börsengewinne darstellt.

10.5.7 Ausdauer

„Ohne Fleiß kein Preis" bringt ein altes Sprichwort die Sache auf den Punkt. Wie in vielen anderen Lebensbereichen auch, ist Erfolg an der Börse nur durch ein intensives und ausdauerndes Engagement möglich. Für die Erreichung großer Ziele sind Ausdauer und Geduld viel wichtiger als gelegentliche große Kraftanstrengungen. Auf dem langen Weg dorthin brauchen Sie einen langen Atem und müssen bereit sein, sich dem Ziel in kleinen Schritten und oft auf Umwegen zu nähern. Wenn ein ernstes Hindernis auftaucht, besteht die Gefahr, daß Sie im Handumdrehen zum Verlierer werden – dann nämlich, wenn Sie aufgeben und auf der Strecke liegen bleiben. Gewinner verfahren hier nach einer ganz klaren Strategie: Sie stehen wieder auf und treten erneut an. Egal was passiert.

10.5.8 Selbstvertrauen

Sicher ist Ihnen schon aufgefallen, daß Siegertypen ein unerschütterliches Selbstbewußtsein ausstrahlen. Woher kommt das? Gewinner haben das Prinzip des positiven Denkens und Handelns tief verinnerlicht. Sie haben ihre Ziele nicht nur klar vor Augen, sondern sie sind auch überzeugt, daß sie diese auch erreichen. Wer weiß, daß er erreichen wird, was er sich vorgenommen hat, kann viel lässiger an die Sache herangehen als jemand, der in seinem tiefsten Innern zweifelt und Angst hat.

Eine gute Methode, sich ein gesundes Selbstvertrauen zu erwerben, besteht darin, sich bildhaft vorzustellen, man hätte sein Ziel bereits erreicht. Nehmen wir einmal an, Sie seien als Angestellter in Ihrem Unternehmen unglücklich und träumten davon, sich selbständig zu machen. Stellen Sie sich immer wieder intensiv vor, wie es wäre, wenn Sie bereits selbständig wären. Malen Sie sich möglichst detailliert aus, wie Sie Ihr Geschäft aufbauen, welches Auto Sie fahren und wieviel Geld Sie verdienen werden. Mit dieser inneren Wunschpersönlichkeit vor Augen werden Sie jede sich bietende Chance schnell erkennen. Gleichzeitig wächst allerdings auch der Grad an Unzufriedenheit über Ihre derzeitige Situation. Dies ist im Sinne der Erfolgsphilosophie als positiv zu werten, da es Ihre Motivation und Kraft steigern läßt, dem Wunschdenken Taten folgen zu lassen.

10.5.9 Kompetenz

Daß Neueinsteiger an der Börse große Gewinne machen, passiert sehr selten, auch wenn gerade Anfänger gerne davon träumen. Vor der Erzielung von Börsengewinnen stehen Lernen und Erfahrungen sammeln auf dem Programm. Daran kommt niemand vorbei. Wer ein Star werden will, muß das Einmaleins seines Fachgebiets restlos beherrschen.

An der Börse gilt dies für alle in den vorangegangenen Kapiteln aufgeführten Punkte. Wer Handelssysteme auf der Grundlage technischer Indikatoren konzipiert, muß genau wissen, wann ein Indikator funktioniert und warum und in welchen Situationen er versagt. Halbwissen und ungenügende Kompetenz können zu verhängnisvollen Fehlern führen. Wer fundamentale Überlegungen in seinen Spekulationsplan einbindet, muß ein tiefes Verständnis für wirtschaftliche Zusammenhänge entwickelt haben. Besonders risikofreudige Spekulanten, die Optionsscheine kaufen oder Termingeschäfte tätigen, müssen die betreffenden Derivate in- und auswendig kennen, denn sonst werden sie irgendwann ein Waterloo erleben. Diese Aufzählung ließe sich beliebig fortsetzen, doch Sie erkennen den roten Faden: Kompetenz ist gefragt.

10.5.10 Informiert sein

Exakte, vollständige und richtige Informationen zu besitzen ist ein wesentlicher Aktivposten von Gewinnern. Wohl in keinem anderen Tätigkeitsfeld kommt es außerdem so sehr darauf an, diese Informationen so schnell wie möglich zu haben wie an der Börse. Eine unerwartete Zinserhöhung des Federal Reserve Board kann Rentenkurse in die Tiefe jagen und den US-Dollar in die Höhe katapultieren; die Nachricht über einen Großauftrag läßt die Aktienkurse des betreffenden Industrieunternehmens steigen usw.

Für die technischen Analysten sind die Kurse und Umsätze an sich die wesentliche Informationsquelle. Wer erst zwei Tage später erfährt, daß wichtige Unterstützungslinien durchbrochen wurden, hat schnell ein paar Mark umsonst verloren.

Neben den aktuellen Börseninformationen trachten Gewinner auch danach, ständig ihr Fachwissen zu erweitern und zu vertiefen. Dabei ist die Lektüre von guten Büchern wichtiger als das regelmäßige Lesen von Zeitschriften. Um den gelesenen Inhalt möglichst rationell zu verarbeiten, bedient man sich am besten der **ÜFLFÜ-Methode:**

Ü = Überfliegen des Lesestoffs, bevor man ihn liest (z. B. Inhaltsverzeichnis, Vorwort, Zusammenfassung).

F = Fragen, was enthalten sein könnte. Dies fördert die Konzentration und die Motivation des Lesers.

L = Lesen und dabei die Hauptidee herausfinden. Dabei werden Schlüsselstellen unterstrichen oder farbig markiert und Tabellen und Abbildungen besonders intensiv betrachtet.

F = Festhalten in eigenen Worten, was gelesen wurde. Randnotizen sind gut, Exzerpte (stichwortartige Zusammenfassung des Wesentlichen) sind besser.

Ü = Überprüfen des eigenen Gedächtnisses einige Stunden oder Tage später. Hierbei kommt es auf die richtigen Zeitabstände an. So behält man einen bestimmten Lernstoff bei zwölfmaliger Wiederholung an zwei aufeinanderfolgenden Tagen zu 50 %, bei zweimaliger Wiederholung an zwölf aufeinanderfolgenden Tagen jedoch zu 90 % (Jost'sches Gesetz).

10.5.11 In der Gegenwart leben

Thomas Carlyle sagte einmal: „Unsere Hauptaufgabe ist nicht zu erkennen, was unklar in weiter Entfernung liegt, sondern zu tun, was klar vor uns liegt.“ Dieses Prinzip empfiehlt auch *Dale Carnegie* seinen Lesern und Kursteilnehmern. Er empfiehlt, Vergangenheit und Zukunft mit eisernen Türen auszuschließen und in „fest abgeriegelten Tagesfächern“ zu leben. Es ist viel fruchtbarer, ganz bewußt in der Gegenwart zu leben, statt sich über die Zukunft zu sorgen oder sich Luftschlösser in ferner Zukunft zu erträumen.

Ein sehr erfolgreicher Banker hatte in seinem Garten einen großen Marmorstein stehen mit der eingemeißelten Inschrift „Carpe diem". „Ergreife den Tag" heißt das und bedeutet, jeden Tag das menschenmöglichste aus den 24 Stunden herauszuholen. Wer jeden Morgen mit dem festen Entschluß aufsteht, dies zu tun, wird auf der Erfolgsleiter schneller emporsteigen.

An der Börse kann das beispielsweise bedeuten, daß man seine Einschätzung der künftigen Börsenentwicklung ohne mentale Probleme plötzlich und radikal ändern kann. Das ist leichter gesagt als getan, denn verschiedene psychologische Gesetzmäßigkeiten (siehe Kapitel 2) hindern den Spekulanten in aller Regel daran, so zu verfahren. Börsianer, die ganz bewußt in der Gegenwart leben, haben damit hingegen keine Probleme: „Was kümmert mich mein Geschwätz von gestern?"

Um an dieser Stelle der Gefahr eines Mißverständnisses vorzubeugen: Das In-der-Gegenwart-Leben hat nichts mit Kurzsichtigkeit zu tun. Im Gegenteil: Ohne einen gewissen Weitblick kommen Spekulanten nicht aus. Das ist wie beim Autofahren: Wenn man unmittelbar vor die Motorhaube blickt, wird man Hindernisse nicht rechtzeitig erkennen. Nur wer hundert, zweihundert Meter in die Ferne schaut, kann flüssig fahren und frühzeitig reagieren.

10.5.12 Verbündete suchen

Henry Ford formulierte dieses Erfolgsprinzip sehr griffig:

„Zusammenkommen = ein Anfang;
Zusammenbleiben = Fortschritt;
Zusammendenken = Einheit;
Zusammenarbeiten = Erfolg."

Damit Sie Ihre Ziele erreichen, brauchen Sie die Hilfe von anderen Menschen. Kooperieren Sie mit ihnen, anstatt isoliert von ihnen oder sogar gegen sie zu arbeiten. *Napoleon Hill* empfiehlt seinen Lesern, sich mit einer so großen Gruppe von Leuten zu verbinden, wie Sie diese zur Ausarbeitung Ihrer Pläne zu gebrauchen glauben. Auf diese Weise ziehen Sie aus den Erfahrungen, Kenntnissen, Talenten und der Phantasie der anderen Personen Vorteile und bringen im Gegenzug Ihre eigenen Fertigkeiten in den „Gehirntrust“ ein.

In unserer Wettbewerbsgesellschaft wird oft übersehen, daß Zusammenarbeit viel mehr motiviert als Konkurrenz. An der Börse kann ein Zusammenarbeiten verschiedener Spekulanten besonders fruchtbar sein: So kann durch Arbeitsteilung eine bessere und umfangreichere Marktbeobachtung realisiert werden, können sich Techniker und Fundamentalisten sinnvoll ergänzen, kombinieren gute Einsteiger und gute Aussteiger ihre Signale zu einer optimalen Handelsstrategie.

Ganz wichtig ist ein funktionierendes **Informationsnetz.** Wer über gute Kontaktleute einen heißen Draht zu den Aktien und Märkten hat, wo gerade die Musik spielt (z. B. das Goldgräberland Osteuropa), bekommt sehr viel mehr Chancen geboten als ein in sich gekehrter Börsianer, der sich nur um deutsche Standardwerte kümmert.

10.5.13 Disziplin

Besonders, wenn der Weg zum Ziel lang und steinig ist und dem potentiellen Gewinner Verlockungen begegnen, die ihn vom Weg abbringen können, hängt alles von einer Charaktereigenschaft ab: Disziplin.

Für das glatte Börsenparkett gilt dies in ganz besonderem Maße. Der Erfolg eines Spekulationsplans hängt wesentlich davon ab, ob man bei den am Anfang für gut befundenen strategischen und taktischen Regeln bleibt. Wer sich dazu entschlossen hat, nur rationale Faktoren für sein Kaufen, Verkaufen, Halten und Meiden gelten zu lassen, ist noch lange nicht gegen emotionelle Einflüsse gefeit. Ihnen zu widerstehen braucht es immer wieder Disziplin. Hier ist auch der tiefere Sinn von mechanischen Handelssystemen und strikten Geldmanagement-Regeln zu sehen: Sie erziehen den Spekulanten zwangsläufig zu einer Handelsdisziplin, die er sonst nur schwer aufbringen würde.

10.5.14 Selbstkritik

Die Entfaltung einer Erfolgspersönlichkeit geschieht nicht in einem Rutsch. Sie vollzieht sich in mehreren aufeinanderfolgenden Stufen:

An erster Stelle steht die Selbstbeobachtung. Wie reagieren Sie auf Bedrohung? Wie agierten Sie bisher an der Börse, was wollen Sie daran ändern, und welche neuen Verhaltensmuster (erwünschte oder unerwünschte) stellen Sie an sich selbst fest?

Als nächstes müssen Sie ehrliche Selbstkritik üben. Nur wenn Sie merken, daß Ihr Verhalten verbesserungsbedürftig ist, können Sie es verbessern. Lügen Sie sich bei dieser Selbstkritik nicht in die eigene Tasche. Rechtfertigungen dienen zwar dazu, vor sich selbst gut dazustehen, aber sie versperren auf dem Weg zum Erfolg den Sprung über die nächste Hürde. Gehen Sie nicht nur mit sich selbst ins Gericht, sondern lassen Sie auch die Kritik anderer auf sich einwirken. Wenn es sich um qualifizierte und konstruktive Kritik handelt, sollten Sie dafür dankbar sein. Jeder Fehler, aus dem Sie lernen, bringt Sie dem Ziel ein Stückchen näher.

Was bedeutet dies in Bezug auf die Börsenspekulation? Ein selbstkritischer Spekulant weiß, welches Temperament er hat und ist sich der daraus resultierenden Stärken und Schwächen bewußt. Er strebt insbesondere danach, seine Schwächen zu bekämpfen. Der Choleriker versucht, Hektik zu vermeiden und sich nicht durch spontane Einflüsse zum Handeln bewegen zu lassen. Der Sanguiniker erkennt seine eigene Sorglosigkeit als Gefahr und setzt sich als Schutz davor strenge Stop-Loss-Marken. Der eigenbrötlerische Melancholiker sucht aktiv den Meinungsaustausch mit anderen Marktteilnehmern und trachtet danach, nicht mehr so stark an Aktien oder Prinzipien festzuhalten. Der Phlegmatiker wird sich bemühen, rascher Entscheidungen zu treffen und sich weniger von emotionalen Sicherheitsbedürfnissen bestimmen lassen; außerdem wird er die Höhe seiner Liquiditätsreserve eher an strategischen, rationalen Entscheidungskriterien ausrichten.

Ein aufmerksamer und selbstkritischer Spekulant weiß auch, vor welchen Dingen er in Bezug auf Spekulation und Börse am meisten Angst hat und kennt seine intuitiven Angst-Vermeidungsstrategien. Weil er sich dieser psychologischen Mechanismen bewußt ist, kann er unangemessene Verhaltensweisen weitgehend vermeiden.

11. Strategische Vermögensplanung

In diesem Kapitel geht es um die effiziente und umfassende Organisation aller strategischen und taktischen Handlungen zu einem generalstabsmäßigen Spekulationsplan und um die Einbindung dieses Plans in Ihre langfristige Vermögensplanung. Die Entscheidung über die Relation des zu Spekulationszwecken zur Verfügung stehenden Kapitals zum vorhandenen Gesamtvermögen hat grundsätzlichen Charakter und sollte getroffen werden, ehe Sie sich mit Einzelheiten des Spekulationsplans auseinandersetzen.

11.1 Analyse der individuellen Situation

Es wurde bereits mehrfach betont, daß Spekulationen nur mit „freiem" Kapital, dessen Verlust Sie zur Not verschmerzen können, getätigt werden sollten. Wie hoch die Summe im Einzelfall sein kann, hängt von Ihrer ganz individuellen Lebenssituation – wozu auch die Bedürfnisse Ihrer Familienmitglieder zählen – ab.

Die strategische Vermögensplanung analysiert und plant die gesamte individuelle Situation, die zu diesem Zweck in Vermögensverhältnisse, Eingaben und Ausgaben sowie berufliche und familiäre Situation unterteilt wird.

Am Anfang jeder strategischen Vermögensplanung steht die Bestandsaufnahme. Sie müssen wissen, wo Sie stehen. Ihre individuelle Situation wird bestimmt durch die Höhe und Verteilung Ihres Vermögens, durch die Höhe Ihres Einkommens, durch Ihre laufenden Ausgaben, durch Ihre berufliche und familiäre Situation sowie durch steuerliche Einflüsse. Analysieren Sie Ihren individuellen Standort anhand der folgenden Kriterien!

11.1.1 Vermögensverhältnisse

Die Vermögensstrukturierung erfolgt anhand einer privaten Bilanz: Auf der Aktivseite stehen Wertpapiere, Immobilien, Beteiligungen und sonstiges, auf der Passivseite befinden sich das Eigenkapital und das kurz- und langfristige Fremdkapital.

- Private Aktiva:
  - Giro- und Festgeldkonten im In- und Ausland,
  - Sparkonten,
  - Sparpläne und Investmentsparpläne, ggf. mit Versicherungsschutz,
  - Wertpapiere: Aktien, Renten, Investmentanteile,
  - Vermögensverwaltungsverträge,
  - Banksafes: Wertpapiere in Eigenverwahrung, Geld, sonstige Wertgegenstände,
  - Bausparverträge,
  - Lebensversicherungen,
  - sonstige Forderungen,
  - Beteiligungen an Handelsgesellschaften,
  - selbstgenutzte Immobilien,
  - vermietete Immobilien.

Bei dem Erwerb einer vermieteten Immobilie stellt die Rentabilitäts- und Liquiditätsanalyse die Basis dar. Da es sich bei Anlagen dieser Art kaum jemals um Spekulationen im engeren Sinne handeln dürfte, sind sie nicht Gegenstand dieses Buches. Das gleiche gilt für Bausparverträge, Lebensversicherungen und steuerbegünstigte Anlagen (z. B. geschlossene Gewerbe-Immobilienfonds, Leasingfonds, unternehmerische Beteiligungen, Immobilien-Modernisierungsfonds und Schiffsbeteiligungen).

- Private Passiva:
  - Kontoüberziehung
  - Konsumentenkredite
  - Hypotheken
  - Grundschulden
  - private Darlehen
  - Bürgschaften
  - Unterhaltszahlungen

11.1.2 Einnahmen und Ausgaben

Ebenso wie eine private Bilanz kann auch eine private Gewinn- und Verlustrechnung aufgestellt werden. Sie stellt eine gute Basis für die Planung des Vermögensaufbaus dar. Auf der Ausgabenseite stehen Lebenshaltung, Zinsen und Tilgung von Darlehen, Versicherungen, Steuern sowie Rückstellungen für besondere Anschaffungen (z. B. neues Auto) bzw. Unvorhergesehenes.

Die **Ertragsseite** der Gewinn- und Verlustrechnung gliedert sich in die sieben Einkommensarten auf:

- Einkommen aus Land- und Forstwirtschaft,
- Einkommen aus nichtselbständiger Arbeit (incl. Rente und Pension),
- Einkommen aus Gewerbebetrieb,
- Einkommen aus selbständiger Arbeit,
- Einkommen aus Kapitalvermögen,
- Einkommen aus Vermietung und Verpachtung,
- Sonstiges Einkommen (z. B. aus Spekulationsgeschäften, Leistungen, Leibrenten und anderen wiederkehrenden Bezügen / Unterhaltsleistungen).

Die **Aufwendungen** lassen sich unterteilen in die laufenden Ausgaben und Rückstellungen:

- Laufende Ausgaben (monatlich, vierteljährlich, jährlich oder unregelmäßig):
  - Ausgaben für den allgemeinen Lebensunterhalt,
  - Miete, Heizung, Strom, Gas, Wasser, Telefongebühren,
  - Zins- und Tilgungsleistungen für in Anspruch genommene Kredite,
  - Versicherungen,
  - Steuern.

- Rückstellungen für beabsichtigte Anschaffungen:
  - neues Auto,
  - Urlaubsreise,
  - Wohnungseinrichtung,
  - Haushaltsgeräte (z. B. Waschmaschine, Kühlschrank),
  - Renovierungsarbeiten am Haus,
  - Ausbildung der Kinder,
  - Pflege von Angehörigen,
  - Rechtsstreitigkeiten,
  - Steuernachzahlungen,
  - Notfälle (z. B. größere ärztliche Behandlungen).

11.1.3 Berufliche Situation

Wenn Sie in einem abhängigen Arbeitsverhältnis stehen:

- Ist Ihr Arbeitsplatz gesichert?
- Müssen Sie mobil sein?
- Welche finanziellen Perspektiven sehen Sie für Ihr Arbeitsverhältnis in der Zukunft?
- Welche Veränderungen würden ein Karrieresprung oder ein Wechsel des Arbeitgebers mit sich bringen?
- Wollen Sie sich in nächster Zeit selbständig machen?

Wenn Sie selbständig sind oder einen Gewerbebetrieb haben:

- Ist Ihr Betrieb solide finanziert?
- Arbeitet Ihr Betrieb mit Gewinn?
- Bestehen besondere Risiken rechtlicher, konjunktureller, allgemeiner oder spezieller Art?
- Haften Sie mit Ihrem privaten Vermögen? Welche Vermögenswerte sind verpfändet oder abgetreten?
- Sind Ihre Geschäftspartner zuverlässig?
- Wieviel fließt Ihnen als Gehalt bzw. Privatentnahmen zu?
- Müssen Sie demnächst Investitionen größeren Umfangs tätigen?
- Werden Sie eventuell private Geldmittel einschießen müssen, um den Geschäftsbetrieb aufrecht erhalten zu können?

Dies sind nur einige aus der Vielzahl von Möglichkeiten, die ein selbständiger Geschäftsmann bedenken muß.

11.1.4 Private und familiäre Situation

Bahnen sich Veränderungen in bezug auf Ihren Familienstand an? Welche rechtlichen und finanziellen Konsequenzen ergeben sich daraus direkt (z. B. andere Steuerklasse, Unterhaltsverpflichtungen) oder indirekt (Änderung der Lebensumstände, andere Wohnsituation)?

Welchen Aufwand an Zeit, Kraft und Geld sind Sie gewillt, für die materiellen Wünsche auf der einen Seite und für die ideellen Bedürfnisse (Familie, Hobbys, Kunst, usw.) auf der anderen Seite aufzubringen?

Werden Ihre Angehörigen bei beruflichen Veränderungen „mitziehen“?

Gegen welche Wechselfälle des Lebens haben Sie sich und Ihre Familie abgesichert?

- Lebensversicherungen
- Unfallversicherungen
- Arbeitsunfähigkeits- und lnvaliditätsversicherung
- Berufs- und Erwerbsunfähigkeitsversicherung
- Krankenversicherungen inklusive Zusatzleistungen (z. B. Krankenhaustagegeld, Genesungsgeld)

Wie sieht Ihre Altersversorgung aus?

- gesetzliche Rentenversicherung
- Pflegeversicherung
- betriebliche Altersversorgung
- Beamtenpension
- private Vorsorge

11.2 Der Spekulationsplan

Nachdem Sie auf der Basis der Analyse Ihrer individuellen Situation die Höhe des für Spekulationszwecke zur Verfügung stehenden Kapitals bestimmt haben, können Sie sich nun voll und ganz dem Spekulationsplan widmen. So wie ein Feldmarschall Angriffsstrategien und Verteidigungsstellungen vor dem Beginn der eigentlichen Schlacht plant und entwickelt, sollte auch ein Spekulant über den Einsatz seiner Mittel nachdenken und Strategien und Taktiken festlegen, bevor echtes Geld an der Börse investiert wird.

Natürlich ist das der Idealfall. Kaum jemand der erkennt, daß er sein Investitionsverhalten an der Börse grundlegend revidieren sollte, wird gerade keine Position haben. Im Gegenteil: Die meisten von Ihnen werden mittendrin sein im Geschehen, Aktien besitzen und eventuell sogar Kauf- und Verkaufslimite im Markt haben. In diesem Fall gibt es drei Möglichkeiten, Ihr bisheriges Spekulationsverhalten den neuen Erkenntnissen anzupassen:

1. Stellen Sie alle Positionen sofort glatt und fangen erst dann wieder an der Börse an, wenn Sie Ihren persönlichen Spekulationsplan entwickelt haben.

2. Machen Sie so weiter wie bisher und schalten Sie erst dann um, wenn Sie Ihre neuen Strategien und Taktiken entwickelt haben.

3. Schaffen Sie einen allmählichen Übergang und passen Sie Ihre Positionen allmählich den neuen Erkenntnissen an.

Es ist Mentalitätssache, welchen der Wege Sie beschreiten wollen. Ich persönlich plädiere für die dritte Möglichkeit. Zum einen ersparen Sie sich unnötige Transaktionskosten, wie sie bei der Variante 1 zwangsläufig durch den Verkauf aller Positionen entstehen würden, und zum anderen bekommen Sie nicht die Probleme, die bei Variante 2 auftreten, nämlich die zunehmende Diskrepanz zwischen Ihrem alten, tatsächlich verfolgtem Spekulationsverhalten und den neuen Erkenntnissen.

11.2.1 Festlegung der Ziele

Sie müssen wissen, was Sie wollen. Im Sinne des Spekulationsplans sind damit vor allem die angestrebte Rendite und das dafür in Kauf genommene Risiko gemeint. Außerdem sollte klar sein, wie Sie mit den steuerlichen Rahmenbedingungen umgehen – ob Sie grundsätzlich eine Haltedauer der Position von sechs Monaten und mehr anstreben oder nicht.

Zu einer guten Planung gehört auch die Zeit, die Sie für Ihre Spekulationen aufwenden können oder wollen. Davon hängt die Eignung bestimmter Strategien und Taktiken in nicht unwesentlichem Maße ab. Spekulationspläne gibt es nicht als Standardware; deshalb werden Sie auch keine vorgefertigten Checklisten finden. Wenn Sie an der Börse dauerhaft erfolgreich sein wollen, so muß der Spekulationsplan auf Sie ganz persönlich zugeschnitten sein – auf Ihren Zeithorizont, Ihre Risikobereitschaft, die Größe Ihres Vermögens und Ihre Mentalität. Die Erstellung des Spekulationsplans ist durchaus mit dem Kauf eines Maßanzugs zu vergleichen: Auch hier bestimmen viele Parameter das Endergebnis: Schnitt, Stoff, Muster, Stil, Accessoires – alles muß auf Sie persönlich zugeschnitten sein.

11.2.2 Auswahl der Prognosemethoden

Die Prognosemethoden, die Sie für die Einschätzung der Chancen und Risiken der in Aussicht genommenen und eingegangenen Positionen anwenden, sollten sich grundsätzlich nach Ihren Kenntnissen und Fertigkeiten richten. Dabei sollten Sie allerdings den Zeithorizont ins Kalkül ziehen. Wenn Sie fundamental orientiert sind und beispielsweise Branchentrends gut einschätzen können, eignet sich vor allem ein längerfristiger Erwartungshorizont. Kurzfristige Kursschwankungen werden Sie mit dieser Methode dagegen kaum in den Griff bekommen. Diese lassen sich eher mit Hilfe der Technischen Analyse meistern.

Verlassen Sie sich nur dann auf Ihre eigenen Prognossen, wenn Sie die angewandten Methoden gut beherrschen und mit dem Börsenhandel vertraut sind. Sonst werden Sie unweigerlich Lehrgeld bezahlen. Wenn Sie unsicher sind, sollten Sie sich von fachkundigen Bankern beraten lassen.

11.2.3 Entwicklung von Handelssystemen

Eingefleischte technische Analysten, die ein Faible für entsprechende Analysesoftware haben, werden sich der Faszination von Computer-Handelssystemen nur schwer entziehen können. Setzen Sie es sich zum Ziel, Handelssysteme zu entwickeln, die auf Ihre Strategie zugeschnitten sind und dabei doch möglichst viele Freiheitsgrade haben. Nehmen Sie sich viel Zeit, die Handelssysteme intensiv auf viele Zeitreihen und einen langen Zeitraum zu testen. Es ist wichtig, daß Sie von der Funktionstüchtigkeit Ihres Systems voll und ganz überzeugt sind. Nur dann bringen Sie erfahrungsgemäß die Disziplin auf, auch in temporären Verlustphasen – die bei allen Handelssystemen auftauchen können – durchzuhalten. Denn wenn Sie unsicher sind, werden Sie möglicherweise im schlechtesten Moment das Handtuch werfen.

11.2.4 Risikomanagement

Denken Sie stets an das Risiko, dem jede einzelne Position wie auch das gesamte Portfolio ausgesetzt sind. Überprüfen Sie regelmäßig, ob Ihr Portfolio im Sinne der Risiko-/Ertragsrelation optimal ist. Diese Forderung gilt unabhängig von der Art Ihres Spekulationsplans – ob Sie ein Anhänger der Modernen Portfoliotheorie sind und nach dem Top-down-Ansatz der Asset Allocation vorgehen, oder ob Sie ein professionelles Geldmanagement auf der Basis ausgereifter Handelssysteme betreiben. Wenn Sie technisch orientiert sind, so müssen die Trends, Unterstützungs- und Widerstandslinien sowie die Indikatoren-Signale laufend überprüft werden, am besten durch eine weitgehende Automatisierung der Analyse-Prozeduren mit Hilfe einer guten Börsensoftware.

11.3 Anlageberatung und Vermögensverwaltung

11.3.1 Der Bankberater – Anspruch und Wirklichkeit

Die Qualität der Betreuung durch einen Bankberater ist in erster Linie von dessen Persönlichkeit abhängig. Auch das gewählte Kreditinstitut hat eine Bedeutung, aber sie ist zweitrangig.

Das Beratungsumfeld wird von der Bank vorgegeben. Die Höhe der Gebühren, Spesen und Provisionen sind in aller Regel im Gebührentableau fest vorgegeben. Dabei kann der Kunde inzwischen häufig zwischen mehreren Gebühren-/Beratungsmodellen wählen.

Ganz wichtig ist es für Sie als Kunde zu wissen, was der Berater darf, soll und muß.

Darf er seine Kunden in allen Produkten und Kapitalmarktinstrumenten beraten, oder sind ihm von seinem Arbeitgeber Schranken auferlegt? In einigen Banken haben die Berater unterschiedliche Kompetenzen: Die einen dürfen nur inländische Standardaktien empfehlen oder nur bestimmte, von der Konzernzentrale vorgeschriebene Werte. Höher qualifizierte Mitarbeiter dürfen auch in Auslandsaktien beraten, sind aber unter Umständen dazu gezwungen, die Bankmeinung zu vertreten, obwohl sie persönlich vielleicht eine ganz andere Einschätzung haben. Nur ganz bestimmte, hochqualifizierte Berater dürfen schließlich Beratungen in derivativen Produkten wie Optionsscheinen, Optionen und Futures vornehmen. Da der einzelne Berater seine begrenzte Kompetenz nur ungern zugibt, sollten Sie im Zweifelsfall danach fragen, damit Sie wissen, woran Sie sind.

Die Gründe für diese strikten Abgrenzungen liegen in den stark zunehmenden Anforderungen an die Beratungsqualität, der erweiterten Beratungshaftung und den tendenziell anlegerfreundlicher werdenden Gerichtsurteilen (Zahlung von Schadenersatz bzw. Erstattung von Kursverlusten infolge falscher Beratung) im Streitfall.

Aus Sicht der meisten Kreditinstitute sollte ein Anlageberater in erster Linie ein Verkäufer sein. Er bekommt mehr oder weniger strikte Zielvorgaben in den folgenden Bereichen:

- Verkauf bankeigener Produkte (eigene Schuldverschreibungen, eigene Investmentfonds, aber auch Lebensversicherungen, Bausparverträge, Konsumentenkredite usw.),

- Erzielung von Provisionseinnahmen durch Depotumschichtungen,
- Plazierung von Neuemissionen im Aktien- und Rentenbereich,
- Durchführung von zentral gesteuerten Verkaufsaktionen (dieser Monat: Lebensversicherungen; nächster Monat: Bausparverträge),
- Akquisition neuer Kunden.

Wer diese beruflichen Anforderungen eines Vermögensberaters kennt, wird sich natürlich fragen, ob eine objektive, auf die spezifischen Bedürfnisse des Kunden abgestellte Beratung in diesem Umfeld überhaupt möglich ist. Besonders die Verkaufsaktionen und die Plazierung überteuerter Aktien-Neuemissionen (bei denen es zwischen 1990 und 1994 nur selten etwas zu verdienen gab) zwingen die Berater geradewegs dazu, ihren Kundenstamm immer wieder durchzugehen und zum Telefonhörer zu greifen, um ihr Plansoll zu erfüllen. Diese Vorgaben sind oft so hoch gesteckt, daß man sich schon ziemlich anstrengen muß, um sie zu erreichen. Ein überdurchschnittlich guter Verkäufer wird gelegentlich belohnt – vor allem aber wird die Meßlatte im kommenden Jahr höher gehängt.

Mitglied im Konsortium einer Neuemission zu sein, ist für die Banken ein lukratives und prestigeförderndes Geschäft. Deshalb wird die Plazierung neuer Aktien in den Kundendepots besonders gefördert und gefordert. Entsprechend groß ist der Druck auf die Berater, die Zielvorgaben zu erreichen. Da ist natürlich jede Verkaufshilfe hoch willkommen. Vor allem dienen optimistische Studien über den neuen Aktienwert, der die Zukunft des Unternehmens in rosigen Farben schildert, dazu, die Stimmung in der Kundschaft kräftig anzuheizen.

Neuemissionen haben bei manchen großen Kreditinstituten eine so hohe Priorität, daß sie grundsätzlich bullish sind für den deutschen Aktienmarkt. Sie erreichen dies z. B. dadurch, daß die Wertpapieranalysten zwar negative Studien schreiben dürfen, die Veröffentlichung von Verkaufsempfehlungen jedoch oft genug verhindert wird. Der Hintergrund für diese gezielte, aber nicht unbedingt objektive Praxis liegt unter anderem in den mächtigen Konsortialabteilungen, denn die neuen Aktien lassen sich bei einer (gewollt) positiven Börsenstimmung leichter in den Kundendepots und im Ausland plazieren. Auch die Bereitschaft beim Mitmachen von Kapitalerhöhungen ist dann eher vorhanden.

Ein wesentliches Ziel des angestellten Anlageberaters ist es, durch Depotumschichtungen Provisionen für die Bank einzunehmen. Das ist nicht negativ zu verstehen, denn die Kreditinstitute stellen ja ihren gesamten

Apparat mit allen möglichen Dienstleistungen dem Kunden zur Verfügung, und die Gehälter der Angestellten müssen ja bezahlt werden. Es kommt jedoch wesentlich darauf an, auf welche Weise die Provisionseinnahmen erzielt werden. Auf lange Sicht gesehen ist es sowohl für die Bank als auch für den Kunden am besten, wenn eine gute Beratung einen zufriedenen Kunden hervorbringt, der nach seinen individuellen Bedürfnissen richtig betreut wird und der Bank langfristig die Treue hält. Dieser positive Beratungsansatz nimmt in der Praxis allerdings tendenziell immer mehr ab. Verantwortlich dafür sind der steigende Verkaufsdruck und das systembedingte Karrieredenken bei den meisten Banken. Nur wenige Berater bleiben länger als 4 Jahre auf dem gleichen Posten in derselben Filiale. Dann ist der nächste Karriereschritt fällig, der meistens mit einem höheren Verantwortungsbereich, einem anspruchsvolleren (weil durchschnittlich vermögenderen) Kundenstamm sowie einem Ortswechsel verbunden ist. Es versteht sich von selbst, daß eine solche Beförderung vor allem von dem Verkaufstalent des Beraters und der Höhe der von ihm erzielten Provisionen abhängt. Aus dieser beruflichen Perspektive der Mehrzahl der Anlageberater ist es verständlich, warum auf wirklich langfristige, persönliche Kundenbeziehungen nicht der Wert gelegt wird, der ihnen eigentlich zukommen sollte.

Letzten Endes hängt die Qualität der Beratung vor allen Dingen vom Berater selbst ab, von seiner beruflichen und persönlichen Qualifikation. Selbst im Großbankenapparat mit den erwähnten negativen Rahmenbedingungen gibt es genug gestandende Berater, die eine sehr gute Arbeit – gerade auch im Interesse ihrer Kunden – leisten. Ein guter Kundenberater weiß, wann er sich über die Vorgaben und Arbeitsanweisungen im Einzelfall hinwegsetzen darf, indem er z. B. bestimmten Kunden keine Lebensversicherungen anbietet und andere Klienten bei der Ansprache bezüglich Neuemissionen ausspart. Diese Berater sind Menschen, die genau wissen, daß vor allem der zufriedene Kunde einen langfristigen Erfolg bedeutet.

Hinsichtlich der fachlichen und persönlichen Qualifikation gibt es große Unterschiede. Ein wesentliches Kriterium ist die Berufserfahrung. Wer direkt von der Lehre, dem Studium, oder einem börsenfernen Arbeitsplatz in die Wertpapierberatung gesetzt wird, mag zwar hochmotiviert sein, verfügt aber in der Regel über wenig Erfahrung. Doch Vorsicht vor Verallgemeinerungen! Unter den jungen, gut ausgebildeten Leuten gibt es so manchen Berater, der seine mangelnde Börsenerfahrung mit guten

Analysemethoden, großem Interesse und strenger Disziplin kompensieren kann und am Kapitalmarkt erfolgreicher ist als mancher alter Hase.

Die wichtigste **fachliche Qualifikation** eines Kundenbetreuers ist die Fähigkeit, sich auf den Kunden richtig einzustellen und seine Bedürfnisse richtig zu erkennen und zu befriedigen. Speziell beim Wertpapierberater kommt ein besonderes Gespür bezüglich der Chancen und Risiken an den Finanzmärkten hinzu; wer hier einen guten „Riecher" hat, ist eigentlich unbezahlbar.

Unter den **persönlichen Qualifikationen** sind Aufrichtigkeit und Ehrlichkeit unverzichtbar. Wer als Berater einen Fehler zugibt, offenbart nicht Schwächen, sondern beweist Stärke. Der einfachere und öfter begangene Weg besteht darin, Ausreden zu suchen, die Schuld auf andere zu schieben oder zu hoffen, daß der Kunde nichts merkt (z. B. von einem Fehler in einer Abrechnung oder einem falschen Kurs). In guten Börsenzeiten, wenn alle Aktien Kursgewinne produzieren, ist die Anlageberatung sicher ein leichtes Geschäft. Anders in schlechten Zeiten: Viele Berater haben dann ein schlechtes Gewissen und neigen dazu, sich nur noch selten oder gar nicht mehr bei dem Kunden zu melden. Dabei sollte gerade das Gegenteil der Fall sein: In Krisenzeiten ist die regelmäßige Ansprache nämlich noch viel wichtiger.

Verallgemeinernd läßt sich sagen, daß eine Betreuung nur dann gut sein kann, wenn sie aktiv erfolgt, d. h. wenn die Initiative für ein Telefonat oder ein persönliches Gespräch vom Berater kommt – nicht immer, aber immer öfter.

11.3.2 Paßt Ihre Bank zu Ihnen?

Die Bank, bei der Sie Ihr Wertpapierdepot unterhalten und über die Sie Ihre Aktientransaktionen abwickeln, sollte zu Ihnen passen. Falls Sie besonderen Wert auf eine möglichst objektive Beratung legen, so sind vor allem unabhängige Privatbanken zu empfehlen. Diese haben in der Regel keine eigenen Kapitalanlagegesellschaften. Aus diesem Grund stehen die Berater nicht unter dem Zwang, ihren Kunden konzerneigene Fonds anzubieten, sondern haben die freie Auswahl aus der gesamten Fondspalette, die in Deutschland zum Vertrieb zugelassen ist. Da kleinere Privatbanken in der Regel auch keine Konsortialabteilungen unterhalten, werden sie ihren Kunden auch keine unattraktiven Neuemissionen anbieten.

Doch längst nicht alle Privatbanken sind wirklich unabhängig: Viele Institute sind inzwischen 100 %ige Tochtergesellschaften einer der Großbanken, oder sie haben einen in- oder ausländischen Mehrheitsaktionär, der mehr oder weniger die Geschäftspolitik mitbestimmt.

Um mit einer Privatbank in Kontoverbindung zu treten, müssen hohe Hürden überwunden werden: Das Mindestvolumen beträgt meistens zwischen 500.000 und 1 Million DM. Auch wenn Sie es mit 300.000 oder 400.000 DM gerade schaffen sollten, von einem dieser Edelinstitute betreut zu werden, ist dies nicht unbedingt ratsam. Während Sie nämlich bei der Privatbank ein „kleiner Fisch" sind, der eher passiv betreut wird, gehören Sie mit dem gleichen Depotvolumen bei einer Volksbank oder Sparkasse mit Sicherheit zu den bevorzugten und besonders hofierten Kunden. Auch bei den Konditionen können Sie dort viel eher etwas herausholen, als bei einer Bank, bei der Sie zum unteren Kundensegment zählen.

Von der Größe des Depotvolumens hängt es auch ab, ob Sie ein Anlageberater in einzelnen Aktien berät, oder ob er Ihnen eher zu Investmentfondsanteilen rät. Bei den Direktanlagen in Wertpapieren ist eine aktive Beratung und Betreuung eine unbedingte Voraussetzung für den dauerhaften Erfolg an der Börse. Die Kapazität der Bankberatung ist jedoch erfahrungsgemäß – vor allem bei den großen Filialbanken – begrenzt. In der Praxis ist sicherlich davon auszugehen, daß ein Berater im Durchschnitt mehrere hundert Kunden zu betreuen hat; auch bis zu 1.000 Kunden pro Berater sind kein Einzelfall. Da der Berater allenfalls einen Teil dieser Kunden ständig aktiv beraten kann, wird er versuchen, für bestimmte Zielgruppen die Beratung gewissermaßen zu „bündeln" und verstärkt die Angebote der Investmentbranche zu nutzen.

Da die in den Fonds enthaltenen Wertpapiere von erfahrenen Portfoliomanagern laufend überwacht und umgeschichtet werden, kann man Investmentfonds auch als „Vermögensverwaltungen im großen Topf" bezeichnen. Sie kann sich mithin aus der Sicht sowohl vieler Kunden als auch der Kreditinstitute als zweckmäßig und sachgerecht erweisen. Investmentfonds dienen in erster Linie der langfristigen Kapitalanlage. Als Vehikel für kurzfristige Trader sind sie – vor allem, wenn hohe Ausgabeaufschläge gezahlt werden müssen – eher ungeeignet.

11.3.3 Der bankenunabhängige Berater

Wer die vielfältigen Zwänge kennt, in denen ein Bankberater steckt, und von denen dieser sich wegen seines Abhängigkeitsverhältnisses zu seinem Arbeitgeber auch gar nicht befreien kann, wird möglicherweise die Dienste eines bankenunabhängigen Beraters in Anspruch nehmen wollen.

Hier gibt es ein weites Feld. Finanzdienstleister, Fondsboutiquen und Vermögensverwalter tummeln sich auf einem Markt, in dem leider auch viele unseriöse Anbieter sind. Zu den Angeboten der Finanzdienstleistungsbranche gehören:

- Baufinanzierungen
- Immobilien
- Steuersparmodelle
- Investmentfondsanteile
- Lebensversicherungen

In diesen Bereichen kennen sich die Anbieter oft sehr viel besser aus als die entsprechenden Bankberater. Das muß aber nicht zwangsläufig so sein, denn zu den schwarzen Schafen gehören nicht nur die Betrüger, sondern auch unerfahrene Leute, deren Beratungsfehler den Anleger oft viel Geld kosten.

Schauen Sie sich einen Finanzdienstleister genau an, bevor Sie mit ihm Geschäftsabschlüsse tätigen. Seien Sie besonders vorsichtig bei Strukturvertrieben, deren Berater mehrheitlich auf den schnellen Verkaufserfolg und hohe Provisionseinnahmen aus sind.

Bei der Verwaltung Ihres Vermögens stellt sich die Frage, ob Sie Ihr Vermögen selbst verwalten wollen oder diese Aufgabe oder Teile davon an einen professionellen Vermögensverwalter abgeben können. Diesbezüglich gibt es eine Vielzahl von Details zu bedenken, auf die der folgende Abschnitt näher eingeht.

11.3.4 Pro und contra Vermögensverwaltung

Eine Vermögensverwaltung ist geeignet für alle Kapitalanleger, die nicht die Möglichkeit, die Zeit oder auch die Lust haben, sich selbst laufend über die wichtigen Entwicklungen an den Kapitalmärkten zu informieren und sich einen hohen Informationsstand zu erhalten. Auch wenn Sie trotz eventuell vorliegender ausreichender Informationen nicht mit aller Konsequenz entscheidungsfreudig sind, um dieses Wissen gewinnbringend umzusetzen, ist die Beauftragung eines Vermögensverwalters sinnvoll. Nicht zuletzt haben professionelle Vermögensverwalter eine wesentlich geringere Anzahl von Kunden als der durchschnittliche Bankberater. Damit haben sie auch viel eher ausreichend Zeit für die individuellen Belange jedes einzelnen ihrer Kunden.

Vermögensverwaltung wird von den Banken, unabhängigen Gesellschaften und selbständigen Anlageexperten angeboten. Zwischen Vermögensverwalter und Kunde wird ein Vertrag abgeschlossen, in dem der Verwalter ermächtigt wird, nach bestem Wissen und freiem Ermessen einen Teil oder das gesamte Vermögen des Kunden eigenständig zu betreuen. Dabei kann der Kunde seinem Betreuer Grenzen hinsichtlich der Anlagepolitik setzen, Verfügungen und Kreditaufnahmen zu Lasten des verwalteten Kontos/Depots untersagen und auch das Vertragsverhältnis jederzeit kündigen. Es liegt auf der Hand, daß zwischen Vermögensverwalter und Kunden eine besonders hohe Vertrauensbasis bestehen muß.

Wenn Sie einen Verwaltungsauftrag erteilen wollen, sollten Sie Ihrem Betreuer einen möglichst offenen Einblick in Ihre gesamte Vermögenssituation gewähren. Ein guter Vermögensverwalter wird Sie von sich aus nach folgenden Informationen fragen:

- Wie hoch ist das Gesamtvermögen?
- Wie sieht die Vermögensstruktur aus (Aktien, Renten, Fonds, Immobilien, Edelmetalle)?
- Wie ist das Vermögen international gestreut?
- Wie hoch ist das Risiko, das Sie einzugehen bereit sind – sind Sie eher konservativ oder spekulativ veranlagt?
- Sind weitere Vermögensverwaltungen vorhanden, und welche Zielsetzungen verfolgen Sie?
- Welche steuerlichen Gesichtspunkte müssen berücksichtigt werden?

Je mehr Informationen der Betreuer zu Beginn seines Mandats erhält, um so besser kann er die Anlagestrategie auf Ihre individuellen Belange zuschneiden.

Die **Vergütung** kann sich nach verschiedenen Kriterien richten:

- Das übliche Verfahren ist das bestandsabhängige Honorar. Pro Jahr wird ein bestimmter prozentualer Anteil des verwalteten Vermögens (meistens 1 %) in Rechnung gestellt. Diese Art der Provisionierung fördert die Objektivität des Verwalters.
- Bei einer erfolgsabhängigen Vergütung, die sich nach dem Nettovermögenszuwachs richtet, wird der Verwalter angespornt, das Vermögen seines Klienten geschickt zu vermehren. Diese Regelung ist insbesondere dann für den Kunden günstig, wenn der Verwalter keine unnötig hohen Risiken eingeht und angefallene Verluste mit zukünftigen Gewinnen saldiert werden.
- Bei der Umsatzvergütung bekommt der Vermögensverwalter für jeden Wertpapierumsatz eine Provision, meistens in der Form einer Rückvergütung von der depotführenden Bank, mit der er für seine Klienten Sonderkonditionen ausgehandelt hat.

Der Nachteil bei der umsatzabhängigen Provision liegt auf der Hand: Der Verwalter wird dazu verleitet, eine Vielzahl von Wertpapierumschichtungen vorzunehmen, obwohl dies nicht nötig oder noch nicht einmal ratsam wäre. Dies gilt übrigens auch für die meisten Angestellten von US-Brokern, deren Gehalt zu einem hohen Teil erfolgsabhängig ist.

Natürlich wollen Sie Ihr Vermögen in die Hände eines erfolgreichen Verwalters geben und nicht in die Obhut eines Verlierers.

Vermögensverwalter, die mit der Masse schwimmen, erzielen selten einen höheren Ertrag, als ohne Informationskosten einfach durch Kauf eines repräsentativen Wertpapieres erreicht wird. Erfolgreiche Vermögensverwalter verfügen hingegen über rasche und treffsichere Informationen, ein hohes Maß an Disziplin und verfolgen eine stimmige, auf den Kunden abgestimmte Strategie. Eine überdurchschnittliche Wertentwicklung kann ein professioneller Verwalter in der Regel nur dann erzielen, wenn er möglichst weit von der Masse seiner Konkurrenten hinsichtlich Systematik, Prognosemethoden oder Disziplin abweicht.

Nicht zu empfehlen ist die Dienstleistung „Vermögensverwaltung“ allen denjenigen Kapitalanlegern, die großes Interesse an einer ständigen Kommunikation mit ihrem Anlageberater und an einer regelmäßigen Einflußnahme auf die Anlageentscheidungen haben.

Wenn neben Wertpapieren auch Immobilien, Versicherungen, steuerbegünstigte Anlagen aller Art und Unternehmensbeteiligungen verwaltet werden sollen, spricht man auch von einer **ganzheitlichen Vermögensverwaltung.** Sie setzt eine besonders hohe Fachkompetenz in den verschiedenen Gebieten voraus.

Die ganzheitliche Vermögensverwaltung steht im Kontrast zu der herkömmlichen Methode, die juristischen und steuerlichen Belange in die Hände des bewährten Hausanwaltes und des Steuerberaters zu geben, und die Vermögenswerte mehreren Beratern und Banken in Teilen anzuvertrauen. Diese „Dezentralisierung" erweist sich in der Praxis meistens als unbefriedigend, denn oft neutralisieren sich die Dispositionen der verschiedenen Vermögensverwalter. Vor allem kommt jedoch die Vermögensstrukturierung zu kurz, denn die einzelnen Berater haben immer nur den ihnen übertragenen Teilbereich im Auge. Auch kennen sie die steuerlichen und juristischen Gegebenheiten des Kunden in der Regel nur oberflächlich.

11.3.5 Family Office

Hier setzt die Idee des „Family Office" an. Dabei handelt es sich um eine ganzheitliche Form der Betreuung aus einer Hand. Die strategische Beratung und das Anlagekonzept umfassen die Vermögensstrukturierung (Asset Allocation), die Liquiditätsplanung (Einnahmen und Ausgaben), die Steuerberatung und -planung, die Berücksichtigung juristischer Fragen, die Organisation der Vermögensverwaltung, die Auswahl und Kontrolle externer Fachpartner, notwendig werdende Dispositionen und Umschichtungen sowie die Verwaltung und Gesamtkontrolle der Vermögenssphäre. Natürlich gehört auch eine regelmäßige Berichterstattung über die anlagepolitischen Rahmenbedingungen, die Vermögensstruktur, den Anlageerfolg der einzelnen Positionen und die Performance des Gesamtvermögens dazu. Der Vermögensinhaber wiederum kontrolliert die Durchführung des Anlagekonzeptes, den Anlageerfolg und die Neubestimmung der Anlagestrategie bei Änderung seiner individuellen Situation.

In der Praxis wird ein Familiy Office nur bei sehr großen Vermögen (ab mehreren Millionen DM) mit der ganzheitlichen Vermögensbetreuung beauftragt.

11.4 Die kritische Jahresanalyse

Einmal im Jahr sollten Sie eine kritische Rückschau halten. Dies ist ein elementarer Bestandteil der in Kapitel 10 beschriebenen Erfolgsprinzipien. Gerade wenn es um eine so komplexe Sache wie einen Spekulationsplan mit all seinen Positionen, Handelssystemen, Kauf- und Verkaufsentscheidungen geht, bleiben Fehler nicht aus. Sie können jedoch davon profitieren, wenn Sie daraus lernen und es beim nächstenmal besser machen. Natürlich setzt das eine kritische Analyse der im zurückliegenden Zeitraum gefällten oder vermiedenen Einzelentscheidungen voraus.

Die folgende Checkliste (Tabelle 15) faßt die wichtigsten Fragen, die sich ein selbstdisponierender Investor/Spekulant stellen sollte, zusammen.

Tabelle 16: Jahresanalyse des Selbstdisponenten

- Habe ich mein Jahresziel erreicht?
- Habe ich es genau genug definiert, um dies beurteilen zu können?
- Habe ich statt eines Hauptziels mehrere Ziele gleichzeitig verfolgt?
- Ist mein Spekulationsplan einwandfrei, oder ist er verbesserungsfähig?
- Habe ich mein Geld richtig eingeteilt (Größe der Positionen, Anteil des Spekulationskapitals am Geamtvermögen)?
- Habe ich wirklich alle Kräfte eingesetzt und Ideen entwickelt, um eine hohe und gleichbleibende Qualität der Spekulation zu erreichen?
- Haben die Strategien und Taktiken, die ich verfolgt habe, das gehalten, was ich mir von ihnen versprochen habe? Falls nicht: Kenne ich die Ursachen?
- Habe ich Entscheidungen hinausgeschoben?
- War ich ausdauernd genug, um meine Pläne zu verwirklichen?
- Gab ich mich mit bloßen Mutmaßungen zufrieden, oder lagen meinen Plänen und Entscheidungen sorgfältige Überlegungen und Berechnungen zugrunde?
- War ich zu vorsichtig oder zu unvorsichtig?
- Habe ich immer positiv gedacht und gehandelt? Wann und warum haben negative Gedanken die Oberhand gewonnen?
- Wie kann ich das Verhältnis von positiven und negativen Gedanken/Taten verbessern?

- Habe ich es geschafft, mir die zum Handeln an der Börse notwendige Zeit zu nehmen?
- Falls nicht: Läßt sich diese Situation durch eine bessere Zeiteinteilung und eine strengere Disziplin verbessern?
- Welche Erfolgsprinzipien habe ich in meinem Leben erfolgreich angewandt?
- Habe ich mich an der Börse von Gefühlen und Stimmungen leiten lassen, wo dies nicht angebracht war?
- Wie sieht mein neues Jahresziel aus?
- Was muß ich an meinem Spekulationsplan ändern, um es zu erreichen?
- Welche Maßnahmen und Aktionen sind dafür nötig, und bis wann müssen sie durchgeführt worden sein?
- Wovon hing – rückblickend betrachtet – der Erfolg bzw. Mißerfolg der Spekulationstätigkeit in erster Linie ab? Was kann ich daraus lernen?

Wer sein Vermögen professionell verwalten läßt, bekommt in aller Regel halbjährlich, mindestens aber am Ende des Kalenderjahres eine ausführliche Depotaufstellung mit einer Performance-Berechnung zugeschickt. Eine kritische Auseinandersetzung mit den in der zurückliegenden Periode erbrachten Leistungen sollte selbstverständlich sein, ist es aber für viele Anleger nicht. Allzu häufig werden die Depotauszüge nur kurz überflogen und dann abgeheftet.

Auch wenn Sie sich aktiv beraten lassen und der Sie betreuende Bankmitarbeiter Depotumschichtungen nur mit Ihrem Einverständnis vornimmt, sollten Sie die Art und den Erfolg Ihrer Zusammenarbeit regelmäßig überprüfen.

Falls Sie ausreichende Gründe haben, mit Ihrem Bankberater oder Vermögensverwalter unzufrieden zu sein, zögern Sie nicht, sich nach einer neuen Bankverbindung bzw. einem anderen Betreuer umzusehen.

Im Hinblick auf Ihr Vermögen ist die wichtigste Entscheidung die Auswahl des Anlageberaters bzw. Vermögensbetreuers. Sie muß mit der nötigen Zeit und Sorgfalt getroffen werden. Gehen Sie ohne Vorbehalte auf die Suche nach einem Vermögensverwalter, aber versuchen Sie entschlossen, den Besten aus der Branche herauszufinden.

Literaturverzeichnis

Bettger, Frank: Lebe begeistert und gewinne; Oesch Verlag, Glattbrugg (Zürich), ohne Jahresangabe.

Birkelbach, Jörg und Spetsmann, Hartwig: Finanzinformation und Wertpapieranalyse per Computer; Gabler Verlag, Wiesbaden 1994.

Edwards, Robert D. und Magee, John: Technische Analyse von Aktientrends, Hoppenstedt Verlag, Darmstadt 1987.

Hill, Napoleon: Denke nach und werde reich; Ariston Verlag, 1994

Knoblauch, Jörg: Berufsstreß ade; Aussaat- und Schriftenmissions-Verlag, Neukirchen-Vluyn 1987.

Kostolany, André: Kostolanys Börsenseminar; Econ Verlag, Düsseldorf/Wien 1989.

Murphy, John J.: Technical Analyses of the Futures Markets; The New York Institute of Finance, New York 1986.

Murphy, John J.: Technische Intermarket-Analyse; Campus Verlag, Frankfurt 1992.

Rapf, Franz: Börsenfieber; Ullstein Verlag, Frankfurt/Berlin 1991.

Sieper, Hartmut: Geldanlage professionell; Gabler Verlag, Wiesbaden 1990.

Schmielewski, Frank (Hrsg.): Am Puls der Märkte – Moderne und bewährte Methoden der Kursdiagnostik; Campus Verlag, Frankfurt 1995.

Steiner, Bruns: Wertpapiermanagement; Schäffer-Pöschel Verlag, Stuttgart 1993.

Trenner, Dieter: Aktienanalyse und Anlegerverhalten; Gabler Verlag, Wiesbaden 1988.

Vince, Ralph: The Mathematics of Money Management; John Wiley & Sons, New York 1992.

Vince, Ralph: Portfolio Management Formales; John Wiley & Sons, New York 1993.

Stichwortverzeichnis